세상을 바꾼 경제학

21 SEIKI NO CHI WO YOMITOKU NOBEL SHO NO KAGAKU-KEIZAIGAKU- SHO-HEN
Copyright ⓒ 2009 by Yazawa Science Office • Korean translation Copyright ⓒ 2013 by Gimm-Young Publishers, Inc. • Korean translation rights arranged with Gijutsu Hyoron Co., Ltd. through Japan UNI Agency, Inc., Tokyo and Korea Copyright Center, Inc., Seoul

세상을 바꾼 경제학

지은이_ 야자와 사이언스 연구소
옮긴이_ 신은주

1판 1쇄 발행_ 2013. 2. 14
1판 2쇄 발행_ 2013. 3. 27

발행처_ 김영사
발행인_ 박은주

등록번호_ 제406-2003-036호
등록일자_ 1979. 5. 17.

경기도 파주시 문발동 출판단지 515-1 우편번호 413-756
마케팅부 031)955-3100, 편집부 031)955-3250, 팩시밀리 031)955-3111

이 책의 한국어판 저작권은 KCC(Korea Copyright Center, Inc.)를 통해 Janpan UNI Agency, Inc. 저작권사와 독점 계약한 김영사에 있습니다. 저작권법에 의해 한국 내에서 보호를 받는 저작물이므로 무단 전재와 무단 복제를 금합니다.

값은 뒤표지에 있습니다.
ISBN 978-89-349-6100-0 03320

독자의견 전화_ 031)955-3200
홈페이지_ http://www.gimmyoung.com
이메일_ bestbook@gimmyoung.com

좋은 독자가 좋은 책을 만듭니다.
김영사는 독자 여러분의 의견에 항상 귀 기울이고 있습니다.

교양인을 위한 노벨상 강의

세상을 바꾼 경제학

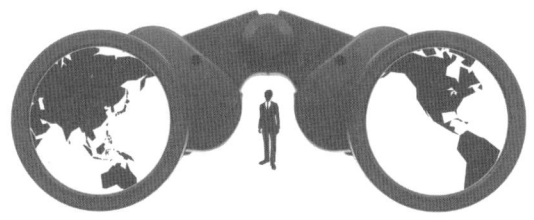

The Nobel Prize in Economic Sciences

야자와 사이언스 연구소
신은주 옮김

김영사

노벨상의 배경과 역사

책머리에

이 책은 이미 발행된 노벨 물리학상 편과 생리의학상 편에 이어 나온 세 번째 책이다. 경제학상은 아직 다른 분야에 비해서 역사가 짧고 문제도 지적되고 있다. 물론 평화상이나 문학상에는 더 많은 문제와 논란이 일고 있는 상황이지만, 이 책에서는 논의하지 않기로 한다.

경제학상의 문제가 무엇인지 몇 가지 예를 살펴보자. 먼저 지금까지 경제학상을 받은 사람들이 너무 한쪽으로 편중되어 있다. 2012년까지 수상했던 사람들은 모두 71명인데 대부분의 수상자들이 서유럽과 미국의 경제학자들이었다. 특히 미국인과 미국 국적을 가진 이중국적자까지 모두 합하면 전체의 70퍼센트가 넘는 51명에 이른다. 영국인은 9명이나 수상을 했다. 미국인과 영국인이 아닌 경제학자는 극히 소수에 불과하다. 독일은 경제학의 역사가 길고 제2차 세계대전 후에 경제대국이 되었지만 노벨 경제학상을 수상한 경제학자는 단 한 명뿐이었다. 서양인이 아닌 수상자는 인도 출신의 경제학자 아마르티아 센이 유일하다.

경제학자의 출신 대학교도 세계적으로 명성이 자자한 소수의 엘리트 학교에 집중되어 있다. 시카고, 하버드, 케임브리지, MIT(메사추세츠 공과대학), 예일, 스톡홀름 및 오슬로, 프린스턴, 스탠퍼드, UC버클리 같은 명문 학교들이다. 또 많은 수상자들이 신고전파 또는 신케인스파 사람들이고, 그 이외의 학파 사람들은 소수에 그쳤다는 사실도 상당히 상징적이다.

그렇다면 이러한 쏠림 현상의 이유는 무엇일까? 자연과학 분야의 노벨상과 경제학상은 '이론적인 공헌'을 평가 대상으로 하고 있기 때문이다. 어떤 연구 분야이든 이론 연구자가 높은 평가를 받고, 그중에서도 특히 신이론의 개척자는 현장친화적인 연구자보다도 높은 점수를 받는다. 미국의 중앙은행(FRB, 연방준비제도이사회) 의장을 역임했던 앨런 그린스펀Alan Greenspan은 세계적으로 명성이 자자한 통화주의자이지만 노벨상을 받을 수 없다. 왜냐하면 그는 이론가가 아니라 현장에서 뛴 실무자이기 때문이다.

그렇다면 경제학 역사에서 최고의 이론을 개척했다는 평가를 받고 있는 칼 마르크스Karl Marx가 살아 있다면 이 상을 받을 수 있었을까? 절대로 수상할 수 없다. 왜냐하면 노벨 경제학상은 서구형 자본주의가 가장 뛰어난 경제 시스템이라는 전제하에 수여되는 상이기 때문이다. 마르크스는 '과학적 사회주의'를 내걸고 자본주의 시스템을 파괴하라고 선언했으며 본질적으로 자본주의는 결국 붕괴할 수밖에 없을 것이라고 예언했다. 물론 그 예언은 빗나갔지만 그의 날카로운 분석은 여전히 세계 경제에 영향력을 미치고 있다.

경제학 이론을 자연과학의 이론과 거의 같은 의미로 사용하기 시작한 것은 케인스 이후, 즉 20세기 중반부터이다. 직관적이고 개념적인 케인스 이론을 로이 해로드가 정형화해서 해로드-도마 성장모형을 만들었다. 이렇게 경제학은 수학과 통계학을 이용해서 모델화를 순차적으로 이뤄냈고 경제과학으로 발전하기 시작했다. 그리고 제2차 세계대전 후, 자본주의 국가들은 수십 년에 걸쳐 역사상 유례가 없는 급속한 발전을 이루었다. 새롭고 다양한 자본주의적 경제 이론이 세계 경제의 성장과 발전을 지탱했던 것이다.

1960년대 말 노벨상의 나라인 스웨덴의 중앙은행 Sveriges Riksbank은 경제학의 중요성을 인식했고 경제학이 과학 이론으로 체제를 갖추었다고 판단했다. 그래서 노벨상에 경제학상을 신설하자고 스웨덴 왕립과학아카데미에 제안했고 승인을 받았다. 이는 세계에서 가장 오랜 역사를 가진 스웨덴 중앙은행이 창설 300년을 맞이하는 1968년에 공식적으로 결정되어, 다음 해인 1969년에 제1회 노벨 경제학상을 수여했다. 수상 방식은 기존의 노벨상과 같았고 상금은 이 은행에서 부담하기로 했다.

노벨 경제학상의 정식 명칭은 '알프레드 노벨 기념 경제학 스웨덴은행 The Sveriges Riksbank Prize in Economic Sciences in Memory of Alfred Nobel'이다. 다른 노벨상과 다르다는 인상이 강하지만 일반적으로 '노벨 경제학상'으로 통용된다. 실제로 미국과 유럽, 일본 현지에서 취재를 하고 수상자 인터뷰도 진행했지만 정식 명칭을 정확히 알고 있던 사람은 단 한 명도 없었다. 스웨덴 왕립과학아카데미는 새로운 노벨상의 신설을 승인했지만 처음에는 그렇게 적극적이지 않았다. 지금까지도 알프레드 노벨의 자손과 문학상을 선정하는 스웨덴 왕립과학아카데미는 찬성하지 않는다는 이야기도 있다. 노벨상을 수상했던 자연과학자들도 이 상의 신설을 그리 달가워하지 않았다. 최초로 경제학상을 수여한 해에 '쿼크 이론'으로 물리학상을 수상했던 머리 겔만 Murray Gell-Mann은 "그들과 함께 수상식에 나란히 서야 하는가?"라며 불만을 토로했다고 한다.

경제학상에 문제를 제기하는 목소리는 이 외에도 상당히 많다. 앞에서 이야기했던 것처럼 이 상을 특정 학파의 엘리트 경제학자들이 대거 수상한다는 점, 서로 대립관계에 있는 이론의 개척자들이 공동으로 수상한다는 점 때문에 논란이 많다. 또 노벨상을 만든 알프레드 노벨의 유언에 따라서 '인류의 행복에 공헌'을 한 사람에게 상을 수여해야 하는데, 전혀 그런 일을 하지 않은 사람들이 수상하기도 했다. 예를 들어 파생금융상품을 연구해서 1997년 노벨 경제학상을 수상했던 로버트 머턴과 마이런 숄즈는 인류의 행복에 공헌했다고 볼 수 없다. 그런 다양한 이유 때문에 경제학상은 종종 비판을 받는다.

그러나 모순된 이론이라거나 '인류의 행복에 공헌' 같은 문제는 보는 사람에 따라서 얼마든지 기준이 달라질 수 있다. 경제학상에 국한돼서 일어나는 일이 아니라 자연과학 분야의 노벨상도 마찬가지로 그런 논란이나 비판을 받을 수 있다. 예를 들어 가장 정확하다고 믿고 있는 몇 백 가지의 물리학 이론도 어떤 현상의 일부만을 설명할 수 있을 뿐 모든 자연 현상을 완벽하게 포괄할 수는 없다. 이론은 어떤 현상의 일부 성질만을 설명하는 것이고 그 현상을 이해하려고 하는 사람들에게 실마리를 제공하는 정도일 뿐이다. 만일 이론을 객관적 진실과 혼동하는 사람이 있다면 이론과 모델이 존재하는 가상적 세계를 부정해야만 한다.

우리가 수리경제학자 로버트 솔로를 인터뷰했을 때 그는 "경제 모델에 국한된 이야기가 아닙니다. 모델(이론)은 현상의 반복적인 부분을 이해하는 데 약간의 도움만 될 뿐이죠"라고 분명하게 이야기했다. 이러한 생각으로 새롭게 경제학을 이해하면 경제학의 모든 이론이 분명히 현실 경제를 보는 방법으로써 유효하고 가치가 있다는 사실을 알 수 있을 것이다. 하나의 경제 이론으로 경제의 한 측면이라도 살펴볼 수 있을 때 그 이론은 가치가 있다. 하지만 현실과의 일치와 상관없이 하나의 경제 이론만으로는 미래를 예측할 수 없다. 다만 그 이론은 사물을 보는 기준이 될 뿐이다.

우리는 1976년 수상자인 밀턴 프리드먼부터 이후 30년 동안 경제학상을 수상한 사람 가운데 흥미롭고 혹은 중요하다고 생각되는 11명의 경제학자들을 선별했고, 그들의 연구와 삶을 이 책에 설명해놓았다. 그 중에는 주류의 거시경제학자도 있고 미시경제학자도 있다. 젊은이들에게 널리 알려진 게임 이론의 존 내쉬와 행동경제학자인 대니얼 카너먼, 실험경제학자인 버논 스미스, 유일한 아시아인 수상자 아마르티아 센도 포함되어 있다. 세계적으로 명성이 자자한 경제학자들은 대부분 90세 이상의 고령자가 많았다.

어떤 경제 이론도 단독으로 사회의 모든 경제 현상을 다 설명할 수 없다. 그러나 이 사람들의 삶과 연구를 추적해서 살펴보는 일은 관객석에서 연극을 내려다보는 것처럼 더 쉽게 경제에 접근할 수 있도록 도움을 준다. 이 책은 우리가 사는 세계와 가장 관련이 깊은 경제학이라는 연구 분야와 복잡한 현실의 경제를 살펴보는 데 도움이 될 것이다.

특히 이 책을 집필한 사람들의 면면을 살펴보면 미국인 여성 두 명과 독일인, 일본인이 섞여 있고 모두 다 자연과학 분야의 저널리스트이자 편집자이다. 이들은 오랫동안 모국에서 과학 및 정치경제 잡지, 신문 편집장의 경험을 갖고 있고 나이도 전부 50~60대라는 공통점이 있다. 다시 말하면 이들은 모두 전후 서양 자본주의 세계에서 살아왔다는 것이다. 이러한 집필자의 절묘한 조합을 보면 이 책의 중립성과 객관성을 유추할 수 있을 것이다. 특정 경제학파와 경제학자에게 치우치지 않고 중립적인 입장에서 모든 내용을 집필했다. 다만 책 속의 용어 가운데 부적절한 표현이 있을지도 모르겠는데 그것은 후학을 위해서 독자들이 적절하게 지적을 해주었으면 한다.

이 책에서는 세 명의 노벨 경제학상 수상자인 로버트 솔로와 버논 스미스, 대니얼 카너먼 교수의 인터뷰를 기재했다. 우리의 인터뷰를 흔쾌히 응해주신 교수님들께 감사의 말씀을 드리고 싶다.

야자와 사이언스 연구소 대표
야자와 기요시

차례

책머리에 | 노벨상의 배경과 역사 … 4

1 | 1976년 | 밀턴 프리드먼
돈이 경제의 전부이다 … 13

2 | 1981년 | 제임스 토빈
케인스 경제학을 부활시킨 경제학계의 챔피언 … 43

3 | 1987년 | 로버트 솔로
강력한 경제성장 이론의 혁신적 개척자 … 67
★ 노벨상 수상자 인터뷰_로버트 솔로 … 84

4 | 1988년 | 모리스 알레
도그마를 거부했던 고고한 경제학자 … 93

5 | 1994년 | 존 내쉬
게임 이론을 경제학에 도입했던
빛나는 두뇌와 광기의 소유자 … 117

6 | 1998년 | 아마르티아 센
후생경제학을 연구했던 최초의 아시아인 수상자 … 147

7 | 2002년 | 대니얼 카너먼, 버논 스미스
합리적 의사결정을 거스르는 인간 행동의 실험 연구 … 169
★ 노벨상 수상자 인터뷰_대니얼 카너먼 … 194
★ 노벨상 수상자 인터뷰_버논 스미스 … 200

8 | 2005년 | 로버트 아우만, 토머스 셸링
새로운 게임 이론으로 전쟁과 인간사회를 읽다 … 213

9 | 2008년 | 폴 크루그먼
무역 이론의 현대적 마스터마인드 … 241

부록 | 역대 노벨 경제학상 수상자 … 269
찾아보기(인명, 용어) … 295

1
돈이 경제의 전부이다

자유경쟁체제의 굳건한 옹호자

1976년 노벨 경제학상

밀턴 프리드먼 Milton Friedman

케인스와 함께 20세기를 상징하는 경제학자, 그가 바로 통화주의자의 대부인 밀턴 프리드먼이다. 처음에 밀턴은 케인스주의를 지지했지만 나중에는 완전히 태도를 바꾸어 이를 강하게 비판했다. 그리고 자유방임주의와 시장 제도를 통한 자유로운 경제활동을 주장했다. 20세기 후반 프리드먼은 세계 경제에 강력한 영향력을 발휘했던 경제학자였다.

_집필 : 하인츠 호라이스, 야자와 기요시

돈이 경제의 전부이다

케인스 대 프리드먼

밀턴 프리드먼은 각국의 대통령과 정부에 많은 조언을 담당했던 경제학자이다. 특히 1980년대 그는 미국의 로널드 레이건Ronald Reagan 대통령과 '철의 여인'이라고 불렸던 영국의 마거릿 대처Margaret Thatcher 수상의 경제정책에 큰 영향을 미쳤다. 이스라엘의 메나헴 베긴Menachem Begin이 이끄는 리쿠드 정권도 프리드먼의 경제학을 공식 정책으로 채택했고 중국도 자본주의로 전환했을 때 그에게 자문을 구했다. 그 당시 거의 모든 나라가 프리드먼 경제사상의 영향을 받았다.

영국의 경제학자 존 메이너드 케인스John Maynard Keynes가 케인스 경제정책을 탄생시켰다면, 프리드먼은 20세기 가장 영향력 있는 경제학자 가운데 한 사람이었으며, 경제학 분야를 넘어 사회까지 움직였던 거대한 영향력의 소유자였다. 2006년 11월 프리드먼은 94세로 생을 마감했는데 전 세계는 말 그대로 경제학의 걸출한 인물을 잃은 것이었다.

스탠퍼드대학교의 경제학자인 티모시 브레스나한Timothy Bresnahan은 1999년에 이렇게 이야기했다. "경제사상과 경제정책, 양쪽에서 큰 획을 그었던 경제학자는 아주 드뭅니다. 1930년부터 현재까지 그런 일을 했던 경제학자는 단 둘뿐이었죠. 근대경제학의 신전에 그 영광스런 이름을 남긴 학자는 바로 존 메이너드 케인스와 밀턴 프리드먼입니다."

케인스와 프리드먼을 비교하는 것은 케인스에 대항하는 프리드먼을 이야기하는 것이기도 하다. 영국의 케인스는 고전파 경제학자에 대한 반란을 이끈 주역이었고, 미국의 프리드먼은 그 케인스주의를 흔든 '반란의 반란'을 주도했던 중심인물이었다. 영국의 경제학자는 국가가 시장에 적극적으로 개입해야 한다고 주장했고 그에게 대항했던 미국인 경제학자는 용맹스럽게도 자유시장을 극찬했다. 프리드먼은 엄청난 영향력을 행사하기도 했지만 격렬한 비판을 받기도 했다. 그는 경제학을 넘어서 사회를 자극하고 분노하게 만드는 방법을 터득하고 있었다.

베트남전쟁이 끝났던 1970년 중반, 프리드먼은 미국에서 강제적인 징병제를 폐지해야 한다고 주장했고 이는 성공을 거두었다. 그 이전인 1960년대에는 사회연금기금에 반대하면서 이를 대신할 개인 퇴직금 제도를 실시해야 한다고 주장했다. 의무교육의 폐지와 마약의 합법화, 매춘 공인 등을 주장해서 미국 사회를 깜짝 놀라게 했고 인종차별 금지법 같은 사회 프로그램에 참가하지 않을 자유도 역설했다. 이와 함께 강력하게 감세를 주장했다.

프리드먼은 철저하게 자유주의자였고 '인간적인 자유'를 최우선으로 삼았으며 세금을 허투루 쓰는 정부를 항상 감시했다. 그는 국가가

밀턴 프리드먼은 케인스와 함께 20세기 경제학에 가장 큰 영향을 미친 경제학자로 꼽힌다.
_사진: AP/AFLO

★ **밀턴 프리드먼**_미국 거시경제학자, 통계학자

1912년	뉴욕 브루클린 출생. 부모님은 우크라이나에서 온 이민자. 그가 1세 때 뉴저지 주 로웨이로 이사.
1920년	러트거스대학에 입학하여 수학을 배우지만 교사의 조언으로 경제학에 흥미를 가짐.
1933년	시카고대학에서 석사학위 취득 후 1년 동안 컬럼비아대학교 선임연구원으로 해롤드 호텔링에게 통계학을 배움.
1935년	뉴딜정책의 일환으로 국가자원위원회에서 소비자 예산 연구.
1937년	미국경제연구소의 사이먼 쿠즈네츠의 조수.
1941~1943년	재무부 조세조사국에 근무했고 전시세무정책 연구.
1943~1945년	컬럼비아대학교에서 전시 연구계획에 관여.
1948년	컬럼비아대학교에서 박사학위 취득 후 시카고대학교 교수.
1951년	존 베이츠 클라크상 수상.
1953~1954년	케임브리지대학교 곤빌앤드키스Gonville and caius 칼리지의 풀브라이트 객원교수.
1962년	《자본주의와 자유》 출판.
1977년	스탠퍼드대학교 후버연구소 상급연구원.
1980년	《선택의 자유》가 베스트셀러가 됨. 14개국 이상에서 번역.
1986년	일본 정부에서 훈일등서옥장勳一等瑞玉章 수상.
1988년	레이건 대통령으로부터 대통령자유훈장 및 미국국가과학상 수상.
1996년	밀턴과 로즈 프리드먼 기금 설립.
2008년	프리드먼 사후 시카고대학교에 경제학 장학금 제도 촉진을 위한 '밀턴 프리드먼 경제연구소'가 설립됨.

개입하는 많은 일들이 불필요한 것이며 더 나아가 어떤 것은 유해할 수 있다고 주장했다. 프리드먼은 1962년에 발표한 《자본주의와 자유 Capitalism and Freedom》에서 이런 견해를 일목요연하게 정리했다. "경제를 안정시키고 나아가 성장시키기 위해서 우리가 시급하게 서둘러야 할 일은 정부의 영향력을 축소하는 것이다." 그가 볼 때 자유시장 경제에서의 정부 역할은 규칙을 정하고 누가 그것을 지키는지를 감시하는 것

칠레의 피노체트 정권과 밀턴 프리드먼

1973년 남아메리카 칠레에서 군사 쿠데타가 일어났고 선거로 선출된 살바도르 아옌데Salvador Allende의 사회주의 정권이 붕괴했다. 아우구스토 피노체트Augusto Pinochet 장군은 쿠데타를 일으켰을 때 백악관과 CIA(미국중앙정보부)의 지원을 받았고, 권력을 잡은 뒤 아옌데 정권을 지지했던 다수의 칠레인과 외국인 동조자를 살해했다. 쿠데타 다음 날 2,700여 명의 사체가 발견되었다.

이렇게 사회주의 시대의 사람들을 쫓아내고 고문과 살해를 자행했던 피노체트 정권에 프리드먼은 적극적으로 협력했고, 칠레는 이후 10년 동안 통화주의와 극단적인 '자유시장학설'의 실험장이 되었다. 프리드먼은 두 번이나 칠레를 다녀왔고, 자신이 가르쳤던 학생들을 보내서 칠레의 경제부처와 중앙은행을 운영하게 했다. 그들은 '시카고 보이즈Chicago Boys'로 불렸는데 신자유주의의 이론적 기수이자 시카고학파의 대부인 밀턴 프리드먼의 영향을 받은 칠레의 기술관료를 통칭하는 용어였다.

칠레 경제는 처음에는 성공하는 것처럼 보였고 프리드먼은 이를 '칠레의 기적'이라고 부르며 극찬을 아끼지 않았다. 그러나 1970년대 후반부터 급속하게 경기가 후퇴했고 실업률이 상승했으며 빈곤율은 아옌데 정권의 2배인 40퍼센트에 달했다. 또한 수백 퍼센트에 이르는 초인플레이션이 발생하여 경제가 붕괴되었다. 결국 피노체트 정권 말기에 시카고 보이즈는 '시카고 갱'이라 불리며 추방당했고, 칠레 정부는 뒤늦게 완전히 정책을 바꿔서 케인스적인 경제정책으로 궤도를 수정했다.

대통령에서 사임했던 피노체트는 1998년 영국에서 체포를 당해 칠레로

COLUMN

송환되어 독재정권 시절의 살인과 유괴 혐의로 고소되었다. 그러나 건강을 이유로 석방되었고 2006년 91세의 나이로 사망했다. 프리드먼은 이후 피노체트 시대 칠레 경제에서 일어났던 사태에 대해서 본인은 아무런 책임도 없다고 회피했지만 죽을 때까지 그에게는 잔혹한 피노체트의 그림자가 항상 따라다녔다.

1973년 군사 쿠데타 후 피노체트 장군(중앙)은 17년 동안 칠레를 철권통치한 군부 독재자였다. 왼쪽에 있는 사람은 미국 닉슨 대통령의 보좌관이었던 헨리 키신저Henry Kissinger이다. _ 사진: National Security Archive

뿐이었다.

이러한 프리드먼의 확고한 철학은 한편으로는 맹목적인 신봉자를 낳았지만 다른 한편으로는 수많은 적들도 만들었다. 프리드먼의 가장 강력한 적이었던 폴 새뮤얼슨Paul Samuelson은 과거에 그를 이렇게 비꼬았다. "신들은 인간이 얻을 수 있는 모든 것을 그에게 주었지만 유일하게 '아마도'라는 단어를 사용하는 재능만은 주지 않았다."

가난한 유대인 이민 2세

밀턴 프리드먼의 일생은 한 개인의 단순한 성공스토리가 아니다. 오히려 이민 2세대가 어려운 환경에서도 열심히 공부하면 성공한다는 아메리칸 드림의 전형적인 표본이라고 할 수 있다. 프리드먼은 1912년 세계 각지에서 온 이민자들이 밀집해서 살고 있던 뉴욕의 브루클린에서 태어났다. 부모님은 카루파치아 루테니아(당시 오스트리아-헝가리제국의 한 지역으로 현재는 우크라이나의 일부)에서 10대 때 이민을 온 유대인이었고, 두 사람은 뉴욕에서 만나 결혼했다. 그들은 네 명의 자녀를 낳았는데 프리드먼이 막내였다.

그가 한 살 되던 해, 가족은 뉴욕에서 30킬로미터 떨어져 있는 뉴저지 주의 작은 마을 로웨이Rahway로 이사했다. 그의 부모님은 그곳에서 전형적인 이민 1세대의 삶을 살았다. 어머니는 의류품 가게를 했고 아버지는 계속해서 새로운 사업을 시도했지만 대부분 실패했다. 프리드먼은 노벨상 수상 때 작성하는 자기소개서에 그 당시의 가정형편을 이렇게 적었다. "가족의 수입은 얼마 되지 않았고 생활은 매우 불안정했

COLUMN

고전파 경제학

고전파 경제학Classical Economics은 18세기 스코틀랜드 출신 경제학자 애덤 스미스Adam Smith의 《국부론An Inquriry into the Nature and Causes of the Wealth of Nations》에서 시작된 최초의 근대경제학 사상이다. 어떻게 생산력을 확대하고 부를 증가시키는지, 그리고 어떻게 부를 분배할지를 연구하고 그것을 측정하는 가치를 노동에 두는 '노동가치설'을 기초로 하고 있다. 스미스는 자유방임주의를 주장했는데 경제활동을 자유롭게 두면 '보이지 않는 손'에 의해서 사회적 조화가 이루어진다고 역설했다. 스미스의 주장은 그때까지 유럽에 퍼져 있던 중상주의를 뒤집는 혁신적인 것이었다.

애덤 스미스의 뒤를 잇는 고전파 경제학자는 제러미 벤담Jeremy Bentham, 토머스 맬서스Thomas Malthus, 데이비드 리카도, 장 바티스트 세이Jean Baptiste Say 등이 있다. 벤담은 '최대 다수의 최대 행복'이라는 공리주의를 제창했고 맬서스는 "인구는 기하급수적으로 늘어나지만 식량은 산술급수적으로 증가해 기근과 빈곤, 악덕이 발생한다"며 인구론을 주장했다. 리카도는 "지주의 이익은 사회의 이익과 항상 대립된다"라고 이야기하면서 자본가와 지주, 노동자 사이의 분배 이론을 만들었다. 장 바티스트 세이는 고전파의 메시지로 널리 알려진 "공급은 스스로 수요를 창출한다"라는 이야기를 했다. 고전파 경제학이라는 표현은 마르크스가 《경제학비판》에서 처음 사용했던 말이다.

프리드먼의 대항자 제2차 세계대전 후부터 1960년대까지 자본주의 세계를 석권했던 케인스학파의 창시자인 존 메이너드 케인스(왼쪽)와 케인스의 영향을 받아 '신고전파종합'이라는 새로운 이론을 구축했던 폴 새뮤얼슨(오른쪽)이다. 프리드먼은 통화의 영향을 경시했던 케인스주의자들을 비판하고 통화주의를 주장했다.
_왼쪽 사진: Mises Institute

다. 항상 경제적 위기에 직면해 있었지만 그렇다고 끼니를 거르지는 않았다. 가정은 늘 화목했으며 서로 돕고 의지하며 살았다."

프리드먼이 고등학교를 다닐 때 아버지가 돌아가셨다. 그러나 어머니와 누나들이 생계를 책임졌기 때문에 그는 대학에 진학할 수 있었다. 뉴저지 주의 유서 깊은 대학 러트거스대학에 입학한 프리드먼은 장학금을 받긴 했지만 부족한 학비를 충당하기 위해 웨이터나 상점 점원 등 여러 가지 일을 하면서 돈을 벌어야 했다. 그는 처음에는 수학을 배워 졸업 후 보험회사에서 경리로 일하려고 생각했다. 그러나 경제학에 흥미를 갖게 되자 목표를 완전히 바꾸었다. 프리드먼에게 두 명의 교사들이 경제학을 공부해볼 것을 권유했는데 그중 한 사람이 시카고대학교 경제학부에 프리드먼을 추천해주었고, 그 덕분에 학비 장학생으로 초청을 받게 되었다.

그렇지만 세계공황이 한창인 1932년, 스무 살의 청년이 시카고에 가려면 엄청난 결단이 필요했다. 실제로 시카고대학교에 입학한 첫해, 그는 가난 때문에 많은 고생을 했다. 그러나 프리드먼은 고생을 상쇄시킬 만큼 가치가 있는 지적인 세계를 학교에서 만났고 온몸에 전율을 느낄 정도로 대도시의 지적인 분위기에 도취되었다. 그러는 동안 그는 같은 경제학부에 다니는 아름답고 수줍음이 많은 로즈 디렉터Rose Director를 만났다. 그녀는 동유럽에서 이민 온 유대인으로 매우 내성적이었지만 뛰어난 수재였다. 그들은 만난 지 6년 후 결혼했고 로즈는 2009년 98세의 나이로 세상을 떠났다.

시카고대학을 졸업한 프리드먼은 다양한 경험을 했다. 컬럼비아대학교에서 1년 동안 근무했고 1937년부터는 케임브리지에 있는 미국 최대의 경제 연구기관인 미국경제연구소National Bureau of Economic Research, NBER 에서 일하기 시작했다.

프리드먼은 그곳에서 연구원 사이먼 쿠즈네츠Simon Kuznets의 조수로 근무했다. 러시아 출신의 유대인 이민자 쿠즈네츠는 미국의 국민소득 계산 기초 데이터를 체계적으로 수집한 최초의 경제학자였다. 쿠즈네츠는 임청난 시간을 늘여서 GNP(국민총생산)를 산업, 최종제품, 용도 등의 구성 요소로 나누는 연구를 했다. 그래서 사람들은 쿠즈네츠를 '현대적 계량경제학의 아버지'라고 불렀다. 통계경제학은 통계학적 기

시카고대학교 통화주의의 발원지이기도 한 시카고대학교에서 프리드먼은 오랫동안 활약했다. 2008년에는 대학에 프리드먼을 기리는 '밀턴 프리드먼 경제연구소'가 설립되었다.

사이먼 쿠즈네츠 1901년 러시아에서 태어나 1922년에 미국으로 이주하여 컬럼비아대학교에서 경제학을 공부했다. 1954년에 미국경제학학회 회장이 되었고 1971년에는 노벨 경제학상을 수상했다. 쿠즈네츠의 순환(1915~1925년의 경기순환설)과 장기 소비함수 연구로 유명하다. 프리드먼은 20~30대에 미국경제연구소에서 쿠즈네츠와 근로소득 문제를 연구했고 정부 경제정책에 관여했다.

법을 사용해서 경제 원리를 연구하는 분야인데, 쿠즈네츠는 이 분야에서의 업적을 인정받아 1971년 노벨 경제학상을 받았다.

프리드먼은 쿠즈네츠와 함께 근로소득을 연구했고 이 연구에 대한 책도 집필했다. 두 사람은 이 책에서 '항상소득'과 '일시소득'이라는 개념을 만들었고 프리드먼은 나중에 이를 자신만의 이론으로 발전시켰는데 이는 그의 인생에서 가장 큰 업적으로 일컬어진다. 그는 이 주제로 논문을 써서 컬럼비아대학에서 박사학위를 받았다.

제2차 세계대전 중 프리드먼은 독창적으로 만든 통계학적인 방법을 더욱 발전시켰다. 처음에는 재무부에서 전시의 과세정책을 연구했고 나중에는 컬럼비아대학교에서 병기설계, 군사전술, 야금학治金學적 실험을 다루는 수리통계학자가 되었다. 그는 "나의 수리통계학자로서의 능력이 최고 정점에 달했던 때는 의심할 여지없이 1945년 VE데이(유럽 전승 기념일) 때였다"라고 말했다. VE는 'Victory in Europe'의 약자로 나치스 독일이 미국, 영국을 중심으로 한 연합국에 무조건적으로 항복한 5월 8일을 지칭한다.

돈이 문제이다!

제2차 세계대전이 끝난 다음 해인 1946년, 밀턴 프리드먼은 시카고대학교에서 경제학 이론을 강의해달라는 제안을 받는다. 이후 이곳은 평생 그의 지적인 거처가 되었다. 동시에 그는 미국경제연구소에서 경기순환과 통화에 대한 연구를 책임졌다. 프리드먼은 시카고대학교와 미국경제연구소에서 일했던 이 시기가 굉장히 생산적이었다고 술회했다. 그는 시카고대학교에서 '화폐와 은행업무에 대한 워크숍'을 창설했고 화폐 연구를 '한 사람의 계획에서 많은 사람들이 참여하는 누적 연구계획'으로 확대시켰다. 한편 프리드먼은 미국경제연구소에서 경제역사학자인 안나 슈워츠Anna Schwartz와 공동으로 연구를 진행했다. 2008년 노벨 경제학상을 수상했던 폴 크루그먼의 말을 빌리자면 슈워츠는 '세계에서 가장 뛰어난 화폐 연구자'였다.

두 사람이 함께 쓴 첫 책은 《미국 화폐사A Monetary History of the United States, 1867~1960》였다. 이 책은 역시 공저였던 《화폐와 경기순환Money and Business Cycles》과 함께 1963년에 발행되었다. 그들은 이 책에서 금융정책을 변경하면 경제에 큰 영향을 미친다고 주장했다. 또한 두 사람은 1929년 재정위기에서 시작되어 세계적 경제위기로 발전했던 세계공황에 대한 견해를 밝히고 있는데 지금까지도 그 부분은 비판을 받고 있다. 프리드먼과 슈워츠는 세계공황의 원인을 FED(연방준비제도)의 무위무책이었다고 결론을 내렸다. 그리고 만일 다른 정책을 취했다면 세계공황이 실제로 경험했던 생산 붕괴보다 더 온화하게 끝났을 것이라고 주장했다.

프리드먼과 경제학자인 아내 로즈가 공동 집필한 《행복한 두 사람Two Lucky People》(1998)에는 이런 이야기가 나온다. "통상적이거나 혹은 조금 더 심각한 경기후퇴로 끝날 수 있는 일을 대파국으로 바꿔버린 책임은 모두 FED에게 있다. FED는 권력을 불황을 상쇄하는 데 사용하지 않고, 오히려 1929년부터 1933년까지 통화 공급량을 1/3로 줄였다."

통화 공급에 대한 프리드먼의 생각을 통화주의monetarism라고 부르는데 핵심 내용은 오래 전에 있던 통화 공급 이론에 이미 나와 있다. 통화 공급량은 직접적으로 물가 수준에 영향을 주는데 물가는 통화 공급량이 늘어나면 상승하고 줄어들면 하락한다. 통화주의는 인플레이션이 통화 공급량과 깊은 관련이 있다는 프리드먼의 생각을 잘 보여준다. 즉 이론에 따르면 중앙은행이 통화량을 조정하면 인플레이션이나 디플레이션을 제어할 수 있다는 것이다. 이미 과거에 프리드먼은 "헬리콥터로 돈을 뿌리면 디플레이션과 싸울 수가 있다"라고 비유하면서 통화량이 가장 중요하다는 견해를 피력했다. 그러나 당시 많은 경제학자들은 케인스주의에 충실했기 때문에 화폐가 경제활동에 주는 영향력을 경시했다. 케인스는 경제를 관리하는 금융정책, 다시 말하면 통화 공급량을 변경한다고 해도 효과를 기대할 수 없다고 주장했다.

역시 문제는 인플레이션이었다. 케인스주의자들은 인플레이션은 통화와 관련이 없다고 주장했고 실업률과 인플레율을 안정적으로 역전시키는 아이디어에 집착했다. 또한 그들은 인플레율이 높을 때는 실업률이 낮고 반대로 인플레율이 낮을 때는 실업률이 높을 수밖에 없으므로 인플레이션과 실업률 중에서 하나를 선택해야 한다고 주장했다. 따라서 정부가 적정한 범위 내에서 높게 유지하는 인플레이션은 실업률을 끌어내릴 수 있으므로 허용하고, 경제를 자극해서 실업률을 줄이려면 케인스주의적인 적자재정 지출과 공공사업을 시행해야 한다고 주장했다. 이런 케인스주의자들의 견해에 대해서 프리드먼은 한마디로 명백하게 반대했다.

"돈이 문제이다money matters!"

프리드먼과 슈워츠는 1963년 책에서 분명하게 의견을 이야기했다.

"인플레이션은 언제 어디에서든지 화폐 현상이다Inflation is always and everywhere a monetary phenomenon."

1998년 프리드먼과 아내 로즈가 함께 쓴 회고록 《행복한 두 사람》에는 프리드먼의 일생과 두 사람의 학문적 연구 내용이 담겨져 있다.

케인스주의와 프리드먼주의의 실패

프리드먼은 통화 공급이 경기순환과 인플레이션을 결정하는 가장 큰 요인이고 경제정책 가운데 가장 효과적인 방법이라고 주장했다. 따라서 중앙은행이 안정적인 통화를 공급할 수 있도록 보장해야 하고 일정한 속도로 유효하게 통화량을 늘려야만 경제성장을 실현할 수 있다고 이야기했다. 또한 그는 중앙은행이 머니스톡(통화 공급량)을 3~5퍼센트의 고정된 비율로 매년 늘릴 수 있도록 법률로 정해야 한다고 제안했다. 그리고 인플레이션을 케인스적인 기법으로 관리하는 것에 우려를 표하면서 그 기법이 스태그플레이션Stagflation(물가상승과 불황이 동시에 발생)을 일으킬 우려가 있다고 주장했다.

이 같은 프리드먼의 경고는 현실로 나타났다. 1960~1970년대에 걸쳐서 세계의 많은 나라들이 높은 인플레이션과 실업률에 직면했던 것이다. 1970년대에 실시했던 케인스적 재정 미세조정으로는 당시의 경제적 질환을 치료할 수가 없었다. 1976년 영국의 제임스 캘러헌James Callaghan 총리는 그가 직면했던 경제 상황에 대해서 차분한 어조로 이렇게 이야기했다.

"감세를 하고 정부의 지출을 증대하면 경기침체와 실업률 상승을 극복할 수 있다고 보는 견해가 있습니다. 그러나 저는 솔직하게 말하고 싶어요. 그런 선택은 과거에도 존재하지 않았고 지금도 존재하지 않습니다. 정부의 지출증대는 더 강력한 인플레이션을 불러일으켰고 더 높은 실업률을 초래했습니다. 이것은 지난 20년 동안 우리가 겪었던 역사적인 사실입니다."

캘러헌의 이 연설은 밀턴 프리드먼이 스웨덴의 스톡홀름에서 노벨경제학상을 수상하기 3개월 전의 일이었다. 프리드먼이 노벨상을 수상한 사유는 '소비분석, 화폐 이론, 경제 안정화 연구'였다. 케인스 정책이 명백하게 실패했던 이 시기에 프리드먼이 노벨상을 수상하면서 세계 각국은 통화주의를 강력하게 채택하기 시작했다. 영국과 미국은 1970년대 말부터 통화주의를 경제정책에 반영하기 시작했고 미국의 중앙은행인 연방준비제도이사회는 정식으로 단기적인 효과를 노린 금융정책을 실행했다. 그렇지만 몇 년 후 양국은 통화주의 금융정책을 모두 버렸다. 통화 공급을 정상적으로 증대시켜도 1970년대 경제 슬럼프를 치료할 수 없었고 1980년대 초 일어났던 급격한 경기후퇴도 막을 수 없었다. 미국과 영국 모두 같은 결과였다.

폴 크루그먼은 2005년에 쓴 글에서 밀턴 프리드먼에 대해 이렇게 서술했다. "통화주의는 1959년 프리드먼이 그 교의敎義를 제출한 이후 30년 동안 경제 논쟁에서 강력한 힘을 발휘하고 있었다. 그러나 오늘날 통화주의는 실패한 정책이라고 평가받는다." 프리드먼도 부분적으로는 이러한 견해에 동의하는 것 같다. 그는 2003년에 〈파이낸셜타임스〉에 이렇게 쓰고 있다. "통화량을 사용하는 방법은 성공하지 못했다. 과거 내가 장려했던 것처럼 현재에도 이 방법을 추천할 수 있을지 확신할 수 없다."

그렇지만 금융정책과 재정정책에 대한 논쟁은 아직도 그대로 남았다. 크루그먼이 지적한 것처럼 "자유시장을 지향하는 경제학자들은 금융정책이 최고라고 믿고, 반대로 정부의 적극적인 개입을 주장하는 경제학자들은 공공투자 같은 재정정책이야말로 기본이라고 믿고 있다." 결국 다시 케인스와 프리드먼이 대결하는 도식으로 돌아오고 말았다.

안정된 경제와 불안정한 경제

프리드먼의 통화주의 밑바닥에 있는 신념은 바로 금의 가치를 정치계와 중앙은행이 자기들 마음대로 변덕스럽게 결정하지 못하게 해야 한다는 것이었다. 이것이 바로 케인스주의와 통화주의를 나누는 가장 핵심 내용이다. 이 논쟁이 생길 때마다 항상 경제의 기능과 국가의 개입에 대해서 근본적으로 다른 견해들이 충돌한다. 미셸 보 Michel Beaud와 질 도스탈레 Gilles Dostaler는 《케인스 이후의 경제사상 Economic Thought Since

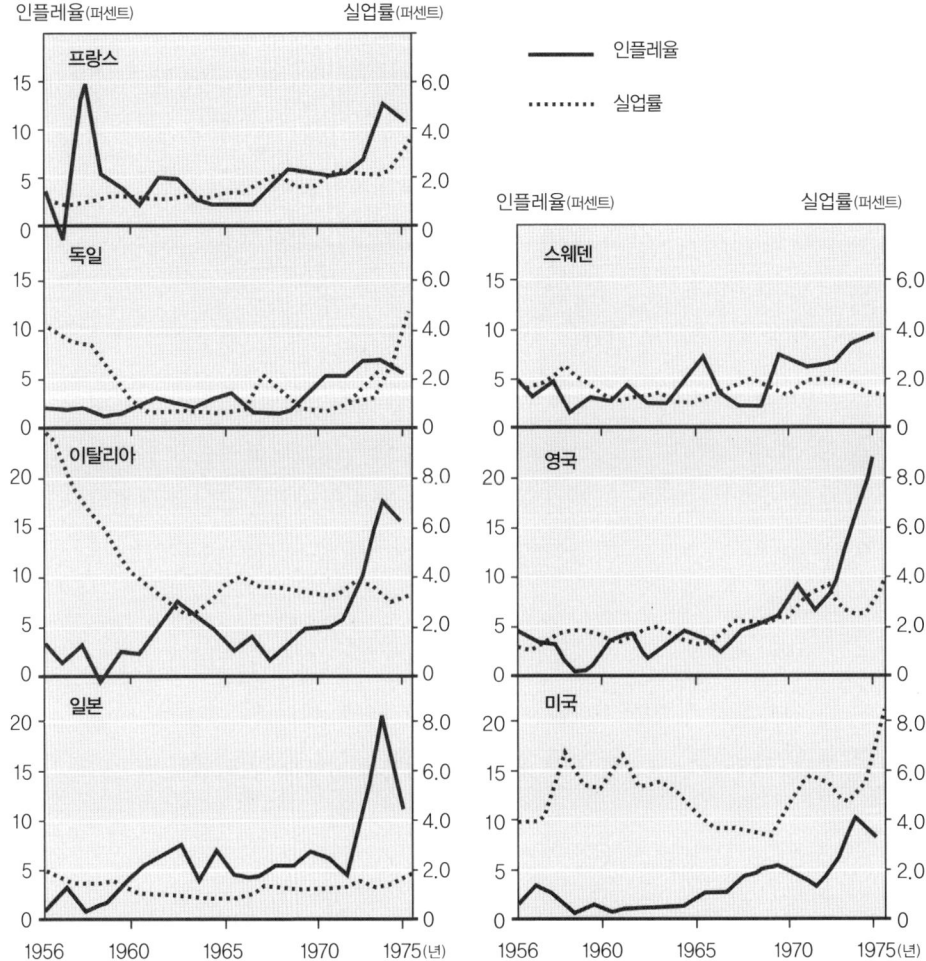

인플레이션과 실업률의 추이 1956~1975년 공업 7개국의 인플레이율과 실업률의 변화를 나타낸 것이다. 7개국 모두 1950~1960년대 초반에는 다양한 모습을 보였다. 그러나 프랑스, 미국, 영국, 독일, 일본에서는 인플레이율과 실입률이 모두 상승하고 있나. 일본은 경세 세노와 고용환경이 나쁘기 때문에 다른 나라들보다 실업률 상승이 인플레이율 상승보다 훨씬 적다. 1973년 오일쇼크는 물가와 고용에 큰 영향을 미쳤다. 그래프를 보면 모순점도 있지만 모든 공업국에서 높은 인플레이션은 높은 실업률을 낳았고, 특히 영국과 이탈리아에서는 인플레이율과 실업률이 서로 영향을 주고 있다.

_ 자료: Milton Friedman, Nobel Memorial Lecture, Dec.13 (1976)

Keynes》에서 다음과 같이 이야기했다.

"프리드먼과 강력한 통화주의 신봉자들은 경제가 안정되어 있고, 시장은 자유기능을 통해서 자원의 최적 배분과 생산능력의 완전고용을 충족시키면 된다고 믿고 있다. 반대로 케인스와 그의 제자들은 경제는 불안정한 것이고 시장 메커니즘은 완전고용을 보장하기에는 불충분하다고 주장한다."

결국 프리드먼의 견해는 시장의 '보이지 않는 손'을 신뢰했던 애덤 스미스와 같은 고전파 경제학자의 전통을 따르고 있다. 이른바 신고전파*의 입장에 서 있는 시카고학파** 경제학자들도 자유시장이 잠재적으로 가지고 있는 힘을 신뢰한다. 그들은 국가가 일정한 규칙을 설정할 수 있지만 그 이상으로 경제를 관리하려는 시도를 해서는 안 된다고 주장한다.

물론 케인스는 이 생각에 동의하지 않았다. 그는 애덤 스미스적인 완전 자유방임 경제를 비판하고 경제를 공적으로 관리해야 한다고 주장했다. 케인스는 자신의 가장 유명한 저서《고용 이자 및 화폐의 일반이

---

* 신고전파(신고전파 경제학): 19세기 말 영국과 미국에서 자본주의가 성장했던 시기에 한계혁명(멩거와 발라가 한계효용 이론을 축으로 근대경제학의 체계를 형성)이 일어났다. 그 영향을 받아 고전파의 자유주의적 경제관을 새롭게 시장균형 이론(경제를 공급과 수요의 관점에서 분석)으로 결부시킨 사상으로 20세기 경제학의 주류가 되었다. 이 학파의 중심개념은 레옹 발라의 '일반균형 이론' (90쪽 주석 참조)이다.
** 시카고학파: 시카고대학교 경제학자들이 만든 학파로, 그 중심인물이 밀턴 프리드먼이었다. 프리드먼을 대표로 하는 시카고학파의 경제 이론인 통화주의는 1960년대부터 시작된 인플레이션 불황을 계기로 1970년대 중반까지 주목을 받았다. 그러나 제자인 FRB 전 의장 폴 볼커Paul Volcker의 통화주의적인 정책은 불황을 초래했다. 통화주의를 싫어하는 사람들은 시카고학파를 비꼬아 시카고갱이라 불렀다.

론The General Theory of Employment, Interest and Money》(1936)의 마지막 부분에 이렇게 적었다. "나는 오늘날 일반적인 크기의 투자 관리를 민간의 손에 안전하게 위임할 수 없다고 결론 내렸다." 이 말을 쉽게 풀어서 이야기하면 케인스는 소수의 이튼학교(18명의 총리를 배출한 영국의 명문 사립학교로 케인스도 이곳 출신임) 출신들이 책임지고 일을 하면 더 잘할 것이라고 생각했다. 현명한 정부 관료들이 시장보다 더 뛰어난 경제 제도를 구축할 수 있다고 보았다.

그러나 프리드먼은 정부에 대해 강한 불신을 갖고 있었다. 그는 정부의 실패는 시장의 실패보다 더 크고 비참한 결과를 가져올 수 있으며 정부가 배덕背德적이기 때문에 적합하지 않다고 주장했다. 어디에나 있는 국가의 존재를 거부하는 프리드먼의 관점은 경제를 초월한 영역으로까지 확대되었다. 그의 눈에는 국민에게 명령하는 정부가 본질적으로 악이었다. 설령 정부가 의미 있는 일을 한다고 해도 마찬가지였다. 그의 이러한 생각은 가난한 가정에서 혼자 힘으로 엄청난 업적을 이루기까지 겪었던 험난한 여정으로부터 비롯되었다고 할 수 있다.

세계는 지금 프리드먼에서 케인스로

그렇다면 이 두 사람의 주장 중 어느 것이 옳은 것일까? 이는 간단하게 대답할 수 있는 문제가 아니다. 실제로 그들은 자신의 믿음이 상대보다 우월하다고 입증하지 못했다. 그렇지만 두 사람은 모두 많은 신봉자와 추종자를 양산해냈다. 큰 틀에서 보면 양쪽 다 수많은 경제학자들이 접근하지 못했던 경제 프로세스에 대해서 고찰했기 때문이다. 케인스 이론은 고전파 경제학에 대한 새로운 해답이었고 20세기 경제사상에 대변혁을 가져왔다. 그리고 케인스주의가 있었기 때문에 프리드먼이 반혁명을 일으킬 수 있었다.

폴 크루그먼은 두 이론이 모두 필요하다는 생각을 다음과 같이 이야기하고 있다. "케인스 이론은 처음에 승리를 거두었습니다. 왜냐하면 당시 고전파의 전통적 학설보다 훨씬 더 뛰어난 일을 했기 때문에 가능했던 것입니다. 그리고 프리드먼이 케인스를 비판해서 성공을 거두었던 가장 큰 이유는 그가 케인스 이론의 약점을 정확하게 꿰뚫고 있었기 때문입니다."

세계가 심각한 경제위기에 빠진 2010년 경제학은 다시 고전파적인 견해에서 벗어나 케인스주의로 방향을 바꾸었다. 중도좌파적인 경제학자 제임스 갤브레이스James Galbraith는 유명한 존 케네스 갤브레이스John Kenneth Galbraith*의 아들인데 현재 미국에서 주목을 받고 있다. 2008년 3월 갤브레이스는 제25회 밀턴 프리드먼 특별강연에서 '자유시장의 합의를 일소하는 공격'으로 이야기를 시작했다. 그 강연에서 그는 '존 메이너드 케인스의 지적인 승리'를 칭송하고 자본주의의 불안정성을 고발하며 규제의 필요성을 역설했다. 또한 정부가 빨리 개입해야 한다고 주장했다.

---

*존 케네스 갤브레이스(1908~2006): 미국의 독자적인 경제학 '미국제도학파'에 속한다. 캐나다 출생으로 미국으로 이주하여 20대에 하버드대학교 교단에 섰다. 1938년 프랭클린 루스벨트 대통령의 뉴딜정책에 참가, 제2차 세계대전 중에는 가격관리국 부국장으로 일했으며 1943년부터는 〈포춘〉의 편집위원으로 근무하면서 케인스 이론을 널리 소개했다. 미국제도학파는 사회구조의 중요성을 주장하는 사회주의적 입장을 취해서 고전파와 대립했다.

현재는 이런 요구에 부응하듯이 갑자기 케인스적 경제정책이 전 세계에서 부활하고 있다. 많은 나라들이 감세와 공공지출에 몇 십억 달러에서 몇 백억 달러를 투입했고, 그 결과 국민들이 빌린 돈이 점점 늘어났다. 이러한 신케인스주의적인 정책이 실제로 더 효과를 나타낼지 아니면 장기적인 안목으로 보았을 때 프리드먼적인 접근이 더 좋은 결과를 가져올지는 아직 알 수 없다. 그 대답은 오직 미래만이 알 수 있을 것이다.

COLUMN

프리드먼의 항상소득가설 Permanent Income Hypothesis, PIH

소득이 소비에 어떤 영향을 미치는가

스웨덴 왕립과학아카데미는 1976년 밀턴 프리드먼에게 노벨 경제학상을 수여했다. 수상 사유는 '소비분석, 화폐 이론, 경제 안정화 연구'로 이 연구가 화폐 이론을 활기에 가득 찬 과학적 논의를 선도했다고 평가했다. 아마도 프리드먼이 경제학만이 아니라 정치·사회적으로도 엄청난 논란을 일으켰기 때문에 그만큼 화폐 이론이 널리 알려졌다는 의미였을 것이다.

그러나 스웨덴 왕립과학아카데미는 순수하게 과학적인 관점에서만 평가한다면 화폐 이론보다 프리드먼의 다른 분야의 연구 업적이 더 흥미롭다고 지적했다. 이들은 특히 소비분석 이론을 가장 중요하게 생각했다. 소비는 사회·경제활동의 2/3를 차지한다. 따라서 소비와 소비 행동 이론은 정말 중요하면서도 가장 현실적인 이론이다. 소비를 움직이는 힘이 정확하게 무엇인지를 알아야 감세나 민영화 등의 경제정책을 바꿀 때 사람들이 어떤 식으로 반응하는가를 이해할 수 있기 때문이다.

먼저 소비는 소득과 가장 관련이 깊다. 사람들이 상품이나 서비스를 살 수 있는 것은 사용 가능한 통화, 즉 돈을 갖고 있기 때문이다. 많은 사람들이 처음에는 소비와 소득이 지극히 단순한 관계에 있다고 생각했다. 예를 들어 어떤 사람의 소득이 일정량 증가하면 쓰는 돈도 같은 양만큼 늘어날 것이고, 반대로 소득이 감소하면 소비하는 돈도 줄어들 것이라고 여겼다. 그러나 현실에서 소비와 소득과의 관계는 그렇게 단순하지 않다. 실제로 경제학에서는 소비와 소득의 관계를 다음의 세 가지 패턴으

COLUMN

로 설명한다.

(1) 부유한 사람은 가난한 사람보다 저축률이 높다.
(2) 소득이 늘어도 국민 저축률은 거의 일정하다.
(3) 소비는 단기적으로 소득보다 안정적이다.

이들 세 가지 중에 (1)과 (2)는 서로 모순되는 것처럼 보인다. 만일 부유한 사람의 저축률이 더 높다고 가정해보자. 그렇다면 모든 사람들이 조금씩 더 부유해지면 시간이 지나면 지날수록 저축률은 상승할 것이다. 하지만 실제로는 그렇지 않다. 또 (3)의 패턴은 소비와 소득이 단순한 비례관계가 아니라는 점을 시사하고 있다.

경제학에서는 소비자의 행동을 설명하는 두 가지 가설이 존재한다. 첫 번째 가설은 케인스의 《고용 이자 및 화폐의 일반이론》에 나오는 절대소득가설인데 이를 케인스의 소비함수라고도 한다. 케인스는 소득과 소비의 관계를 검토하고 가정의 소비 수준이 절대적인 소득 수준(현재소득)에만 의존하고 있다는 결론을 이끌어냈다. 이 가설에 따르면 소득이 높아지면 소비도 증가하지만 그 증가율이 반드시 동일한 것은 아니며 증가분의 일부는 저축으로 돌린다고 주장했다.

그러나 사이먼 쿠즈네츠는 소비 행동을 연구하면서 케인스의 절대소득가설이 특히 장기적으로 보았을 때 논란의 여지가 있다는 점을 지적했다. 1937년 이러한 쿠즈네츠의 연구를 프리드먼이 도왔다. 이후 프리드먼은 이 주제를 가지고 박사학위 논문을 썼고, 1957년에 출간된 《소비함수의 이론A Theory of the Consumption Function》에서 경제 이론으로 발전시켰으며 이를 '항상소득가설'이라고 명명했다. 항상소득가설은 소비가 1개월마다 혹은 1년마다 생기는 절대소득에 의존하지 않고 주로 사람들이 장기간에 걸쳐서 얻을 수 있을 것이라고 기대하는 소득(항상소득)에 의존해서 결정된다는 견해이다. 스웨덴 왕립과학아카데미가 1976년 수상 사유에 넣을 만큼 훌륭한 연구 가설이었다.

미국의 경제학자 폴 크루그먼은 2007년 2월 일반인들이 쉽게 읽을 수 있게 쓴 논평 '밀턴 프리드먼은 누구인가?'에서 비슷한 평가를 내렸다. "소비 행동에 관한 프리드먼의 연구는 그것만으로도 높은 학술적인 평가를 받기에 충분하다." 크루그먼은 프리드먼을 엄청나게 비판했지만 사람들의 소비 행동을 분석하는 방법론으로 노벨 경제학상을 수상했다는 점에 대해서는 높이 평가했다.

밀턴 프리드먼은 《실증경제학의 방법론 The Methodology of Positive Economics》(1953)에서 "경제 이론은 심리학적 현실성으로 판단할 수 없고 그 대신 행동 예측력으로 평가해야 한다"고 서술했다. 실제로 프리드먼은 소비 행동을 분석할 때 합리적 행동 가설을 이용했다. 이것이 바로 이론 경제학자로서 그가 이룬 가장 큰 업적이었다.

또한 크루그먼은 이렇게 쓰고 있다. "소비와 저축을 연구할 때 케인스는 정확성이 결여된 심리학적 이론으로 설명하려고 했지만 프리드먼은 개인이 인생에서 자신의 부를 어떤 식으로 소비할 것인가를 합리적으로 계획하는 존재라고 주장했다. 그의 항상소득가설은 오늘날까지도 소비와 저축을 파악하는 데 기초가 되는 가설이다." 항상소득가설은 인간이 '평소의 소득'이라고 생각하는 소득에 기초해서 소비를 한다는 의미이다. 소득이 크게 달라져도 사람들은 어느 정도 일정한 생활 수준을 유지하려

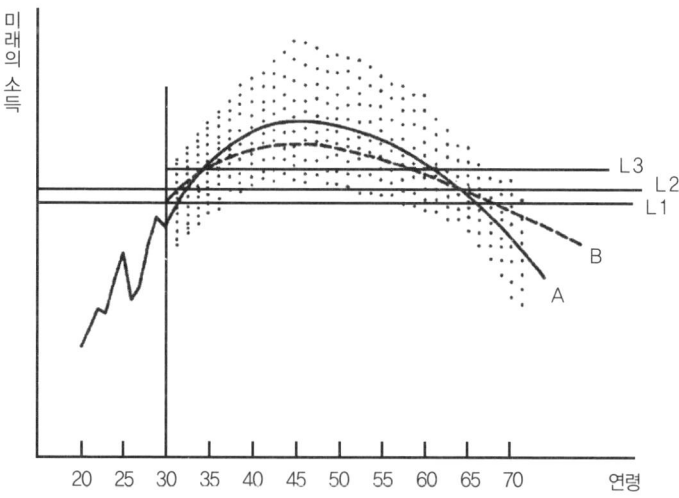

항상소득가설 프리드먼의 저서 《소비함수의 이론》에서 항상소득가설을 설명하는 그래프이다. 소비자가 30세의 시점에서 예측하는 자신의 미래소득으로 굵은 실선의 곡선(A)은 미래의 각 연령대에서의 소득 예측의 평균, 가는 실선의 수평선(L2)은 30세 시점에서 예측하는 생애소득을 나타내고 있다.
_ 자료: M Friedman, A Theory of the Consumption Function (1957), NEBR

고 한다. 바로 소득의 변동을 일시적인 것으로 생각하려는 경향이 있기 때문이다. 따라서 소득변동은 소비에 별로 영향을 미치지 않는다.

사람들은 미래에 돈을 벌 것이라는 합리적인 기대를 기준으로 소비를 한다. 예를 들어 의과대학 학생과 역사학부의 학생을 비교해보자. 설령 두 사람이 현재의 소득이 같다고 해도 의과대학의 소비 수준이 좀 더 높다. 의사가 될 학생은 미래소득이 높다고 예측하기 때문에 지금부터 그것에 맞추어서 소비를 하기 때문이다. 그래서 항상소득가설 분석에 따르면 경제 자극 효과를 기대하고 실시하는 일시적인 감세와 보조금은 효과가 거의 없다.

COLUMN

2008년 독일 정부는 모든 국민에게 2,000유로씩 나누어주는 정책을 검토했다. 이 정책을 추진했던 정책 담당자는 보조금을 받은 국민들이 당장 물건을 사러 달려갈 것이라고 생각했다. 이렇게 국민들의 적극적인 소비를 유도하면 경제를 활성화할 수 있다고 예측했다. 하지만 이 계획은 결국 실행되지 않았다. 일부 경제학자들이 그 돈은 결국 예금계좌에서 잠잘 것이라고 주장했기 때문이다. 실제로 일본 정부가 2009년에 모든 국민에게 12,000엔의 보조금을 지급했지만 눈에 띄는 경제 자극 효과는 없었다.

프리드먼의 항상소득가설은 분명 케인스의 절대소득가설보다 설득력이 있다. 그러나 지금까지 소비에 대한 일반론이었던 이 견해도 최근 비판을 받고 있다. 그중 가장 대표적인 경제학자가 바로 하버드대학교의 제임스 듀젠베리James Duesenberry이다. 그는 1940년대 상대소득가설relative income hypothesis을 발표했다. 그는 상대소득가설을 프리드먼의 가설보다 더 빨리 발표했지만 당시에는 주목받지 못했다. 듀젠베리는 소비자의 행동이 절대소득이 아니라 상대적인 소득에 따라 좌우된다고 주장했다. 사람들은 절대적인 수준보다 자신이 소속된 사회의 상대적인 수준에 따라 소비를 한다는 이야기이다. 이 견해는 앞에서 이야기한 항상소득가설에서 발생하는 모순을 설명할 수 있다. 즉 부유한 사람이 가난한 사람보다 저축을 많이 하는 현상, 소득이 늘어나도 국민 저축률이 전혀 변하지 않는 현상을 충분히 설명한다.

듀젠베리는 빈곤을 상대적인 개념으로 보았다. 그는 빈곤층의 저축률이 낮은 이유를 이렇게 설명한다. 소득 수준이 낮은 사람들은 주변에 소득이 높은 사람이 많기 때문에 자신의 수준에 비해 지출을 많이 한다. 그러

COLUMN

면 아무리 수입이 늘어도 저축률은 증가하지 않는다는 것이다. 듀젠베리의 이러한 견해는 인간이 순수하고 합리적인 의사결정을 하는 이성적인 존재라는 경제학의 기본전제를 부정한다. 그렇지만 오히려 인간의 본성을 잘 반영한 현실적인 모델이라고 평가할 수 있다. 이 가설은 우연이겠지만 경제학에서 새롭게 떠오르는 분야인 행동경제학과 비슷한 부분이 많다. 듀젠베리는 본인의 상대소득가설이 경제학계에서 다시 재평가받는 시기를 기다리지 못하고 아쉽게도 2009년 10월 5일 세상을 떠났다.

2
케인스 경제학을 부활시킨
경제학계의 챔피언

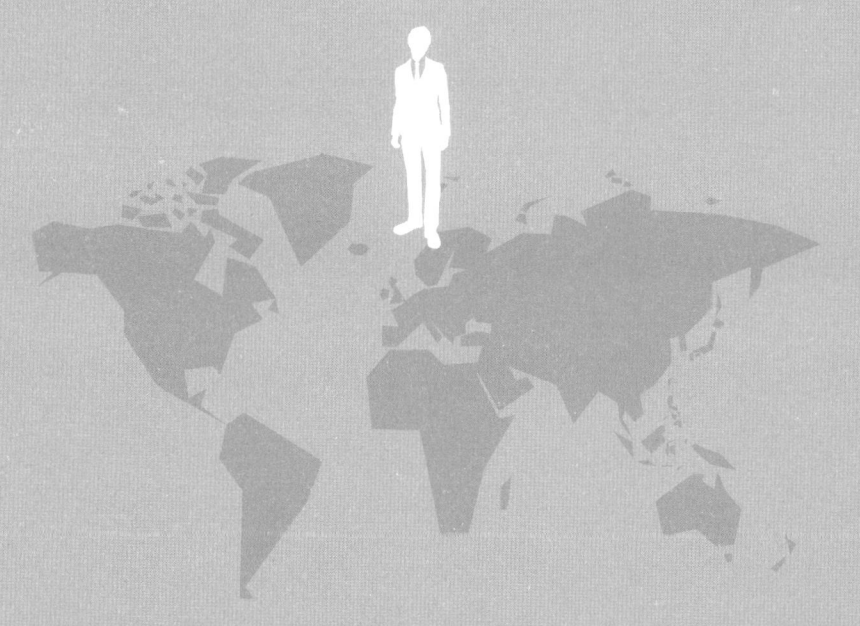

1981년 노벨 경제학상

제임스 토빈 James Tobin

제임스 토빈은 케인스 경제학의 정당한 계승자였다. 그는 제2차 세계대전 중 미군에 자원 입대하여 독일군과 용감하게 싸웠고 종전과 동시에 고국 땅을 다시 밟았다. 그 후 점차 업적을 인정받아 미국을 대표하는 경제학자가 되었다. 토빈세나 토빈의 q이론처럼 그가 남긴 많은 경제학적 유산들은 지금도 끊임없이 회자되고 있다.

_ 집필 : 낸시 스판우스, 야자와 기요시

케인스 경제학을 부활시킨 경제학계의 챔피언

'상아탑'의 대통령과 경제학자

제임스 토빈은 예일대학교 경제학 교수로 1981년 노벨 경제학상을 수상했다. 그는 '금융경제학의 아버지' 또는 '우리 시대의 선도적인 거시경제학자'라고 불리며 20세기 후반을 상징하는 경제학자가 되었다. 케인스 경제학의 기본 원리를 계승한 경제학자인 토빈은 케인스 경제학이 완벽하다고는 생각하지 않았지만, 애덤 스미스의 자유방임주의와 밀턴 프리드먼이 이끄는 시카고학파의 공급경제학supply-side economics(통화주의)을 대신할 수 있는 최고의 경제학이라고 보았다. 그래서 토빈은 '완전고용'과 '경제성장'을 실현하려면 정부가 개입해야 한다고 생각했다.

제임스 토빈은 1966년 《국가 경제정책National Economic Policy》에서 "경제의 가장 큰 목적은 현재와 미래를 위해 소비재와 서비스를 생산하는 것이다"라고 썼다. 그는 이런 기본 인식을 갖고 미래의 경제성장을 위해서 해야 할 개인이나 기업, 정부의 의사결정 행동이 무엇인지를 분석했다. 토빈은 분석을 하면서 재정과 실물경제(고용, 생활비 및 자본투자)의 차이에 주목했다. 그러다가 이후에 재정과 실물경제의 상호관계를 나타내는 수학 이론을 찾아냈다. 그는 노벨재단에 제출한 글에서 연구 동기를 다음과 같이 서술하고 있다.

"나는 경제학을 배웠고 두 가지 이유 때문에 경제학자가 되었다. 첫 번째, 경제학은 과거에도 현재에도 지적 매력이 넘치는 충분히 도전할 만한 가치가 있는 학문이다. 특히 이론화와 정량화 분석을 지향하는 학문이기 때문에 이러한 분야에 재능을 가진 사람에게는 더 가치가 있다. 두 번째, 경제학은 지금까지 희망을 주었고 앞으로도 계속 줄 것이며 경제학을 더 많이 이해하면 많은 사람들의 생활을 이롭게 할 수 있다. 1930년대 세계대공황* 속에서 살았던 나는 이 두 가지 동기 때문에 열심히 경제학을 공부했다. 그때 자본가 경제는 처참하게 실패했고 세계를 뒤덮을 만큼 엄청난 사회적·정치적인 혼란이 있었다."

토빈은 거시경제 분야인 정부 공공정책의 본질에 대해서 집중적으로 책을 썼다. 여러 책에서 그는 1950~1990년대까지의 세금과 정부예산 정책에 대한 논쟁을 초보자들도 쉽게 이해할 수 있도록 쉬운 말로 설명했다. 그렇지만 그는 원래 수리경제학자였기 때문에 스스로 복잡한 방

---

* 세계대공황: 1929년 10월 24일 뉴욕 월가의 주식 폭락을 시작으로 자본주의 세계 전역에 퍼졌던 금융위기와 대불황을 말한다. 화폐가치는 급격하게 떨어졌고 생산량이나 수출입량이 급감해서 1931년 주요 공업국들의 실업자 수는 전체 근로자의 30퍼센트에 해당하는 1,500만 명에 달했다.

★ **제임스 토빈**_미국 거시경제학자

1918년	일리노이 주 샴페인 출생으로 대공황을 겪으면서 경제학에 관심을 가짐.
1935년	하버드대학교에서 전액 장학금을 받고 경제학부에서 공부한 뒤 동대학원으로 진학.
1941년	정부의 가격관리국, 민간수요 군수생산위원회에서 일함.
1947년	하버드대학교 경제학 박사학위를 취득한 뒤 3년 동안 계량경제학을 연구.
1950년	케임브리지대학교 응용경제학부에서 공부한 후 예일대학교로 옮겨 5년 후 교수가 됨. 경제지 〈에코노메트리카〉와 〈리뷰 오브 이코노믹스터디스〉 편집위원.
1955년	미국경제학회에서 존 베이츠 클라크상 수상.
1961~1962년	케네디 대통령경제자문위원회 위원. 이후 예일대로 돌아가 배리 골드워터Barry Goldwater 대통령 후보의 선거운동을 비판하는 등 정치적 발언을 자주함.
1969년	'토빈의 q이론' 발표.
1971년	미국경제학회 회장. '토빈세' 제안.
1972년	경제개혁의 고문으로 조지 맥거번의 대통령 선거운동에 참여.
1993년	이탈리아 공화국 대통령상 수상.
2002년	84세에 뇌졸중으로 사망.

케인스 경제학의 계승자 제임스 토빈은 재정과 금융정책을 둘러싸고 통화주의자와 격렬하게 논쟁했다.
_사진: UPI

정식을 개발해서 해답을 찾고 경제 프로세스를 보충하거나 기술하는 것을 즐거움으로 삼았다.

1961년 대통령 존 F. 케네디John F. Kennedy가 토빈에게 대통령경제자문위원회CEA에 참여하도록 요청했을 때 그는 이렇게 말하며 거절했다. "대통령님, 사람을 잘못 고르셨습니다. 저는 상아탑에 갇혀 있는 경제학자입니다." 그러자 케네디는 이렇게 대답했다. "정말 최선의 선택이 아닙니까? 저도 상아탑에 갇혀 있는 대통령입니다." 결국 토빈은 케네디 대통령의 자문위원회 위원이 되었다.

COLUMN

케인스 경제학, 케인스적 균형

케인스 경제학은 존 메이너드 케인스가《고용 이자 및 화폐의 일반이론》에서 언급했던 거시경제학 이론으로 총수요가 경기순환의 최대 불안정 요인이고 불황의 가장 중요한 원인이라고 본다.

케인스는 그 책에서 경기순환을 안정시키기 위해서는 정부가 재정정책을 가지고 적극적으로 개입해야 한다고 지적했다. 또 그는 총지출과 총생산이 균형을 이룰 때 경제가 안정되는 '케인스적 균형' 상태를 이야기했다. 케인스 경제학은 1970년대까지 자본주의 세계에서 압도적인 영향력을 행사했다.

자유로운 가정환경에서 자랐던 토빈

20세기 후반에 세계적으로 유명했던 미국의 경제학자 가운데 존 케네스 갤브레이스와 폴 새뮤얼슨*, 케네스 애로Kenneth Arrow**는 모두 하버드대학교에서 공부했다. 토빈도 하버드 출신이지만 1950년에 예일대학교로 옮겼고 1988년까지 이곳에서 교편을 잡았다. 그리고 2002년에 뇌졸중으로 사망할 때까지 예일대학교와 깊은 인연을 맺었다. 1990년대 중반 세계 경제와 금융이 혼란에 빠졌을 때 토빈은 그의 경제이념이었던 토빈세를 주장해서 다시 사회적으로 주목을 받았다. 토빈세는 현재에도 활발하게 논의되고 있는 주제이기도 하다.

제임스 토빈은 1918년 미국의 일리노이 주 샴페인에서 태어났다. 아버지 루이스는 저널리스트, 어머니 마거릿은 사회복지사로 전형적인 중산층 직장인이었다. 1929년에 미국에서 시작된 대공황은 곧바로 세계를 뒤덮었는데 이러한 혼란 속에서 성장했던 토빈은 그 영향을 많이 받았다. 토빈의 눈에 부모님은 이른바 좌파 자유주의자***였고 그러한

---

* 폴 새뮤얼슨(1915~2009): 20세기 후반을 대표하는 경제학자로서 케인스 경제학을 실현하면 신고전파 경제 이론이 성립한다고 주장했던 '신고전파종합'을 구축했다. 1948년에 윌리엄 노드하우스와 함께 출간한 《새뮤얼슨의 경제학Economics》은 근대경제학의 교과서로 전 세계에 번역되었고 100만 부 이상 팔렸다. 1970년에 노벨 경제학상을 수상했다.

** 케네스 애로(1921~): 전후 신고전파 경제학의 중심이었던 이론 경제학자이다. 사회선택 이론을 구축하고 후생경제학의 기본을 확립하는 한편, 일반균형 이론의 분석 등 여러 방면에서 공헌을 했다. 1972년 51세의 젊은 나이로 노벨 경제학상을 수상했고 하버드대학교 교수를 거쳐 현재는 스탠퍼드대학교 명예교수로 있다.

*** 좌파 자유주의자: 보수적인 정치사상이 아닌 사회주의 및 혁명주의적인 생각을 지지하는 사람들을 말한다. 좌파 정치는 정부가 사회경제에 적극적으로 개입해서 규제를 강화하고 복지국가 사회를 건설해야 한다고 주장한다. 미국에서는 일반적으로 사회주의를 연상시키는 좌파라는 말을 좋아하지 않기 때문에 중도좌파적인 사상을 그냥 자유주의라고 부르는 경우가 많다.

COLUMN

토빈의 네 가지 발견

토빈이 유명해진 이유는 그가 경제학적으로 높은 평가를 받는 네 가지 이론을 발견했기 때문이다.

토빈세

제임스 토빈이 1970년대 최초로 제안했던 금융거래에 과세하는 징벌적인 세금이다. 명목상으로 0.1~0.5퍼센트의 세율로 토빈은 이것을 "금융투기의 차바퀴에 모래를 던진다throwing sand in the wheel"라고 표현했다. 원칙적으로 금융투기를 막는 것을 목적으로 한다. 토빈은 이 세금을 IMF(국제통화기금) 같은 국제기관이 실시해서 그 세수를 제3국의 빈곤 구제에 이용하자고 제안했다.

토빈의 q이론

제임스 토빈이 투자 행동을 예측하기 위해서 개발했던 기법(투자 이론)으로 주식시장에서 평가받는 기업의 시장가치(시가총액)를 실물자본의 대체비용(순자산가치)으로 나눈 값을 말한다. 소문자 q는 기업의 '유형자산의 시장가치(주식 및 기업의 가치)'와 '그것을 바꾸는 데 필요한 비용'의 비율을 나타낸다. 이 이론은 포트폴리오 이론의 성격을 나타내는 지표로 기업의 설비투자 행동을 추측하는 기준이다. 토빈은 이 값(q)이 클수록 투자가는 투자를 확대할 것이라고 생각했다. 1990년대 이 값이 갑자기 상승해서 금융위기가 찾아올 것이라고 예측했는데 실제로 그 생각은 현실이 되었다.

COLUMN

토빈의 q 비율 변화 미국 경제 q비율(20~21세기 초반)의 변화이다. 경제위기와 q비율이 반드시 일치하지는 않는다는 것을 보여준다.

_ 자료: The Federal Reserve

토빗 모델

토빈이 1958년에 개척했던 계량경제학의 한 기법으로 공공정책이 인간의 소비 행동과 투자 행동에 어떤 영향을 미치는가를 나타내는 수학 모델이다. 경제 모델 밖에서 주어진 독립변수를 바꿨을 경우 그 모델의 내부변수가 어떻게 변하는지를 연구할 때 사용한다. 미국에서는 연방준비제도이사회가 공개시장의 기능을 평가할 때 사용한다.

포트폴리오 이론

금융시장의 결정과 투자상 결정의 관계에 대해 연구했던 이론으로 주식 투자에서 위험을 줄이고 투자수익을 극대화하기 위해 여러 종목에 분산 투자하는 방법을 말한다. 흔히 '달걀을 한 바구니에 모두 담지 말라'라는 말로 설명된다. 이 포트폴리오 이론의 접근법은 투자가에게 위험과 기대수익을 분류, 추정, 통계할 수 있도록 하는 투자결정 방법론이다.

가정환경이 어린 그에게 큰 영향을 주었다. 예를 들어 열네 살이었던 1932년, 그는 대통령 예비 선거에서 민주당 출신의 프랭클린 루스벨트 Franklin Roosevelt에게 투표했는데, 학교에서 루스벨트를 뽑은 유일한 학생이었다.

한편 루스벨트는 그해 미국 대통령에 당선되었고 미국 역사상 유일하게 4선을 한 대통령이 되었다. 또 갑자기 찾아온 소아마비로 인해 유일하게 신체장애가 있던 대통령이기도 했다. 루스벨트는 세계대공황을 극복하기 위해 역사에 남을 '뉴딜정책'*을 실시했는데 케인스 경제학적인 복지국가 정책을 실시했다는 평가를 받았다. 이후 루스벨트가 추구했던 큰 정부는 더 이상 지지를 받지 못했지만 2008년 세계 금융위기 이후, 서양의 여러 나라들은 다시 큰 정부로 되돌아가기 시작했다.

1935년 토빈은 아버지의 권유로 하버드대학교에 시험을 보았는데 전액 장학금을 받고 입학했다. 신입생이었던 그가 처음 접했던 책은 그 시기에 출판되었던 케인스의 《고용 이자 및 화폐의 일반이론》이었다. 토빈은 20세기 경제학의 고전이 될 이 책이 나오자마자 이에 심취했다. 그리고 1939년에는 성적이 뛰어난 학생들에게만 주는 숨마쿰라우데 summa cum laude(최고 우등생을 의미하는 라틴어)를 받았고 다음 해에 학위를 취득했다. 또한 그는 재학 중에 학교에서 이미 유명한 경제학자였던 바

---

*뉴딜정책: 1933년 루스벨트가 세계대공황을 극복하기 위해서 채택한 부흥계획이다. 취임 초기부터 1938년까지 5년 동안 금융·재정·농업·통신 등 전 분야에 걸쳐 차례로 법을 개정했다. 처음에는 실업자가 다소 감소했지만 나중에는 답보 상태가 되었다. 그 후 제2차 세계대전이 발발했다.

실리 레온티예프Wassily Leontief**와 조지프 슘페터Joseph Schumpeter*** 등과 깊은 관계를 맺었다.

제2차 세계대전이 유럽에서 발발한 지 2년이 지난 1941년 제임스 토빈은 루스벨트 대통령이 물가를 통제·관리하기 위해서 만들었던 가격관리국과 전시생산위원회에서도 일했다. 그는 이러한 경험으로 경제가 어떻게 움직이는지를 더 거시적인 관점에서 볼 수 있었다. 1942년 해군에 소집된 그는 5년 동안 구축함의 승조원으로 지냈다.

이후 종전과 동시에 중사로 제대한 토빈은 하버드대학교로 돌아가 연구를 계속했고 케인스가 정의했던 '비자발적 실업을 동반하는 균형상태' 메커니즘을 비판적으로 분석했다. 또 소비함수, 즉 국민의 소비를 결정하는 몇 가지 요인을 찾아 논문을 썼고 이 논문으로 박사학위를 받았다.

이 논문의 지도교수는 조지프 슘페터였다. 그는 오스트리아-헝가리 제국 시대의 모라비아(체코)에서 태어났고 독일 나치스를 피해서 미국으로 이주했다. 그 후 하버드대학교에서 학생들을 가르쳤으며 '창조적

** 바실리 레온티예프(1906~1999): 러시아 출생의 미국 경제학자. 15세 때 레닌그라드대학교에 입학해서 19세에 경제학 석사학위를 취득하고 1931년 미국으로 건너가 미국경제연구소에서 일했다. 제2차 세계대전 후에는 하버드대학교 경제학 교수가 되었다. 1973년 레옹 발라의 일반균형 이론을 단순화해서 실태경제학의 분석에 이용할 수 있도록 한 공적으로 노벨 경제학상을 수상했다.

*** 조지프 슘페터(1883~1950): 오스트리아-헝가리제국 출신의 미국인 경제학자. 20세 중반에《경제발전의 이론》을 썼는데 혁신에 의한 '창조적 파괴'라는 경제발전의 개념을 만들었다. 빈대학에서 법률과 경제학을 공부하고 변호사 일을 생업으로 하면서 뉴욕의 컬럼비아대학교 객원교수로 근무했다. 1919년 오스트리아의 재무대신을 지냈지만 하이퍼인플레이션hyper inflation 때문에 해임당한 후 미국으로 건너가 1932년 하버드대학교 경제학부 교수가 되었다.

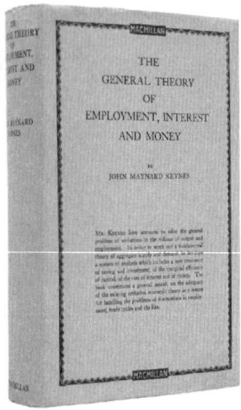

케인스가 1936년에 출간한 경제학 이론서 《고용 이자 및 화폐의 일반이론》은 20세기 자본주의 세계에 엄청난 영향을 주었다. 왼쪽 사진은 IMF와 세계은행의 설립에 중요한 역할을 담당했던 미국의 경제학자 해리 화이트Harry White와 케인스이다.

_ 왼쪽 사진: IMF

파괴*의 맹주'라고 불렸다.

앞에서 언급한 비자발적 실업은 '케인스 실업'이라고 부르기도 한다. 노동자가 임금에 불만을 품고 자발적으로 일을 그만두는 실업을 자발적 실업이라고 하는데 이와 반대로 비자발적 실업은 불황 같은 유효

＊창조적 파괴: 조지프 슘페터의 저서 《경제발전의 이론》에 나타난 중심개념이다. 대담한 기업가 정신이 다양한 혁신을 낳고 이를 통해서 오래 된 것이 파괴되며 새로운 아이디어를 실현함으로써 진보가 일어난다. 슘페터는 이것을 '창조적 파괴'라고 불렀다.

수요의 부족 때문에 기업이 노동자를 고용하지 않아 발생한 실업이다. 케인스는 사회경제의 비자발적 실업을 중시했다.

박사학위를 취득한 토빈은 이후 3년 동안 부선임연구원으로서 하버드대학교에 머물렀다. 부선임연구원은 선임연구원들이 선발하는 촉망받는 젊은 연구자를 지칭하는 말로 3년 동안 자유롭게 연구하도록 허락받는다. 토빈은 부선임연구원 기간이었던 1946년 MIT에서 폴 새뮤얼슨의 학생이었던 엘리자베스 링고Elizabeth Ringo와 결혼했고 네 명의 자녀를 두었다.

케인스 경제학을 이론화한 시도

제임스 토빈은 평생 '케인스적 균형'에서 제기되었던 다양한 문제를 연구했는데 특히 어떠한 요인이 투자와 고용을 증대시키는지에 관해서 집중적으로 연구했다. 토빈은 관심 분야에 대해서 다음과 같이 서술했다. "나는 케인스 경제학으로 튼튼한 기초를 쌓아 거시경제학을 탄탄하고 정교하게 만들고 싶다." 그는 케인스와 마찬가지로 정부가 경제에 적극적으로 개입해서 제 역할을 해야 한다고 생각했다.

그리고 자신이 케인스적 원리에 기초한 '신고전파종합Neoclassical Synthesis'의 지지자임을 스스로 인정했다. 신고전파종합이란 재정정책과 금융정책으로 완전고용을 보장하면 나중에는 자유로운 시장가격에 따라 조정이 이루어져 최적의 자원 배분을 실현할 수 있다는 사상이다. 이러한 과정의 순서를 적어보면 다음과 같다.

(1) 완전고용과 국가 경제의 생산증대를 도모한다.
(2) 수요를 적극적으로 관리한다.
(3) 거시경제의 목적에 맞게 재정·금융정책을 실시한다.
(4) 필요에 따라서 언제라도 임금정책을 실행한다.

토빈은 이들 목표에 맞는 이론(수학 모델)을 개척하려고 했다. 그가 처음으로 도입한 모델은 사람들의 소비 패턴을 결정하는 계량경제 모델이었다. 토빈은 특히 그 시대의 사람들이 스스로 가진 자원을 활용하여 최대의 소비를 하는지, 미래의 투자를 위해서 예금을 하는지 궁금해 했고 그것을 결정하는 요인이 무엇인지를 연구했다. 그리고 이자율과 인플레이션, 세율 등의 요소를 모아서 구축했던 이 모델을 바탕으로 포트폴리오 이론과 토빗 모델을 만들어냈다. 그 논문은 《경제학 논문집 Essays in Economics》(1975)의 제2권에 담겨 있다.

노벨위원회는 노벨상 수상 사유였던 토빈의 포트폴리오 이론을 '금융시장과 그 지출의 결정, 고용, 생산물, 가격에 대한 관련성 분석'이라고 풀어서 설명했다. 포트폴리오는 개인과 기업이 갖고 있는 다양한 형태의 자산을 투자할 때 그에 따라서 얻어지는 수익과 손실 위험(리스크)의 균형을 최적화하는 것을 의미한다. 예를 들어 주식과 신탁에 대한 투자는 수익도 크지만 동시에 리스크도 크다. 반면에 국채와 정기예금은 이익도 리스크도 적다. 따라서 이들을 어떻게 잘 조합해서 최적화할지 결정하는 것이 포트폴리오이다. 즉 전체의 리스크를 최소화하면서 수익을 최대화시킨다는 의미이다. 그러나 토빈의 포트폴리오 분석은 투자 행동을 결정하는 요인이 수익이라고 주장하는 경제학자들과 충돌

토빈의 소론집 4권으로 되어 있는 《경제학 논문집》의 제2권으로 1940~1972년에 발표한 토빈의 논문 20편을 정리한 것이다.

했다. 토빈은 수익률이 리스크와 함께 변화하기 때문에 투자가가 항상 최대 수익을 취하도록 행동한다고 볼 수 없다고 주장했다.

노벨상 수상식 후 한 저널리스트가 그에게 이 이론을 쉬운 말로 설명해달라고 부탁했다. 그러자 토빈은 이렇게 대답했다. "분산을 해야 합니다. 갖고 있는 계란을 전부 한 바구니에 담아서는 안 됩니다." 그 바구니를 떨어뜨렸을 때 계란이 전부 깨질 수 있기 때문이다. 그는 자신이 노벨 경제학상을 받은 것을 케인스 경제학의 승리라고 생각했다.

투기자본을 억제하기 위한 토빈세

토빈이 1969년 세상에 내놓은 두 번째 발견은 '토빈의 q이론'이다. 금융시장에서 투자가의 투자 행동을 예측하는 투자 이론을 말한다. 토빈의 q이론의 투자 지표는 주식시장에서의 기업가치(시가총액)를 자산으로 모두 대체했을 경우의 가격(실물자본의 대체 비용)으로 나눈다. 토빈은 이 비율이 적을 경우 새로운 공장이나 생산설비 등에 투자하는 것보다 다른 기업을 인수해서 확장하려는 경향이 높아진다는 결론을 내렸다. 그리고 분모와 분자를 똑같게 만드는(=1) 균형이 이상적인 목표라고 생각했다. 1990년대 미국에서 자산시장의 가격이 불합리한 인플레이션 때문에 폭등했다. 이 지표(q비율)가 뛰어오르자 경제학자들 중 곧 시장이 붕괴할 것이라고 예측하는 사람들이 등장하기 시작했다. 물론 실제로 그러한 상황이 나타났고 q이론을 증명하는 사례가 되었다.

토빈이 1958년에 발표한 토빗 모델은 투자가의 투자 행동을 예측하기 위해 만든 것이다. 이는 시장의 변화에 의존해서 변하는 '비독립변수(종속변수)'와 법률과 협정처럼 고정되어 변하지 않는 '독립변수'의 관계에서 이끌어낼 수 있는 투자의 행동을 예측하는 모델이다. 초기 연구에서 종속변수는 내구소비재 지출이었다. 그는 이 종속변수를 다양한 제약 조건에 맞춰서 검증했다. 한편 독립변수는 이자율, 수익률, 기타 요인이었다.

토빈의 다양한 연구 중에서 세상에 가장 널리 알려진 것은 토빈세였다. 그는 1970년에 토빈세를 처음 발표했을 때 이것이 1930년대의 케인스 제안과 비슷하다고 설명했다. 토빈은 1991년에 저술한 책에서 이 세금을 부과하는 것에는 두 가지 목적이 있다고 이야기했다. "첫 번째

시장참가자의 투자 비중을 단기적 투기에서 장기적인 경제지표로 옮길 수 있다. 두 번째 많은 국가간의 단기금리 차이에 쐐기를 박음으로써 국가들이 경제정책을 수행할 때 좀 더 주체적으로 할 수 있다." 토빈은 국경을 초월한 통화거래에 부과하는 토빈세의 세율을 당초 1퍼센트로 정했지만 이후에 0.1~0.25퍼센트로 내렸다. 그리고 이 과세가 투기세력의 이익을 억제할 수 있고 그 세금을 IMF 같은 국제기관으로 돌려 제3세계 빈곤율을 저하하는 데 활용할 수 있다고 생각했다.

국제결제은행Bank for International Settlements에 따르면 최근 국가간의 금융거래는 수백조 달러, 하루 단위로 환산하면 2조 달러, 대략 2,100조 원 규모에 달하는데 그 금액의 90~95퍼센트가 투기를 목적으로 하고 있다. 이 금액에 만일 0.1퍼센트의 토빈세를 부과하면 연간 수백조 원의 세수를 얻을 수 있다.

제임스 토빈은 특히 투자 행동과 소비 행동의 수학적 이론을 개척했고 이를 발전시켰다. 1955년 30세였던 그는 존 베이츠 클라크상을 수상했다. 이 상은 1885년에 설립된 미국 최고의 경제학 학술조직인 미국경제학회AEA에서 경제학에 중요한 공헌을 한 40세 이하의 경제학자에게 수여하는 상이다. 또 같은 해에 그는 예일대학교의 가장 뛰어난 교수에게 부여하는 지위인 스털링 교수Sterling Professor 및 코울스 경제학 연구재단의 회장이 되었다. 1971년에는 미국경제학회 회장에 취임했으며 1972년에는 미국과학아카데미의 회원이 되었고 이어서 예일대학교 경제학부장이 되었다. 1988년에는 명예교수로 임명되었다.

보이지 않는 손에도 '손'이 필요하다

경제학에 대한 토빈의 관심은 학술적 범위에 머물지 않았다. 1961년에 케네디 대통령은 백악관 경제자문위원회의 위원으로 토빈을 지명했다. 그 위원회에서 그는 미래세대를 위한 경제성장과 고용의 촉진을 설파했기 때문에 정부예산의 균형과 긴축재정을 주장하는 경제학파와 정면으로 대립했다. 경제자문위원회는 제2차 세계대전이 끝난 다음 해인 1946년에 만든 고용법에 따라 설치되었다. 이 위원회는 경제에 관한 최고의 지혜를 모아서 대통령을 보좌했다. 구체적으로는 완전고용과 강력한 국가경쟁력, 또한 독점금지법의 강화를 목표로 했다. 경제자문위원회는 3인의 위원으로 구성되었는데 위원을 선정할 때 상원의 승인을 받아야 했다. 이때 토빈 이외의 위원은 위원장이었던 월터 헬러Walter Heller와 커밋 고든Kermit Gordon이었다.

헬러는 토빈과 마찬가지로 1960년대를 대표하는 케인스학자였고 당시 통화주의로 엄청난 세력을 자랑하던 밀턴 프리드먼의 추종자들을 '광신도 집단'이라고 부르며 비판했다. 세 명의 위원은 1962년 〈대통령경제보고Economic Report of the President〉를 공동으로 집필했다. 토빈은 그 당시를 "우리는 케인스 경제학의 매니페스토Manifesto(역자주—개인이나 단체가 대중에게 확고한 정치적 의도와 견해를 밝히는 것으로 연설이나 문서의 형태)였다"라며 회고했다. 세 사람의 매니페스토 근간은 인간의 존엄을 모욕하는 비자발적 실업에 반대한다는 것이었고 이후 반세기가 지난 지금도 그 정신은 살아 있다.

1958년 이후 미국이 경제불황에서 탈피했던 시기에 쓰인 보고서에서 토빈은 네 개의 권고를 포함시켰다. 첫 번째가 소득세율의 일시적인

토빈(왼쪽)은 1961년부터 1년 반 동안 케네디 정권의 경제자문 위원을 지냈다. 가운데는 위원장인 월터 헬러, 마지막이 커밋 고든이다.
_ 사진: Cowles Foundation, Yale Univ.

삭감이었고, 두 번째는 실업률 상승을 억제하기 위한 긴급 공공지출이었다. 세 번째는 실업보험의 항구적 개선, 마지막으로 네 번째는 설비투자의 자극책 실시였다. 이들 정책은 부분적으로 실행되었고 그것만으로도 미국 경제를 무풍 상태에서 끌어낼 수 있었다. 경제자문위원회를 그만둔 이후에도 토빈은 고문 역할을 계속했다.

  1970년 토빈은 더 직접적인 정치적 참여를 결정했고 1972년 대통령 선거에 출마한 민주당 조지 맥거번George McGovern의 선거 캠페인 자문위원이 되었다. 그러나 맥거번이 리처드 닉슨Richard Nixon에게 대패하자 그는 이것을 계기로 밀턴 프리드먼과 시카고학파가 이끄는 반케인스파 경제 논쟁에 뛰어들었다.

　토빈은 미국 국민 앞에서 반복적으로 의견을 피력했고 수많은 기사를 게제했다. 미국에 재앙을 가져올 것이라고 믿었던 '애덤 스미스의 시장원리주의'*로 흐르는 것을 막기 위해 계속 투쟁했다. 그는 경제성장을 비판하는 경제학자들을 인정하지 않았지만 1960년대 말부터 1970년대 초까지 미국을 뒤덮고 있던 맬서스주의**에 영향을 받았다.

　1972년 토빈은 예일대학교 경제학자 윌리엄 노드하우스William Nordhaus와 함께 저술한 《경제후생지표Measure of Economic Welfare》에서 인구 문제와 개발 문제에 대한 견해와 경제 복지정책에 대한 생각을 이야기했다. 결국 토빈은 국가의 경제를 GDP(국내총생산)가 아니라 경제 지속성으로 측정해야 한다고 역설했다. 그는 1990년에는 '보이지 않는 손을 어떻게 해야 하는가?'라는 제목의 기사를 썼다. '보이지 않는 손'은 자유방임주의의 별칭으로 고전적인 자유주의 경제의 큰 축이었다.

　이 기사에서 토빈은 민간은행 예금통화의 위험성을 지적했다. 또 투기적 거래를 억제하고 국가의 주체성을 강화하기 위해서는 그가 줄기차게 주장했던 토빈세가 필요하다고 이야기했다. 그리고 에너지 및 환

---

* 애덤 스미스의 시장원리주의: 애덤 스미스가 그려낸 자유로운 시장경쟁이야말로 가장 적절한 시장의 모습이라는 주장을 말한다. 자유방임주의를 의미하는 레세페르laissez faire라는 프랑스어를 써서 표현하기도 한다.
** 맬서스주의: 고전파를 대표하는 영국의 경제학자 토머스 맬서스의 경제사상이다. 그는 1798년에 저술한 《인구론An Essay on the Principle of Population》에서 식량생산과 인구증가의 관계에 주목하여 "식량생산은 산술적으로 늘어나지만 인구는 기하급수적으로 증가하기 때문에 기근과 빈곤을 낳고 사회를 붕괴시킨다"는 유명한 주장을 했다. 그리고 인구증가를 억제하기 위해서 금욕과 도덕적 교육이 필요하다고 이야기했다.

경, 인구증가, 과격한 개인주의의 대두, 수입의 불평등 같은 문제에 대해 언급하면서 "보이지 않는 손에도 '손'이 필요하다"고 서술했다. 여기에서 말하는 '손'이란 물론 정부개입을 말한다.

케인스 경제학과 신고전파 경제학의 융합

토빈은 오랫동안 경제사상의 반대세력과 대등하게 경쟁했지만 케인스적 입장에서 주장했던 완전고용은 힘을 잃었다. 그러나 1990년 중반 투기거품이 유례없이 부풀어 오르자 그의 아이디어인 토빈세가 다시 주목을 받았다. 파생금융상품의 실패로 인해 영국의 명문 베어링은행Barings Bank이 파산하는 등 다른 금융기관들이 위기를 맞았기 때문이었다.

이렇게 투기거품이 정점에 달했던 1995년, 캐나다의 대서양 연안 도시 핼리팩스Halifax에서 열린 G7(선진 7개국) 정상회담에서 캐나다 수상 장 크레티엥Jean Chrétien과 프랑스의 자크 시라크Jacques Chirac 대통령은 이러한 통화투기에 대해서 강하게 비판했다. 이때 토빈은 G7 정상회담 직전에 크레티엥 총리와 함께 핼리팩스를 방문했고 폭주하는 투기자본의 억제를 위해서는 0.5퍼센트의 토빈세를 실시해야 한다며 그 필요성을 제안했다. 그는 IMF가 과세조치를 실시하면 약 5억 달러의 세수가 생기는데 그 돈을 빈곤한 국가에게 분배해야 한다고 주장했다. 그러나 이 세안은 정상회담에서 결국 불발로 끝이 났다.

그 후 프랑스 대통령과 독일 녹색당이 토빈세에 주목했다. 1997년 말 토빈은 〈뉴욕타임스〉에 이 세금에 대한 기사를 썼고, 1998년에 국제

1995년 캐나다 핼리팩스에서 열린 G7의 모습. 왼쪽부터 유럽연합 의장 자크 상테르, 일본의 무라야마 도미이치 총리, 독일의 헬무트 콜 총리, 미국의 빌 클린턴 대통령, 장 크레티엥 수상, 프랑스의 자크 시라크 대통령, 영국의 존 메이저 총리, 이탈리아의 람베르토 디니 총리이다.

금융 시스템이 또 제어불능에 빠졌을 때 투기 매니저들을 강도 높게 비판했다. 고정환율 시장에는 반대했지만 통화를 시장에 그냥 맡겨서는 안 된다고 주장했다. 금융 시스템이 세계 생산량이나 거래량 같은 실물 경제에서 벗어났기 때문에 투기자본에 과세를 해야 한다는 그의 신념은 더욱 강해졌다.

그러나 토빈은 그의 제안을 다른 방향에서 이용하던 사람들에게 굉장한 불쾌감을 표시했다. 2000년 11월 그는 〈예일헤럴드〉에 이런 글을 썼다. "나는 어떤 이데올로기를 갖고 이 세금을 제안했던 것이 아니다. 이 세금의 진짜 목적은 국제 금융위기를 막기 위한 것이었지 특정 경제사상을 지지하기 위한 것은 아니었다."

또한 그는 2001년 독일 주간지 〈슈피겔 Der Spiegel〉을 비판하면서 이렇게 말했다. "나는 반세계화와는 관계가 없으며 지금까지 항상 자유무역, IMF, 세계은행IBRD, 세계무역기구WTO를 지지했다. 나는 단지 투기자금의 흐름에 제동을 걸고 싶다. 케인스 경제학과 신고전파 경제학이 융합되어 있는 한, 1930년대 같은 경제위기나 그것을 뛰어넘는 대공황은 결코 일어나지 않을 것이다."

그러나 결국 제임스 토빈은 2002년 3월 11일 코네티컷 주 뉴헤븐에서 84년의 생애를 마감했다. 그가 지금까지 살아 있다면 2008년 이후 세계를 뒤덮고 있는 경제 파괴의 원인을 어떤 식으로 설명했을지 정말 궁금하다.

3

강력한 경제성장 이론의
혁신적 개척자

1987년 노벨 경제학상

로버트 솔로 Robert Solow

사람들은 경제가 성장하면 무조건 좋다고 생각한다. 그렇지만 경제가 어떻게 성장하고 어떤 방법이 바람직한 것인지 물어보면 쉽게 대답하지 못한다. 미국의 유명한 경제학자인 로버트 솔로는 경제성장 이론 연구로 노벨상을 수상했다. 로버트 솔로는 자본축적이나 노동력보다 기술진보가 경제성장에 더 큰 영향을 준다고 주장했다.

_ 집필: 야자와 기요시

강력한 경제성장 이론의
혁신적 개척자

경제성장이란 무엇인가

"경제성장은 사회를 극적인 방법으로 바꾸었고 그 결과 불과 몇십 년 전에는 전혀 생각하지 못했던 가능성과 자유를 우리에게 가져다주었습니다. 인간의 상황은 좋든 싫든 경제성장을 중심으로 근본적으로 변화합니다."

1987년 스톡홀름의 노벨상 수상식 무대에서 스웨덴 왕립과학아카데미의 칼 게란 메라Karl-Göran Mäler 교수는 이런 말로 그해 수상자를 소개했다. 칼 구스타프 16세 국왕에게 상을 받기 전, 무대 중앙에서 로버트 솔로는 자기소개를 겸한 연설을 했다. 그는 이미 경제학뿐만 아니라 비즈니스계, 그리고 일반인들에게도 잘 알려진 경제학자였다.

최근 몇 년 동안 게임 이론, 실험경제학, 행동경제학처럼 일반 사람들이 아직 잘 모르는 분야에서 노벨 경제학상을 수상하는 사람들이 크게 늘어났다. 그러나 솔로는 그런 사람들처럼 새로운 분야를 개척해서 경제학상을 수상한 것은 아니었다. 오히려 그는 그러한 새로운 시도를 '경제학을 새롭게 다루려는 하위문화'로 치부해버리는 경제학자였다. 로버트 솔로는 제2차 세계대전 후부터 현재에 이르는 경제학의 역사에서 폴 새뮤얼슨과 함께 쌍벽을 이룬 거시경제학의 주류학자였고 거시경제학을 떠받치던 두 개의 큰 기둥 가운데 하나였다.

로버트 솔로의 노벨 경제학상 수상 사유는 '경제성장 이론에 대한 공헌'이었다. 경제성장 이론은 경제학자라면 누구나 흥미를 갖고 있는 주제이고 경제학의 왕도이자 꽃이다. 솔로는 수상 기념 강연 첫머리에서 다음과 같이 이야기했다. "이 강연에서 수상 사유인 경제성장 이론 연구나 그것과 관련된 문제를 주제로 이야기해달라는 부탁을 들었습니다. 그러나 저는 '관련된 문제' 같은 애매한 표현을 사용하지 않기 때문에 문자 그대로 경제성장 이론에 대해서 말씀드리겠습니다." 솔로가 수상소감에서 언급했던 것처럼 이 책에서도 모호한 표현을 사용하지 않고 명확하게, 경제성장 이론의 역사적 흐름과 솔로의 경제성장 이론을 살펴볼 것이다.

경제성장 혹은 경제순환 이론이라고 하면 많은 이들이 '해로드-도마 성장모형Harrod-Domar growth model'과 '솔로의 성장 이론'을 떠올린다. 물론 콘드라티예프 파동Kondratiev Cycles을 떠올리는 사람도 있을 것이다. 그러나 솔로가 "성장 이론은 내가 쓴 논문에서 처음 시작된 것도 아니고 여기에서 끝난 이론도 아니다"라고 서술한 것처럼 성장 이론은 그의 전유물은 아니었다.

국가 차원의 경제성장 연구를 한 사람들을 찾아보면 18세기 이전까

★ **로버트 솔로**_미국 수리경제학자

1924년	뉴욕 브루클린에서 태어남.
1940년	하버드대학교에 입학하여 사회학과 인류학을 배움.
1949년	하버드대학교에서 석사학위 취득.
1949~1950년	컬럼비아대학교에서 1년 동안 장학금을 받음. 그 논문 〈임금소득 규모의 분포와 변화를 모델화한 실험적 시도〉를 써서 하버드대학교에서 박사학위 취득(1951년)하고, 이 논문으로 웰즈상 대상을 수상함. 컬럼비아대학교로 옮기기 직전, MIT 경제학부에서 조교수직을 제안받고 통계학과 계량경제학을 가르침.
1956년	트레버 스완 Trevor Swan이 독립적으로 경제성장 이론을 연구하여 〈이코노믹 레코드〉에 발표했기 때문에 두 사람의 이론은 '솔로-스완 모형' 이라고도 불림.
1958년	MIT 경제학 교수.
1961년	존 베이츠 클라크상 수상.
1975년	보스턴 연방준비제도이사회 이사 및 의장이었는데, 이때 고용과 수익의 개선을 목적으로 한 비영리조직 '맨파워 데몬스트레이션 리서치 코퍼레이션' 설립자로 참여.
1979년	미국경제학회 회장.
1980년	기술진보에 초점을 맞춘 '내생적 성장 이론 endogenous growth theory'에 집중.
1995년	MIT 퇴임 후 러셀세이지재단에서 고용유지를 연구.
2009년	MIT 경제학부 명예교수. 전 세계 12개 대학에서 명예박사학위를 받음.

솔로는 국민경제의 지속적인 성장을 가능하게 하는 여러 가지 요인들의 상대적인 기여도를 보여주는 수리 모형을 개발하는 데 성공했다.

_사진: The Nobel Foundation

지 거슬러 올라간다. 경제성장 사상은 《국부론》을 저술했던 애덤 스미스에서부터 시작됐지만, 그 싹은 중금주의, 중농주의, 중상주의가 등장한 17세기에 이미 존재하고 있었다. 그러나 초기에 성장 이론을 논했던 사상가들의 견해는 지극히 단순했다. 그들은 "부富는 금이나 혹은 화폐이고 국가의 힘을 키우기 위해서는 금 또는 화폐를 축적해야 한다"라고 주장했다.

- **중농주의** | 18세기 후반에 프랑스에서 나타난 사상으로 국가의 부를 낳는 원천은 농업뿐이고 모든 산업 가운데 농업만이 투입한 비용을 웃도는 성과(잉여)를 낼 수 있다고 설명했다. 또 중공업은 농산물을 가공하는 것에 지나지 않기 때문에 농업을 발전시키는 것이 국가를 풍요롭게 만드는 최선의 방책이라고 주장했다. 중농주의는 프랑스의 궁정 의사이자 경제학자인 프랑수아 케네François Quesnay가 창시했다. 1758년 그는 루이 15세를 위해서 만들었던 '경제표'에 자본을 자유롭게 순환시키는 사회 시스템을 묘사했다. 케네는 세계 최초로 거시경제 시점에서 경제를 분석하여 근대경제학의 문을 열었다. 중농주의 사상은 당시 프랑스에 있던 애덤 스미스에게 영향을 주기도 했다.

- **중상주의** | 영국의 상업적 사회 시스템에서 온 중상주의는 애덤 스미스가 《국부론》에서 처음으로 사용한 말이다. 16세기 중반부터 18세기까지 유럽을 휩쓸었던 경제사상으로 특정 인물이 제창한 사상이 아니라 당시 상업을 중시한 견해를 말한다. 중상주의자로 알려진 프랑스 루이 14세의 재무대신 장 바티스트 콜베르Jean-Baptiste Colbert는 강력한 지도와 통제를 통해 프랑스의 공업생산과 무역을 발전시켰고 외국에서 금과 은을 끌어모았다. 그는 국력이 은의 보유량에 비례한다고 주장했다.

중농주의와 중상주의는 당시 절대군주제를 경제적으로 지탱했던 수단이었기 때문에 국민의 생활 수준을 향상시킨다는 개념은 아예 존재하지 않았다. 국민은 부를 향유할 수 있는 소비자도 아니었고 생산 요소인 노동력을 제공할 뿐이었다. 19세기에 들어서면서 데이비드 리카도, 존 스튜어트 밀John Stuart Mill, 칼 마르크스, 앨프리드 마셜Alfred Marshall 등이 계속해서 현대 경제학에서 말하는 경제성장을 고찰했다. 조지프 슘페터는 혁신에 의한 경제성장을 논했고 20세기에는 해로드-도마 이론까지 등장했다.

해로드-도마의 경제성장 이론

노벨상 수상 강연에서 로버트 솔로는 경제성장 이론에 주목하게 된 계기를 당시 경제학에서 널리 알려진 해로드-도마 이론 때문이라고 밝혔다. 1950년대 그는 이 이론을 조사하다가 '어떤 불쾌감'을 느꼈고 이를 해결하고자 본인이 직접 이론을 만들기로 결정했다는 것이다. 그렇다면 솔로에게 불쾌감을 주었던 해로드-도마 이론이란 무엇인가?

존 메이너드 케인스의 제자이자 친구였던 옥스퍼드대학교 교수 로이 해로드Roy Harrod[*]와 폴란드 출신의 미국인 경제학자 에브세이 도마Evsey Domar[**]가 1930~1940년대에 제출했던 성장모형이다. 이들은 각자 전혀 다른 방향에서 출발하여 공통의 결론에 도달하는 수학적 모델을 만들었는데 그 시기가 겹쳐지는 바람에 두 사람의 이름을 딴 해로드-도마 이론으로 불리게 되었다.

이 경제성장 이론은 언뜻 보면 경제가 어떤 조건하에서 안정적으로 성장하는가를 찾아내는 것이 목적인 듯하다. 그러나 해로드-도마 이론은 일반적으로 경기순환을 일으키는 메커니즘과 그 원인을 찾기 위한 것이다. 해로드는 경제성장을 안정적으로 지속하기 위해서 (1) 국민의 저축률, (2) 노동력의 증가율, (3) 자본계수(단위당 자본과 그 생산량의 비율)가 균형을 이루어야 한다는 단순명쾌한 전제를 바탕으로 이 이론을 만들었다. 이 세 가지가 균형을 이룬 경우에만 노동력의 부족과 과잉이

---

*로이 해로드(1900~1978): 영국의 경제학자인 해로드는 케인스의 제자이자 친구로 케인스의 전기를 집필하기도 했다. 1930~1940년대에 동학적인 성장모형을 만들었고 거시경제학의 선구자가 되었다. 포스트 케인스학파의 한 사람으로 오랫동안 옥스퍼드대학교에서 교수로 근무했으며 1950년대에는 기사작위를 받아 해로드경이 되었다.

**에브세이 도마(1914~1997): 도마는 당시 러시아 영토였던 폴란드의 우치에서 태어나 외만주에서 교육을 받았다. 1936년 미국으로 이민했고 캘리포니아대학교, 시카고대학교, 존스홉킨스대학교를 거쳐 MIT의 교수가 되었다. 제2차 세계대전 후에는 소련 경제 전문가로 활동했다.

로버트 솔로는 경제성장 이론으로 노벨상을 수상했다. 그 후 1999년 백악관에서 클린턴 대통령은 솔로에게 미국국가과학상National Medal of Science을 수여했다. _ 사진: U.S. Government

일어나지 않기 때문에 경제성장을 이룰 수 있다고 가정했다.

이 모델을 검토한 솔로는 해로드의 기본전제가 맞다고 생각했다. 그러나 그는 실제로 이 세 가지 요소가 변화하는 값임에도 불구하고 고정적으로 다루어지고 있다는 사실에 불쾌감을 느꼈다. 왜냐하면 (1)의 저축률은 사람들의 기호에 따라 변하고, (2)의 노동력 증가는 인구통계학적인 사회학에 의존해서 변동한다. 그리고 (3)의 자본계수는 기술 수준의 차이에 따라서 높아질 수도 있고 낮아질 수도 있다. 해로드가 전제로 한 세 가지 요소는 모두 다 시대에 따라서 산발적, 또는 개별적으로 변할 수 있다. 그래서 이러한 조건하에서 경제가 안정적으로 성장한다는 것은 거의 기적 같은 일이다.

어떤 나라이든 어느 시대이든 균형 상태에서 경제성장을 할 수 있는 길은 거의 없다. 자본주의 경제에서는 장기적인 실업과 노동력 부족 현상이 서로 영향을 주고받을 수밖에 없다. 결국 해로드-도마 성장모형에 나오는 이 세 가지 요소는 현실에서 쉽게 균형을 이룰 수 없기 때문에 경제는 본질적으로 불안정하고 불황과 인플레이션이 일어나기 쉽다.

자본과 노동력으로 경제성장의 성격을 정의하려고 한 해로드-도마 성장모형은 해로드의 스승이었던 케인스의 사상을 이론적으로 지지한다. 특히 경제를 움직이는 요소가 시간 경과에 따른 변화라고 하는 '동학적動學的'인 관점으로 보면 케인스 사상의 영향을 받았다고 볼 수 있다. 그러나 이 수학적인 모델은 사상적인 측면에서 경제학보다도 더 드라마틱한 측면이 있다. 왜냐하면 앞에서 서술한 세 가지 요소 가운데 하나만 조금씩 변동해도 기업가의 반응 행동이 증폭되어 경제 전체가 끝도 없는 심각한 불황에 빠질 수 있기 때문이다. 그 상황을 쉽게 이야기하면 자본주의 경제는 칼 끝에 서 있는 위험한 상황이라고 주장하는 것과 같다. 그때문에 이 이론은 나이프에지knife edge 이론이라는 별명으로도 불린다.

1953년 미국의 경제학자 해롤드 필빈Harold Pilvin은 자본계수에 유연성을 부여하면 이 모델이 가진 경직된 불안정성이 개선될 수 있다고 지적했다. 그러나 해로드는 그것만으로는 나이프에지를 본질적으로 변화시킬 수 없다고 주장했다. 그래서 해로드-도마 이론의 성질을 간파했던 서른 살도 되지 않았던 젊은 청년 경제학자 솔로는 이상한 점을 느꼈고 결국 스스로 이것을 뛰어넘는 이론을 구축할 수 있었다.

현대적인 경제성장 이론의 선구자인 로이 해로드. 솔로는 해로드의 성장 이론에 자극을 받았다.

40년 동안 지속된 새뮤얼슨과의 인연

로버트 솔로는 1924년 8월 23일 뉴욕 브루클린에서 유럽 이민 3세로 태어났다. 그의 부모님은 세 명의 자녀를 두었는데 솔로가 장남이었다. 부모님은 고등학교를 졸업하고 곧바로 일을 했던 세대였는데 이런 환경에도 불구하고 그는 가족 가운데 처음으로 대학에 진학했다. 솔로가 노벨위원회에 제출한 자기소개서를 보면 그는 뉴욕의 사립 고등학교에 다녔고 항상 성적이 우수했다. 한 교사는 그에게 19세기 프랑스와 러시아의 위대한 소설가의 작품을 읽도록 추천하고, 여러 가지 사상을 공부하라고 조언했다. 고등학교를 졸업한 솔로는 장학금을 받고 1940년 하버드대학교에 입학했다.

1930년대 세계공황이 한창이던 시기에 어린 시절을 보냈던 솔로는 사회와 경제, 인간에게 많은 관심을 갖게 되었다. 그리고 18세가 되던

1942년에 그는 대학을 떠나 육군에 입대했다. 솔로는 1945년 종전까지 북아프리카, 지중해의 시칠리아섬, 이탈리아 등의 전선을 전전했다. 그는 전쟁 중에 사병으로 3년을 보냈는데 그의 인격형성에 많은 영향을 준 시간이었다.

솔로의 상관은 항상 예의바르고 유머가 풍부하면서도 엄격한 사람이었다. 그 상관이 이끄는 전투 부대의 일원으로 열심히 근무한 솔로는 상호신뢰를 갖고 일을 처리하면 어렵고 힘든 일도 잘할 수 있다는 경험을 얻게 되었다. 그는 이런 비슷한 환경을 두 번 더 경험했다. 첫 번째 시기는 1960년대의 미국을 대표하는 경제학자 월터 헬러, 제임스 토빈과 함께 케네디 대통령의 경제고문위원회의 위원으로 근무했을 때였다. 두 번째는 MIT 경제학부에서 공부했을 당시였다.

1945년 종전 후 미국으로 돌아온 솔로는 하버드대학교에서 경제학을 전공했다. 운이 좋게도 그를 가르쳤던 경제학자는 소련에서 미국으로 이주한 바실리 레온티예프였다. 러시아 혁명 후 소련에서는 국민이 국외로 탈출하는 것이 거의 불가능했지만 레온티예프는 암이 발병했다는 이유를 들어 비밀경찰 조직으로부터 출국을 허가받았다. 그는 독일의 훔볼트대학과 킬대학, 중국의 철도부를 거쳐 1931년 미국으로 이주했다. 이주한 지 2년 만에 하버드대학교에 취직한 레온티예프는 솔로의 담당교수이자 친구였으며 현대경제 이론의 안내자가 되었다. 솔로는 레온티예프의 조수로 경제학 인생을 시작했다. 레온티예프는 그 후 미국을 대표하는 경제학자가 되었고 1973년에는 투입-산출 분석으로 노벨 경제학상을 수상했다.

1949년 로버트 솔로는 MIT 경제학부에서 조교수직을 제안받았다.

처음에 그는 학생들에게 통계학과 계량경제학을 가르쳤지만 점점 한 국가의 경제를 다루는 거시경제학에 관심을 가졌다. 이러한 마음의 변화는 아마도 솔로 자신의 표현을 인용하자면 '지리학적인' 이유가 있었다. MIT에 있는 그의 연구실이 폴 새뮤얼슨의 연구실 바로 옆에 있었던 것이다.

이때부터 거의 40년 동안, 후에 세계적으로 이름을 날렸던 새뮤얼슨과 솔로는 그들의 MIT 연구실에서 거의 매일 경제학과 정치학뿐만 아니라 서로의 아이들, 그리고 소소한 일상에 이르기까지 다양한 주제에 대해서 이야기했다. 솔로는 개인적인 연구에 새뮤얼슨과의 친분관계가 큰 영향을 주었다고 인정했다. 그는 경제학의 개별 분야에서 점차 순수경제학으로 방향을 바꿨고 거시경제학의 세계로 빨려 들어갔다. 솔로가 새로운 경제성장 이론에 접근하게 된 시작점이었다.

케인스 이론과 해로드-도마 이론의 시대적 배경

해로드-도마 성장모형은 경제가 칼을 타고 있는 것 같은 위험한 균형 상황에서만 안정이 된다고 설명했다. 따라서 거대한 댐에 있는 손가락만 한 작은 구멍이 순식간에 넓어져서 댐이라는 이름의 경제를 순식간에 붕괴시키고 불황이라는 이름의 홍수를 일으킬 수 있다고 걱정한다. 솔로는 해로드-도마 이론에 대해 "좋은 행동으로 균형을 잡는 경제의 통로가 나쁜 행동을 하는 다수의 통로에 둘러싸여 있기 때문에 옆길로 조금만 벗어나도 엄청난 참사를 당할 수 있다"라고 지적했다. 또한 "일단 경제가 균형적 성장에서 한번 벗어나게 되면 안정성은 불안정성에

40년 동안 솔로의 활동 본거지였던 MIT의 전경.

로버트 솔로는 레온티예프 (왼쪽) 밑에서 경제학자로서 첫발을 내딛었다. 새뮤얼슨 (오른쪽)과도 오랫동안 서로 영향을 주고받았다.

끌려가게 되기 때문에 아무리 다시 균형적 성장으로 되돌아가려고 해도 돌이킬 수 없게 된다"라고도 이야기했다.

솔로는 그 이유를 해로드-도마의 경제성장 이론을 만들었던 시대와 연관지어 설명했다. 해로드는 이 이론에 대한 첫 번째 논문을 1939년에, 도마는 1946년에 발표했다. 1939년은 세계공황의 여파가 남아 있었던 해이고 인류사상 최대의 전쟁인 제2차 세계대전이 시작된 해였다. 특히 1946년은 종전 직후라서 각국이 피폐했던 시기였다.

게다가 그 논문의 배경이 되었던 케인스의 《고용 이자 및 화폐의 일반이론》은 세계공황의 광풍이 불기 시작했던 1936년에 세상에 나왔다. 케인스는 이 책에서 불황일 때 정부는 경제 및 재정정책을 가지고 적극적으로 개입해야 한다고 주장했다. 《고용 이자 및 화폐의 일반이론》은 당시 주류를 차지했던 신고전파 경제학에 도전하는 새로운 경제관을 담고 있었다.

신고전파 경제학에서는 시장이 보이지 않는 손에 의해서 자율적으로 조정되기 때문에 실업률은 존재하지 않는다고 주장했다. 그러나 세계 대공황이 발생하자 그 기본 원리는 크게 붕괴되었다. 그래서 이러한 불안정한 경제에는 정부의 개입이 필요하다는 케인스 사상이 탄생했다. 케인스의 이 경제사상은 종종 상징적으로 "불황일 때는 세금으로 구멍을 파내고 그 구멍은 다시 메워라"라는 말로 설명할 수 있다. 그러나 도마는 자본주의 경제가 수요의 감소 때문에 장기적인 정체에 빠진다는 케인스적인 비관론에 전면적으로 동조하지 않았고 투자를 하면 지속적인 경제성장을 이룰 수 있다고 주장했다. 따라서 그의 이론을 '케인스-도마 성장 이론'이라는 별명으로 부르기도 한다.

그러나 로버트 솔로는 이러한 배경에서 태어난 두 성장 이론이 모두 틀렸다고 역설했다. 그는 노벨상 수상 강연에서 이렇게 이야기했다.

"화성에 머물렀던 탐험가가 오랜만에 지구에 돌아와서 그와 관련된 문서를 발견하려고 해도 지구에는 그 옛날 이미 부서져서 뿔뿔이 흩어져버린 자본주의의 잔해밖에 남아 있지 않을 것입니다. 분명 경제는 성장과 변동의 역사입니다. 그러나 경기순환은 스스로 제어할 수 있는 한계가 있어요. 동요할 수 있지만 지속적으로 성장할 수는 없습니다."

기술의 진보로 움직이는 경제

솔로는 1950년대 초 해로드-도마 이론을 뛰어넘을 수 있는 새로운 관점의 성장 이론을 만드는 일에 착수했다. 케인스주의를 전제로 해서 만든 해로드-도마 모형과 달리, 솔로의 이론은 애덤 스미스적인 자유방임 경제에서 출발했다. 다시 말하면 경제를 그대로 내버려두고 자율적으로 조정한다는 고전파적인 관점에서 성장 이론을 연구했다.

솔로 이론의 가장 큰 특징은 인간의 생활 수준을 높이는 것이 경제의 양이 아니라 기술진보로 보았다는 점이다. 그는 GDP를 만들어내는 세 가지 요소인 자본과 노동력, 지식(새로운 기술, 혹은 새로운 지식을 읽는 유효노동력)을 추려냈고, 그 요소가 경제에 얼마나 공헌하는지를 단순한 수학공식으로 표현했다. 그리고 이 식을 이용해서 성장에 대한 공헌도가 노동인구 및 자본 증가율보다 신기술이 50퍼센트 이상 더 높다는 사실을 밝혀냈다. 이 이론을 '솔로-스완 모델'이라고도 부른다. 솔로의 논문이 오스트레일리아의 경제학자 트레버 스완의 논문과 거의 동시에 발표되었기 때문이다.

이 이론의 가장 큰 특징은 경제성장의 주요한 요소로 기술진보를 거론했다는 점이다. 솔로는 "기존의 기술은 자본을 만들어냈고 또 기술은 항상 진보하고 있다. 따라서 새로운 기술을 만드는 자본은 오래된 기술을 만들어낸 자본보다 항상 더 가치가 있다"고 서술했다. 솔로는 해로드-도마 이론처럼 자본과 노동력이 변한다고 보았다. 기술이 진보하면 자본과 노동력의 집약도를 나타내는 생산성이 향상된다고 생각했기 때문이다.

경제성장에서 기술진보를 언급한 조지프 슘페터도 이와 비슷한 생각을 했다. 그는 1912년에 발표했던 《경제발전의 이론Theorie der wirtschaftlichen Entwicklung》에서 경제성장은 혁신 때문에 일어난다고 설명했다. 혁신은 다양한 형식과 새로운 시도의 결합으로 일어난다. 그는 결합해야 할 다섯 가지 요소에 새로운 생산 방법, 즉 기술을 포함시켰다. 슘페터는 기업이 혁신을 하면 일시적으로 경제에 혼란스러운 불균형 상태가 발생하지만 이 불균형이 확대될 때 경제성장이 일어난다고 주장했다. 그리고 혁신이 경제사회에 혼란을 일으켜서 다음 성장단계로 진행하게 하는 신진대사 현상을 '창조적 파괴'라고 표현했다.

창조적 파괴가 진행되면 어떤 일이 일어날까? 슘페터는 자본주의가 성공하면 기업이 커진다고 설명했다. 따라서 관료주의가 만연할 것이고 활력을 잃어버린 사회는 점차 사회주의로 모습을 바꿀 것이라고 이야기했다. 서른 살의 슘페터가 말했던 예언적인 고찰이었다. 그는 나중에 이 견해가 마르크스주의의 토대가 되었다는 것을 알았지만, 그 결론은 진리이기 때문에 계속될 것이라고 이야기했다.

슘페터의 이론에서 기술진보는 추상적인 개념이었지만 40년 후에 만들어진 솔로의 수학적 모델에서는 경제의 가장 중요한 요소인 자본 집약도를 나타내는 명확한 지표였다. 앞에서 노벨상 수상식에서 솔로를 소개했던 칼 게란 메라 교수도 솔로 이론의 중심개념인 기술진보에 대해서 다음과 같이 언급했다.

"같은 생산 방법을 매년 되풀이한다는 전제는 현실적이지 않습니다. 만일 연구개발을 해서 새로운 생산기술을 만들면 장기적인 안목으로 봤을 때 솔로 교수의 이론처럼 경제성장이 지속될 수 있어요. 결국 기술의 발전이 경제성장의 가장 큰 요소라는 결론을 내릴 수 있습니다."

한편 노벨상을 수상한 지 15년이나 지난 2001년, 솔로는 강연록을 출판하면서 여기에 보충자료를 남겼다. 다른 노벨상 수상자들이 하지 않는 일이었다. 과거 본인의 업적에 대한 파급 효과를 끊임없이 점검하는 그의 면밀한 성격을 보여주는 일화이다. 이 보충자료에서 솔로는 1950년대 처음으로 그가 구축했던 신고전파 솔로-스완 모델이 그 후 진화하면서 현실적인 거시경제학의 일부가 되었다고 반색을 표했다. 그리고 자신이 개척했던 장기적인 모델을 단기적인 모델과 통합하여 거시경제의 중기적 성장 모델을 만들어야 한다고 피력했다. 솔로의 눈에는 그가 경제학상을 수상했던 1987년 이후, 현대 경제학자들이 이런 분야의 노력을 게을리하는 것처럼 보였던 것이다.

노벨상 수상자 Interview

로버트 솔로
(1987년 수상)

새로운 경제 모델에 관한 연구

인터뷰: 하인츠 호라이스

경제성장과 기술진보라는 탁월한 역량의 발견

2001년 2월에 열린 미국 상원 청문회에서 FRB의 앨런 그린스펀 의장이 "경기후퇴를 예측하는 것은 거의 불가능하다"고 증언했습니다. 그는 그 이유를 이렇게 설명하고 있습니다. "우리의 경제모델이 인간의 비합리적인 행동으로 발생하는 일들을 제대로 예측한 적이 한 번도 없기 때문입니다." 수리경제학*의 1인자인 교수님은 그린스펀 의장의 이 말을 어떻게 생각하십니까? 그 문제에 대해서 두 가지를 이야기하고 싶군요. 먼저 저는 그린스펀 의장의

---

*수리경제학: 수학적인 기법(수리 모델)을 사용해서 경제를 해석하고 설명함을 이른다. 1930년대 이후 존 힉스와 레옹 발라, 폴 새뮤얼슨, 바실리 레온티예프 등이 발전시켰고 그 후 존 폰 노이만과 존 내쉬 같은 수학자가 경제학에 참여하여 20세기 중반부터 비약적으로 크게 성장했다. 로버트 솔로도 대표적인 수리경제학자이다.

의견에 찬성합니다. 경제 모델로 경제의 터닝포인트를 예측할 수 없습니다. 그렇다고 경제 모델이 불필요하다는 것은 아닙니다. 모델이 없으면 그 터닝포인트가 인간의 비합리적 행동에 의한 것인지 혹은 다른 이유 때문인지 전혀 알 수 없으니까요. 두 번째 그린스펀 의장의 발언은 별로 중요하지 않습니다. 일반대중과 정치가들은 터닝포인트 예측에만 흥미를 갖고 있어요. 상원의 반응과 마찬가지로 일반대중은 3퍼센트와 1퍼센트의 경제성장률의 차이보다 0.5퍼센트 성장과 0.5퍼센트 후퇴의 차이를 훨씬 더 크게 느끼겠죠.

그렇지만 제가 생각하기에는 0.5퍼센트의 작은 터닝포인트를 예측하는 것보다 경제의 큰 변동을 예측하는 것이 훨씬 더 중요합니다. 또 주식시장은 심리적인 영향이 훨씬 커서 그린스펀 의장이 말하는 비합리적인 행동이 중요하게 보이는 경우 예측하기가 더 어려워집니다. 이런 점에서도 그린스펀 의장의 말에 찬성합니다. 결국 그린스펀은 상원의 말을 들어야겠지요. 상원은 경제가 지금 천천히 움직이고 있는가를 아는 것보다 작은 터닝포인트를 아는 것이 더 중요하다고 이야기하니까요.

그렇다면 박사님이 연구한 수리경제학적 입장에서 보면 경제 예측은 어떤 것입니까? 사람들은 너무 예측에만 중점을 둡니다. 경제 모델은 경제 현상에서 반복적으로 발생하는 부분을 이해하는 데 도움이 되는 정도입니다. 미래 경제에서 일어날 일은 '비반복적인 외인성의 사건'에 크게 영향을 받는데 그런 것들은 모델화할 수 없어요. 예측이라는 행위는 수리경제학을 적절하게 이용하는 방법이 아닙니다. 자연과학 연구자들은 현실에서 일어나는 일을 예측하지 않아요. 실험할 때 무엇이 일어날까에만 집중합니다. 경제학자들은 자연과학자처럼 실험을 할 수가 없는 거죠.

그러나 자연과학 중에도 천문학처럼 실험실에서 실험할 수 없는 분야도 있지 않습니까? 그렇습니다. 그러나 천문학은 경제학과 많이 다릅니다. 근접 우주의 천체 현상을 관측할 경우 천체에서 오는 신호는 배경잡음과 달리 굉장히 명료합니다. 그러나 반대로 지극히 먼 관측의 한계에서 온 신호는 배경잡음과 구분하기 어렵습니다. 그런 면에서 보면 천문학자의 일이 경제학자의 일과 굉장히 비슷하다고 할 수 있죠. 우리가 알지 못하는 계측 불가능한 요소가 많이 존재하니까요. 비슷한 예를 더 들어보면 대기과학도 마찬가지입니다. 지구온난화와 초음속 여행기가 대기순환에 어떤 영향을 미칠것인가에 대한 예측을 하라고 하면 연구자들의 견해에는 큰 차이가 생길 것입니다.

그렇다면 수리경제학은 도대체 어떤 면에서 도움이 되는 거죠? 물론 수리경제학은 상황을 이해할 때 도움이 됩니다. 여기에 꽤 복잡한 현상이 있고, 그 상황에 대해서 알고 싶다고 가정해봅시다. 가장 좋은 방법은 아마도 이 복잡한 상황에서 작용하는 두세 가지의 힘이 무엇인가를 결정하는 거죠. 물론 저는 가장 좋은 방법을 알고 있지만 그것을 주장하다가 화형을 당할 수도 있기 때문에 잠자코 있습니다. 그 힘들이 어떤 식으로 작용을 하고 있는지 또 우리가 관심가지고 있는 다른 일과 어떻게 상호작용을 하는지를 살펴보아야 합니다.

먼저 수학적인 관계로 표현하는 단순화된 모델을 만들어서 이렇게 말을 합니다. "음, 만일 A 힘이 B의 힘보다 강하다면 우리는 이러한 현상을 관측할 것이다. 만일 그렇지 않다면 다른 현상이 관측될 것이다"와 같이 추측할 수 있습니다. 만일 나중에 시스템을 다른 식으로 움직이려면 모델 전체에 영향을 주는 특정 파라메타Parameter(매개변수)를 변화시키면 됩니다. 이러한 과정을 거쳐 사물에 대해서 통찰할 수 있는 겁니다.

제가 했던 연구의 경제성장 이론을 이해하려는 시도가 그렇습니다. 두세 가지 식으로 만든 경제 모델을 사용해서 경제성장 현상을 완전하게 파악할 수 있다는 주장은 하지 않아요. 저는 그 정도로 어리석지 않습니다. 그러나 다만 제가 발견했다고 자신 있게 말하는 이유는 단순화한 수학적 모델을 가지고 경제성장 현상에 대한 까다로운 질문에 답을 할 수 있기 때문이에요. 예를 들면 다음과 같은 질문이 있다고 해보죠. 과거에는 경제성장의 원동력이 투자라고 생각했어요. 즉 공장과 설비의 건설이라고 봤죠. 그러나 제가 처음으로 단순화한 모델을 만들었고 그 생각이 잘못되었다는 것을 발견했습니다. 신기술을 빼면 어떤 회사의 성장이 다른 회사보다 빠른 이유를 설명할 방법이 없었던 겁니다.

그 말씀은 선진국에서 개발도상국으로 기술을 이전하면 개도국이 고도성장을 할 수 있다는 뜻인가요? 그렇지 않습니다. 제 연구 대상은 1960년대 미국 경제뿐입니다. 그러니까 20세기 초 60년 동안 미국에서 일어났던 일을 모순 없이 설명하려면 경제성장을 밀어붙인 주요한 원동력을 기술적인 프로세스에서 찾을 수밖에 없다는 이야기입니다. 전반기에는 미국이 과학기술을 해외에서 수입했지만 후반기에는 많은 기술을 국내에서 만들었습니다.

의외인데요. 솔로 박사님이 개발도상국의 경제성장을 연구 대상으로 삼았다고 알고 있었는데요.

아닙니다. 저는 미국의 모델을 개발도상국의 경제에 응용하는 것을 반대했습니다. 왜냐하면 이 모델을 미성숙한 시장이나 사회에 적용시킬 수 없기 때문입니다.

1960년대 이후 지금까지 미국의 경제구조가 크게 변화했습니다. 신기술의 역할과 경제성장에 관한 교수님의 의견이 맞다고 보십니까? 네. 미국은 아직까지도 상품보다는 서비스를 주로 생산하고 있습니다. 서비스 부문은 원래 계량하기 어려운 점이 있지만 제 생각이 옳다고 생각합니다. 그중에는 테크놀로지 변화의 영향을 받지 않는 서비스도 있습니다. 바이올린 연주처럼 말이죠. 그러나 일반 서비스 분야는 현재에도 앞에서 이야기한 것처럼 기술의 힘에 크게 좌우됩니다.

그 연구에 사용한 수학이 1차 선형방정식입니까? 아니오. 대부분 단순한 비선형 미분방정식입니다.

지금까지 박사님의 말씀을 듣고 보니, 수리경제학은 가장 지루한 연구에 전념하는 일이네요. 게다가 다루는 문제에 너무 기대를 걸지 말라고 하시니 말이에요. 그러면 국가 경제를 논하기보다는 오히려 특정 시장의 이해에 초점을 맞추어야 되나요? 그렇습니다. 이미 말씀드렸듯이 경제학에서 수학이 필요한 이유는 사물을 이해할 수 있는 모델을 만들기 위해서입니다. 하나의 시장과 또 하나의 기업을 연구할 때 수학은 꼭 필요합니다. 또 어떤 가정에서 누가 돈을 벌어 나가고 누가 집에 있으면 좋은가를 결정하는 판단을 할 때도 수학적 기법을 응용하는 것이 가능합니다.

그 말씀은 비즈니스 경제학처럼 들리는데요? 그렇습니다. 제가 말씀드린 것은 관리 분석인 동시에 시장 분석이기도 합니다. 사람들이 정말 작은 규모로 물건을 팔 때 일어나는 일을 분석하는 거죠. 지금까지 미국의 경제 발전 같은 큰 규모를 예로 들었는데, 그것은 제가 그 분야를 연구했기 때문이에요. 그러나 거기에도 일반 원리를 적용할 수 있습니다. 굉장히 한정적으로 정의할 수 있는 작은 상황에 주목하고 왜 이 시장에서는 이렇게 되고 다른 시장에서는 되지 않는가에 대해서 이해를 해야 합니다.

그때 사용할 수 있는 방법이 상황을 수학적인 모델로 만드는 것입니다. 예를 들어 내가 관찰하고 전문가와 대화하면서 어떤 장소에서 현상을 움직이고 있는 가장 중요한 요소가 x, y, z라고 가정합니다. 그리고 이들 요소의 상호작용을 모델로 만들고 그것이 나타내는 세계가 현실의 세계와 닮아 있는지를 시험합니다.

그러면 교수님은 경제학, 특히 수리경제학이 기술적 조사와 매스컴 보도를 돕는 보조적인 역할을 한다는 말씀이시지요? 그렇습니다. 경제학자 중에서는 과거에 기하학을 구축했을 때와 마찬가지로 경제학을 구축할 수 있다고 생각하는 사람들이 있습니다. 이미 공리는 있으니까 나중에 이를 의미하는 모든 것을 수학적으로 집약하면 된다고 생각합니다. 유클리드기하학은 점과 선에 관한 여러 공리와 평행선 공준으로 출발해서 평면기하학이든 3차원기하학이든 혹은 n차원기하학이든 그 어떤 것도 만들어낼 수 있습니다.

경제학자 중에도 경제학을 하위문화로 다루는 이들이 있습니다. 저는 거기에 속하지는 않지만 그 사람들은 굉장히 세련된 수학을 사용하고 있습니다. 그러나 제가 볼 때 경제학은 소수의 공리 위에 성립하는 단일 건조물이 아닙니다. 경제학이라는 눈에 보이는 개별 상황을 합쳐서 만든 개개의 모델을 또 엄청나게 많이 모은 것입니다.

국가 경제를 다루는 거시경제 모델로 화제를 옮겨보죠. 거시경제학에서 사용하고 있는 경제학 모델은 이른바 네오발라시안Neo-Walrasian 일반균형 이론*으로 분류할 수 있나요? 저는 그 반대라고 생각합니다. 만일 실제의 경험을 기초로 해서 수치를 연구하고 있는 거시경제 모델을 모두 조사한다고 해봅시다. 그중에는 단순한 예측을 하는 모델도 있고 또 특별한 질문에 대답하려는 모델도 있어요. 특별한 질문으로 예를 들어드리죠. '소득세를 X퍼센트 인하하면 소비자의 소비는 얼마만큼 늘어나는가?', '항공운임에 포함되는 소비세를 인상하면 항공권은 지금보다 얼마나 더 팔릴까?' 입니다.

이러한 의문에 대답할 수 있는 거시경제 모델을 전부 세어보면 아마도 그중에 네오발라시안적인 모델로 부를 만한 것이 전체의 절반도 되지 않을 것입니다. 아마도 5~10퍼센트 정도밖에 되지 않을 거예요. 실제로 사용하고 있는 대부분의 거시경제 모델은 절충을 한 거죠. 케인스의 영향을 받은 부분도 많이 있습니다. 아마도 다수의 모델은 적극적인 기대형성 이론**을 포함하고 있을 겁니다.

그에 비해서 신고전파적인 통계학 모델과 혹은 일반균형 이론적인 모델을 만드는 사람들은 경제의 본질에 초점을 맞추기보다 그저 계량

---

* 일반균형 이론: 서로 관련성이 있는 모든 시장에서 수요와 공급 등의 다양한 힘이 만나서 전체적으로 균형 상태가 동시에 발생한다는 이론이다. 프랑스의 경제학자 레옹 발라가 창시했기 때문에 '발라의 일반균형'이라고도 부른다.

경제학의 방법론에만 흥미가 있는 사람들입니다.

1980년대 엄청나게 인기가 있었던 계량경제학은 그 후 완전히 신용을 잃어버린 것처럼 보였습니다. 계량경제학의 모델을 단순한 조작으로 만들었기 때문인가요? 거대한 거시계량경제 모델이 신용을 잃어버린 이유는 다른 곳에 있어요. 사람들은 그런 모델을 단순하게 '예측의 도구'로 여겼죠. 그렇지만 제가 처음에 지적했듯이 수학적인 모델로 예언을 할 수 없습니다. 수학적 모델은 몇 개의 견해가 서로 일치하는가의 여부를 확인하는 정도에 그쳐야 하죠.

만일 당신이 어떠한 일이 일어날 것 같다고 말했다고 합시다. 그러면 거대한 계량경제 모델은 "아닙니다. 세 가지 중에 두 가지가 일어날지 모릅니다. 만일 이 모두를 함께 다루면 결과가 모순됩니다." 그런 식으로 대답할 수 있습니다. 물론 거시계량경제 모델이 아직도 중요한 역할을 할 수 있다는 것에 의문의 여지는 없습니다. 앨런 그린스펀이 상원에서 증언한 것을 주의 깊게 들어보면 계량경제 모델이 미국 경제의 움직임에 대해 시사하는 바를 알 수 있어요. 그러나 계량경제 모델은 무조건적으로 받아들일 수 있는 경제 예측의 툴이 아닙니다.

(이 인터뷰는 2001년에 진행되었습니다.)

** 기대형성 이론: 개인이나 기업체, 국가 등의 경제 주체는 미래의 불확실한 경제에 대해 예측 하고 거기에 기초하여 경제 행동을 한다. 따라서 많은 경제학 모델은 그러한 예측이 경제에 주는 영향을 다룬다. 그때 개개의 경제 주체가 하는 예측(기대)을 모델화한 것이 기대형성 이론이다. 이는 경제 주체가 항상 미래를 정확하게 예측한다고 가정하는 '완전 예측 모델'과 주어진 정보로 가장 합리적인 예측을 한다고 하는 '합리적 기대 모델'로 크게 구분할 수 있다.

4

도그마를 거부했던
고고한 경제학자

1988년 노벨 경제학상

모리스 알레 Maurice Allais

'알레의 패러독스'로 유명한 경제학자 모리스 알레는 상식이 된 경제학의 모든 도그마(독단적인 신념이나 학설)에 도전했다. "과학자는 시류에 좌우되지 않고 오직 진리의 탐구에만 관심을 가져야 한다"라는 그의 신념은 살면서 단 한 번도 흔들린 적이 없었다.

_ 집필: 마조리 헥트, 야자와 기요시

도그마를 거부했던
고고한 경제학자

세계 경제의 카지노화에 대한 경고

"사람들이 이해하기 쉽게 설명하면, 은행이 신용을 창조하여 통화를 유통시키는 것은 위조지폐범이 위폐를 만드는 것과 같습니다. 단지 위조지폐는 법률로 금지되어 있지만 은행의 그러한 행위는 위법이 아니라는 점만 다를 뿐입니다."

프랑스의 경제학자 모리스 알레의 유명한 말이다. 알레는 이례적으로 경제학자인 동시에 물리학자였다. 그는 중력과 특수상대 이론, 전자기학 실험을 통해 '알레 효과'라고 불리는 물리 현상을 발견하기도 했다.

1988년 노벨 경제학상을 수상했을 때 알레는 이미 77세였다. 수상 사유는 '시장의 균형과 효율성의 개념을 정식화하는 연구'였다. 그는 이 연구를 제2차 세계대전 중이었던 1941~1942년에 2편의 논문으로 정리하여 1947년에 발표했다. 결국 40년 후에 그 업적을 인정받아 노벨상을 수상한 것이다. 그 논문의 제목은 〈경제적 질서의 탐구: 순수 경제학À la recherche d'une discipline économique〉(1943)과 〈경제와 이자Économie et intérêt〉(1947)였는데 둘 다 프랑스어로 작성되었다. 노벨상 수상식에서 모리스 알레를 소개했던 스웨덴 왕립과학아카데미의 잉게마르 스탈Ingemar Ståhl 교수는 참석자들 앞에서 알레의 업적을 이렇게 설명했다.

"알레는 새로운 개념을 통해서 자본주의 경제를 설명했고, 수학적인 기법을 이용해서 그 개념들을 기술했습니다. 동시대 경제학자였던 영국의 존 힉스John Hicks와 미국의 폴 새뮤얼슨이 했던 일과는 전혀 다른 것입니다."

모리스 알레는 50년간의 학문 연구 기간 동안 경제사회 이론을 확장하는 연구를 지속했다. 그 사이에 그는 다수의 책을 출판하고 잡지와 신문에 많은 글을 썼다. 특히 알레는 기본적인 경제 이론의 연구와 응용경제학 및 정치경제학을 구별해서 연구했다. 그러나 그것들을 통합해서 최종적으로 하나의 큰 사회학의 세계를 만드는 것을 목표로 했다. 그래서 알레는 항상 자신의 경제 분석을 다시 손보고 세련되게 다듬었다. 또 인간을 심리학적으로 관찰해서 '모든 일을 결정하는 요인과 현실세계에 미치는 영향'을 찾아보려고 노력했다.

알레는 1989년에 〈아메리칸 이코노미스트The American Economist〉에 '나의 인생철학My Life Philosophy'이라는 제목의 글을 기고하며 "사람들을 설득하는 것보다 인간이 어떻게 행동하는가를 이해하는 것에 더 관심이 많다. 인간은 자신의 이익과 편견, 그리고 정열로 움직이는데 과학의 논리가 실제로는 이것을 뛰어넘지 못하기 때문이다"라고 서술했다. 또 알레는 뉴스미디어에도 종종 등장해서 공공정책에 영향력을 행사하려

★ **모리스 알레**_프랑스 경제학자, 물리학자

1911년	프랑스 파리의 노동자 가정에서 태어남.
1933년	에콜폴리테크니크를 최고성적으로 졸업. 군대에 가기 전 대공황이 한창이던 미국을 방문하여 비참한 사회를 목격하고 경제학을 공부하기로 결정함.
1934~1936년	1년 동안 군대를 다녀온 후 퐁텐블로Fontainebleau 포병학교, 파리고등광업학교에 다님. 물리학과 역사를 공부함.
1937년	낭트 지역의 광산과 채석장, 철도관리 책임자로 근무.
1944년	파리고등광업학교 교수.
1947년	파리대학 통계연구소 이론경제학 교수. 노벨상 수상 사유가 된 2편의 논문을 정리해서 발표.
1950년	'알레 효과'에 대한 실험을 시작함.
1956년	뉴욕과학아카데미 선임연구원.
1957년	광산 연구 회고록을 출판했으며 존스홉킨스대학 및 미국 오퍼레이션스 리서치 학회에서 란체스터상 수상.
1958~1959년	버지니아대학교 토머스제퍼슨연구소 초빙연구원.
1959년	중력 연구로 프랑스우주항행학회 그랑프리와 미국중력연구재단상 수상.
1964년	네덜란드 흐로닝언Groningue대학 명예박사.
1967~1970년	제네바고등연구소HEI 경제학 교수.
1978년	프랑스에서 가장 명예로운 과학상인 프랑스국립과학연구센터CNRS 골드메달 수상.
1988년	프랑스인 최초로 노벨 경제학상 수상.
2010년	99세로 사망.

학문을 종합해서 큰 세계를 구축하는 것이 목표였던 모리스 알레는 경제학만이 아니라 심리학, 사회학, 정치학 등 폭넓은 분야에 영향을 주었다. 또한 물리학자로서도 많은 업적을 남겼다.

_사진 : Marjorie Hecht

는 시도를 계속했다.

1980년대 후반 세계 경제가 휘청거리던 시기가 있었다. 알레는 프랑스 주요 신문에 세계 경제의 카지노화(도박화)를 경고하는 기사를 게재했다. 그는 기사에서 세계 경제는 실질적인 재화의 생산에서 멀어져 순수한 금융투기로 전환했고 방향을 돌리지 않으면 경제가 머지않아 붕괴될 것이라고 경고했다. 그리고 1990년대 초에는 국가 및 세계 금융

알레는 종종 정치적 문제에 대해서도 발언하고 잡지 같은 미디어에도 빈번하게 등장했다.

시스템을 비판하고 세계화를 강하게 공격했다. 놀랍게도 알레가 98세가 되던 2009년에 한 해 전부터 세계를 뒤덮고 있던 경제위기에 대한 새로운 책을 출판했다.

네 살 때 아버지를 여읜 알레

알레는 노벨 경제학상을 수상했던 최초의 프랑스인 경제학자였고 그 이전에 노벨상을 수상했던 사람들과 많이 달랐다. 앞에서 이야기했듯이 그는 실험경제학과 이론물리학 분야 모두에서 뛰어난 업적을 남겼기 때문에 다른 과학자들은 알레가 노벨 물리학상도 수상해야 한다고 주장했다. 그러나 불행하게도 알레의 많은 저작물은 프랑스어로 쓰여 있어 그의 이름이 세계적으로 알려지고 영향력을 미치는 데는 한계가 있었다. 이 점에 대해서 폴 새뮤얼슨은 1988년에 다음과 같이 서술하고 있다. "알레는 독창적이고 독립적인 발견을 하는 원천이다. 만일 그의 초기 저작물이 영어로 쓰였다면 경제학 이론의 1세대는 실제와는 다른 방향으로 갔을 것이다." 최근 인터넷이 보급되어 알레를 아는 사람들이 많아졌다고 해도 번역이 안 된 저작물이 아직도 많다. 이는 여전히 그의 사상에 하나의 걸림돌이다.

모리스 알레가 노벨재단에 제출한 자기소개서에 따르면 그는 1911년 5월 31일 파리에서 태어났다. 그는 프랑스 노동자 계급의 후손이었다. 부모님은 작은 치즈가게를 운영했고 외할아버지는 목수였다. 1914년 여름 제1차 세계대전이 발발하자 아버지는 군대에 징병되었고 곧바로 독일군의 포로가 되었다가 다음 해 3월에 사망했다. 결국 네 살 때 아버지를 잃은 알레는 마음에 깊은 상처를 입었다.

그러나 알레는 정말 뛰어난 학생이었다. 프랑스어, 라틴어, 수학 등 대부분의 과목에서 항상 반이나 학년에서 수석을 차지했고 1933년에 에콜폴리테크니크(국방부가 관리하는 이공계 엘리트 양성기관)를 졸업했다. 이곳의 졸업생 대부분은 대기업과 고급관료로 취직했는데 그도 최고의 성적을 받아 광산기업의 교사로 일할 수 있었다. 한편 이 학교의 출신자로는 클로드 누이 나비에 Claude Louis Navie(나비에-스토크스 방정식), 앙리 푸앵카레 Henri Poincare(푸앵카레 추측), 베노이트 만델브로트 Benoit Mandelbrot(만델브로트 집합) 같은 세계적인 수학자와 가스파르-귀스타브 코리올리

알레가 태어난 지 얼마 되지 않아 제1차 세계대전이 시작되었고 아버지가 사망했다. 그런 힘든 환경에서 그를 키운 어머니와 어린 알레의 모습이다.
_ 사진: Biographie de Maurice Allais, Rédacteur: Michel Gendrot

Gaspard-Gustave Coriolis(코리올리의 힘)와 앙드레마리 앙페르André-Marie Ampére(앙페르의 법칙) 같은 물리학자, 그리고 제2차 세계대전 후에 프랑스 대통령이 된 발레리 지스카르 데스탱Valéry Giscard d'Estaing 등이 있다.

1939년 9월 독일군이 폴란드를 침공했고 제2차 세계대전이 시작되었다. 에콜폴리테크니크 시절 군사훈련을 받았던 모리스 알레는 군대로 곧바로 징병되었고, 이탈리아 전선에 배치받아 중포 부대의 지휘관이 되었다. 그러나 프랑스에 선전포고를 했던 이탈리아는 2주 후에 휴전을 요구했고 그의 실전임무는 불과 2주 만에 끝이 났다. 그 후 이전에 광산기술자로 일했던 직장이 있는 프랑스 서부 낭트로 돌아가서 1940년에 프랑스가 독일에 패배하여 점령당할 때까지 이곳에서 일했다. 그리고 이 시기에 그는 노벨 경제학상 수상 사유가 된 경제학 논문을 썼다.

과학자들이 수학을 남발하고 있다

연구 초창기에 모리스 알레는 경제의 가장 기초적인 문제에 관심을 갖았다. 그래서 경제적 효율성과 소득분배와 관련된 문제들에 대한 해답을 찾으려고 노력했다. 그는 프랑스가 독일의 점령하에 있었던 시기에 연구를 시작했기 때문에 전후 프랑스를 재건하는 데 필요한 최선의 경제 및 사회정책을 찾으려고 분투했다. 그래서 몇 년에 걸쳐 수입의 불평등 없이 경제를 운영할 수 있는 정책을 구축하기 시작했다.

알레는 1967년 10월 23일에 스위스의 제네바에서 '과학으로서의 경제학Economics as a Science'이라는 제목의 강연을 했는데 이 문제에 대해서 이렇게 언급했다. "경제활동의 최대 목적은 한정된 인간의 노동력, 자원, 자본 및 기술적인 지식을 활용해서 인간의 무한한 수요를 충족시키는 것입니다." 알레는 이러한 견해를 갖고 많은 저서와 기사에서 다음과 같은 세 가지 주장을 반복해서 강조했다.

(1) 창조적인 직관에 따라 결정하고 현실과 일치하도록 이론 모델을 구축할 것.
(2) 수학을 목적이 아닌 수단으로 사용할 것.
(3) 도그마에 항상 의문을 가질 것.

알레는 현대 경제학에서 수학을 과잉으로 사용하는 것에 대한 거부감을 갖고 있었다. 그는 경제학자들이 수학적 형식에만 빠져 있어서 문제가 발생한다고 생각했다. 그리고 수학적인 연역법이 환상을 만들어 낸다고 경고했다. 그는 이 경고를 경제학만이 아니라 모든 현대과학을 향해서도 이야기했다. 1983년에 출간한 확률에 관한 저서 《빈도 확률 및 우연성 Fréquence, probabilité et hasard》에서 그는 이렇게 서술하고 있다.

"모든 학문 분야에서 엄청나게 많은 이론 연구자들이 현실을 무리하게 자신들의 모델에 끼워 맞추려고 한다. 그리고 문제를 현실에 맞추려고 하지 않고 관측으로 얻을 수 있는 원천 데이터를 경시한다. 처음에 가정했던 아이디어에 과도한 무게를 두기 때문이다." 그리고 이 책에서 그는 다음과 같은 문제를 직접적으로 언급하고 있다. "오늘날 수학교육에서 무분별한 추상화가 과학적 사고의 발전을 위기에 빠뜨리고 있다."

도그마에 항상 의문을 가져라

알레는 늘 (3)의 주장을 반복해서 강조하면서 이렇게 지적했다. "그 시대에 상식이 되어버린 지식은 종종 새로운 아이디어를 폭력적으로 배제하기도 한다. 그러나 새 아이디어가 이미 확립된 견해보다 현실에 더 맞는 경우도 많다. 과학이 계속해서 성장하려면 반드시 확립된 진실을 제거해야 한다. 인간이 행하는 일을 최종적으로 판정하는 것은 미래이다."

1988년 노벨상 수상 강연에서 그는 또 다음처럼 이야기했다. "과학자는 자신의 경력에 설령 많은 대가를 지불하더라도 그 시대의 유행과 시류에 좌우되어서는 안 됩니다. 오직 진리를 탐구하는 것에만 관심을 가져야 하죠. 저는 과거에 이 원칙에서 단 한 번도 벗어난 적이 없습니다."

모리스 알레는 1943년에 《경제적 질서의 탐구》을 완성했다. 그는 제

1943년의 모리스 알레(왼쪽) 독일 점령하에 있던 1940년대 알레는 독학으로 경제학을 공부하고 많은 저서를 썼다. 이 업적은 훨씬 뒤에 노벨상 수상으로 평가받았다. **독일군의 프랑스 침공**(오른쪽) 1940년 6월 14일 프랑스가 항복하자 파리에 무혈 입성하는 독일군의 모습이다.
_ 사진: German Federal Archive

2차 세계대전 중 프랑스가 독일군에 점령당한 그 시기를 '어두운 세월' 이라고 부르며 30개월 동안 집중적으로 연구하여 이 책을 집필했다. 당시 광산기사 일이 너무 바쁘지 않았기에 가능했던 일이었다. 엔지니어로 교육을 받았던 알레는 당시 입수할 수 있는 모든 경제학 서적을 읽으면서 독학으로 공부했다. 그리고 레옹 발라$_{\text{Marie Esprit Léon Walras}}$*와 빌

---

* 레옹 발라(1834~1910): 한계혁명을 주장해서 '일반균형 이론'을 구축했던 프랑스의 수리경제학자로 로잔학파를 만든 사람 가운데 한 명이다. 대학 입시에 실패해서 고등전문기관인 광업학교에 들어갔다. 그 후 소설 창작이나 미술 비평을 하면서 방랑생활을 계속했다. 1870년 스위스의 로잔대학 교수가 되었고 이후 《순수경제학요론》(1874~1877)을 출판해서 일반균형 이론을 세계에 널리 알렸다.

프레도 파레토Vilfredo Pareto*, 어빙 피셔Irving Fisher**의 영향을 많이 받았다. 그는 이 경험을 바탕으로 이후에 학생들에게도 "위대한 사색가들의 저명한 책을 읽어라"라고 계속 충고했다.

이 연구에 관한 흥미로운 일화가 있다. 알레 자신도 인정하고 프랑스의 다른 경제학자들도 때때로 언급하는 일이다. 전시 중에 극도로 종이가 부족한 상태에서 어떻게 알레가 1,000페이지에 달하는 책을 출판할 수 있었는지가 여전히 의문으로 남아 있다. 이에 대해서 그의 제자 가운데 한 사람은 "그게 바로 경제의 기적이다"라고 기록했다.

과거 "나는 아마추어이다"라고 말했던 알레는 노벨상 수상 강연에서도 이렇게 이야기했다. "아마추어는 예외적인 우위성이 있습니다. 대학에서 훈련을 받고 '확립된 사실'을 무조건적으로 받아들이는 프로들과 달리 아마추어들은 선입견이나 편견을 갖지 않고 신선한 시선으로 의문을 품을 수 있기 때문이죠."

그리고 알레에게 많은 영향을 주었던 발라와 파레토도 독학으로 위대한 업적을 이루었던 아마추어였다. 슘페터는 발라를 "모든 경제학자

---

* 빌프레도 파레토(1848~1923): 이탈리아의 경제학자이자 사회학자, 철학자, 토목기사技師이며 특히 발라의 후계자로 로잔학파를 대표하는 학자이다. 이탈리아 귀족가문 출신으로 파리에서 태어났고 토리노공과대학을 수석으로 졸업한 후 이탈리아 철도회사에서 토목기사로 일했다. 경제학을 연구한 것은 40대 후반으로 1893년 발라의 후임으로 로잔대학교 교수가 되었다. 후생경제학의 정리인 '파레토 최적'을 제창했고 사회학에도 큰 공헌을 했다.

** 어빙 피셔(1867~1947): 미국 뉴욕 출생으로 초기 신고전파(수리학파)를 대표하는 경제학자. 1892년 예일대학교에서 처음으로 경제학 박사학위를 취득했고 1898년에는 경제학 교수가 되었다. '화폐 수량설'을 주장했고 '교환 방정식'으로 화폐 유동량과 물가의 관계를 분석했다. 또한 우생학자이기도 하다. 《화폐의 구매력The Purchasing Power of Money》, 《가치와 가격 이론의 수학적 연구Mathematical Investigations in the Theory of Value and Prices》등 많은 저서를 남겼다.

중에서도 가장 위대하다"라고 평가했는데 이런 발라의 뒤를 이은 사람이 파레토였다.

실제로 알레는 최초의 시도였던 경제학 연구에 대한 감상을 독일 철학자 고트프리트 라이프니츠Gottfried Wilhelm von Leibniz*의 말을 인용해서 이렇게 서술하고 있다. "우리는 스스로 수영하고 싶었다. 누구에게도 배우지 않고. 나는 종종 책에서 만난 몇 줄기의 빛 속에서 수없이 많은 침사묵상沈思默想(정신을 모아 깊이 궁구하고 마음으로 기도를 드림)의 본질을 이끌어냈다."

《경제적 질서의 탐구》에서 알레는 시장경제의 균형 상태가 '최대 효율의 상태'이며 그 역逆도 참이라고 설명했다. 또한 그가 네 가지 새로운 개념**을 발견한다. 알레는 나중에 이 이론에 분배가능 잉여금과 통화통합의 개념을 더해서 하나의 경제가 아닌 복잡한 경제에도 적용할 수 있도록 만들었다. 그렇게 해서 그는 이 잉여금에 대한 일반 이론을 선진공업국 및 제3세계의 경제와 모든 국제무역기관에도 적용하려고 노력했다. 알레는 이 이론이 기존의 이론과 최신의 이론 모두를 비교해도 지극히 혁명적인 것이라고 자평했다.

---

* 고트프리트 라이프니츠(1646~1716): 독일의 철학자, 수학자이며 자연과학, 사회과학, 인문과학 등에 통달했던 학자이자 외교관이기도 했다. 수학에서는 미분법과 고등기하학에 공헌했다. 1700년 베를린 과학아카데미를 창설했다.
** 모리스 알레의 네 가지 발견은 다음과 같다. ① 소비선호 지수의 개념, ② 분배가능 잉여의 개념, ③ 상실의 개념, ④ 동일상실 표면의 개념이다.

맥시멈 막시모룸

모리스 알레는 처음부터 독창적으로 연구를 진행했다. 그는 기존의 이론에서 출발하여 결론을 이끌어내지 않고 인간의 행동을 기초로 해서 의미를 부여하려 했다. 그는 노벨상 수상 강연에서 이렇게 이야기했다. "제 연구의 최대 관심사는 사물의 통합입니다. 다시 말하면 실물 현상과 통화 현상을 하나의 통합적인 견해로 묶는 일, 효율 조건의 분석과 수입의 배분을 관련짓는 일, 경제학과 다른 사회과학, 예를 들어 심리학, 사회학, 정치학 그리고 역사학과 관련 및 연계시키는 일을 항상 목표로 삼고 있습니다."

알레는 제2차 세계대전이 끝난 1947년 《경제와 이자》를 발표했는데 1994년에 프랑스 교육부에서 이를 다시 복간했다. 이 책에서 그는 자본과 화폐이자에 대한 일반 이론을 제기하고 네 가지 기본 요소를 강조했다. 첫 번째 요소는 자본, 화폐 및 이자의 이시점간異時點間의 상호의존성, 두 번째 요소는 다른 사회적 세대도 볼 수 있는 사례까지 최대 효율 이론을 확장, 세 번째 요소는 생산자본의 이론, 그리고 네 번째 요소는 이자의 기본구조 분석이다.

여기에서 말하는 이시점간은 현재의 소비를 포기하고 저축으로 돌렸을 때 그 분량만큼 미래 소비가 늘어난다는 의미로 경제 현상에 시간차가 발생한다는 것을 의미한다. 또 '생산자본'은 생산의 과정에 관여하는 자본으로 구체적으로 말하면 노동력 및 생산수단이고 유통자본과 대치되는 개념이다. 특히 알레는 과거와 미래 이자율의 복잡한 관계를 자본의 생산성을 통해 명확하게 밝혔다. 그는 이들 관계를 계산으로 나타낼 수 있는 상세한 모델을 만들었고 이것을 프랑스 정부의 전매사업의 가격 설정에 사용했다.

모리스 알레가 이 이론에서 정교하게 분석한 것은 경제가 항구적인 기초를 세웠을 때 맥시멈 막시모룸maximum maximorum(1인당 최대 실질소비소득)을 어떻게 얻을까 하는 문제였다. 그래서 그는 현세대의 미래 심리 요인과 미래 세대의 심리 요인을 고찰했다. 그리고 강력한 경제에서 맥시멈 막시모룸이 이자율과 1차 소득의 성장이 일치할 때 생기는 것으로 보았고 이것을 '축적蓄積의 황금률'이라고 불렀다. 그는 또 실질 국민총소득(총생산에서 간접세를 뺀 금액)과 생산 과정의 영향을 조사했고 저축과 투자의 증가가 국민총소득을 증대시키는 중요한 요인임을 강조했다.

거대한 카지노로 변한 세계 경제

1994년《경제와 이자》가 복간되었을 때, 알레는 서문에서 초판이 나왔던 1948년부터 1967년까지 약 20년 동안 그가 발표했던 일련의 논문을 보면 자본주의의 최적화가 큰 진전을 보았다고 서술했다. 그는 그중에서 '잉여금'이라는 개념을 도입하여 그것이 다른 경제 이론을 개선했고 관측적인 현실성을 갖게 했다고 기술했다. 모리스 알레는 항상 어떠한 이론이든 관측적 사실과의 일치 여부를 최대의 판단 기준으로 삼았다.

알레는 연구 초창기 때부터 줄곧 통화 문제에 관심을 가졌다. 그는 통화가 불안정한 상황 속에서는 경제가 효율적이지 않기 때문에 소득의 공정한 분배를 달성할 수 없다고 주장했다. 그래서 1954~1955년에 통화의 수요와 공급의 차이를 함수로 나타낸 비선형 이론을 제출했다. 그는 수요와 공급은 과거의 변동함수이므로 물리적인 시간보다 심리적인 시간이 더 중요하다고 생각했다. 경제학 연구에 심리학의 개념을 넣었던 것이다.

모리스 알레의 경제성장에 대한 엄격한 개념과 수학 모델의 관계를 이해하려면 어떻게 해야 할까? 이는 1987년 10월 주식시장의 연쇄적 대폭락, 즉 '블랙먼데이' 사건이 일어났을 때 알레가 어떤 이론을 이용해서 어떤 식으로 설명했는가를 살펴보면 된다. 이때 알레는 일반인을 대상으로 한 미디어에 논쟁적인 기사를 발표했는데, 금융투기를 비판하고 규제의 강화를 요구하며 국가가 실물경제에 투자해서 성장을 자극해야 한다고 주장했다. 그는 1989년 6월 27일 프랑스 주요 신문인 〈르몽드Le Monde〉에 '붕괴에서 도취로: 신념의 역병'이라는 제목의 기사를 게재했다.

"1987년의 사건이 보여주듯이 세계 경제는 본질적으로 불안정하다. 단기적 진전이 예측 불가능하므로 국제적인 금융 및 통화 제도를 새롭게 만들어야 한다. 현재 세계 경제는 거대한 채무의 피라미드 위에 있는 불안정한 균형 상태로 서로를 지탱해주고 있다. 역사상 이 정도로 약속어음이 산더미같이 존재했던 적은 단 한 번도 없었다. 그리고 이런 약속어음을 서로 칭송하는 답답한 시대도 없었다. 통화투기든 주식투기든 세계는 하나의 거대한 카지노로 변했고 도박 테이블은 전 세계의 위도와 경도를 넘나들고 있다. (중략) 투기가 만연한 이유는 신용을 발행해서 거래하기 때문이다. 지불하지 않고 사고, 소유하지 않고 판다. 우리가 겪고 있는 모든 혼란은 실물경제를 무시한 데 원인이 있다.

만일 무無에서 신용을 창조하는 것을 방치하면 시장 시스템은 제대로 기능하지 못할 것이다."

세계화와 자유무역에 대한 강한 비판

1990년대 모리스 알레는 세계화와 자유무역이라는 세계 경제의 가장 큰 흐름을 비판했다. 1993년 11월 파리의 신문 〈피가로 Le Figaro〉에 이틀 동안 장문의 기사를 게재하고 세계은행과 OECD(경제협력개발기구)의 연구를 정면으로 비판했다.

"나는 이 연구의 결론에 경고하고 싶다. 엄청나게 문제가 많은 세계 무역 모델을 기반으로 한 연구이기 때문이다. 결국 이 연구는 잘못된 결과만을 야기할 것이다."

알레는 특히 농업 보조금을 옹호했다. 또한 보조금과 경제활동 비용을 혼동하지 말라고 주장했고 프랑스 정부가 준 농업 보조금이 실제로는 GDP의 1,000분의 3에 불과하며, 세계은행과 OECD의 연구가 이끌어낸 결론은 100~1,000퍼센트나 과장됐다고 지적했다. 그는 세계은행과 OECD에는 무역자유화를 가동시킨 무거운 책임이 있으며 유사 과학으로 자유화의 이익을 엄청나게 크게 예측해서 순진한 사람들을 속였고 정치적 결정에 영향을 주었다고 서술했다. 그리고 "세계은행의 보고서는 독단적인 이데올로기와 오만방자한 자유무역을 상징하는 거대한 속임수"라고 지적했다. 더불어 이 보고서는 국가 경제를 파괴하고 실업과 사회 불안, 비공업화를 가속시켜 생활 수준의 향상을 저해할 것이라고 강력하게 비판했다.

알레는 1991년 '시장경제의 금융 동향: 과거의 교훈에서 내일의 개혁으로'라는 제목의 기사를 써서 오늘날의 금융 재정 시스템의 기초 원리를 국가 및 세계 차원에서 전면적으로 다시 바꿔야 한다고 서술했다. 그리고 통화의 무無 상태에서 신용을 창조하는 것을 방지하기 위하여 다음의 두 가지 기본 원리에 따라 은행과 금융 시스템을 개혁해야 한다고 주장했다. 첫 번째, 통화의 창조는 국가의 영역으로 귀속시키고 중앙은행에 통화 공급의 완전한 지배권을 주어야 한다고 주장했다. 알레는 이 기사에서 은행 시스템으로 신용을 창조하는 것은 위조지폐를 만드는 일이라고 말하며 유일한 차이점은 이익을 얻는 사람이 다를 뿐이라고 설명했다. 그리고 두 번째로는 중앙은행 이외의 모든 은행을 민간은행으로 만들고 중앙은행의 통화 창조로 얻은 수익은 국가에 되돌려주어야 한다고 주장했다. 또 그렇게 하기 위한 구체적인 방법도 함께 기록했다.

대처와 부시에 대한 비판

모리스 알레는 소년 시절부터 역사에 매료되었고 경제학자와 물리학자가 된 이후에도 여전히 역사를 좋아했다. 그는 고대 및 근대의 역사나 사회학과 관련하여 종종 저서나 논문을 발표했고 다양한 정치 시스템에 대해서 논했다. 세계 경제가 혼란 상태에 빠졌던 1980~1990년대에 알레는 때때로 정치적 문제에 대해서 여러 차례 미디어에 나와 이야기했다. 그는 1989년 독일의 통일을 결정했던 독일 수상 헬무트 콜Helmut Kohl을 옹호했고, 반대로 영국의 수상 마거릿 대처는 통일을 방해

COLUMN

유럽연합EU과 유로에 대한 알레의 비판

알레는 처음부터 EU에 부정적이었다. 특히 EU 창설을 결정한 마스트리히트조약(유럽공동체EC 정상간에 합의한 유럽통합 조약으로 1993년 발효)의 경제정책이었던 자유무역의 중시와 단일 통화인 유로의 도입을 비판했다. 또한 알레는 지나친 자유무역에 대해 그의 논문과 기고를 통해서 계속 반대의 입장을 표했다.

그 글을 보면 그가 좋은 자유무역과 나쁜 자유무역을 구별하고 있다는 사실을 알 수 있다. 좋은 자유무역이란 임금 수준이 비슷한 국가끼리의 자유무역이고, 나쁜 자유무역이란 임금 수준이 다른 나라와 지역끼리의 자유무역이다. 알레의 지적과 비판에 주목하면 EU에 내재되어 있거나 표면화된 다양한 불안정 요인을 찾을 수 있다.

한다며 엄격하게 비판했다. 대처는 '분단시켜서 정복한다'는 19세기 이후의 전통적인 영국 방식을 고수하고 있었다. 또한 그는 미국의 대통령 조지 부시가 일으켰던 걸프전쟁과 이에 참여했던 미국의 동맹국들도 비난했다.

1991년 7월 23일 프랑스 잡지 〈피가로 매거진〉에 알레는 걸프전쟁에 대해서 다음과 같이 썼다.

"1989년 11월 9일 베를린 장벽의 붕괴 이후 의심할 여지없이 세계는 새로운 역사를 다시 썼다. 앞으로 세계는 계속 변화할 것이고 이에 맞는 새로운 국제질서가 꼭 필요하다. 그렇지만 그 국제질서가 타국을 억압하고 모욕하는 방만한 지배 방식이어서는 안 된다. 우리에게 필요한 새로운 국제질서는 모든 인간에 대한 공정과 정의 위에 서 있어야 하며 선언으로 되는 것이 아니라 매일 구체적으로 실행할 수 있는 것이어야 한다. 새로운 국제질서를 인류주의적 문명의 기초인 논리적 원칙 위에 세워야 한다."

공간의 비등방성에 대한 실험

모리스 알레는 노벨상을 수상한 경제학자였지만 독창적인 물리학자로도 많은 업적을 남겼다. 특히 공간의 비등방성 실험이 유명하다. 그는 1997년에 프랑스어로 출판한 저서 《공간의 비등방성 L'Anisotropie de l'Espace》에서 비등방성 실험에 대해 자세하게 서술하고 있다. "나는 항상 중력 및 전자기력의 작용 전파에서 오귀스탱 장 프레넬 Augustin-Jean Fresnel(18~19세기 프랑스 물리학자)과 19세기의 물리학자들이 에테르라고 부르는 매질媒質의 존재를 시사했다고 확신했다."

그렇지만 과거 그 이론에는 충분한 근거가 없었다. 19세기 일반적으로 공간을 채우는 매질은 고정되어 있고 항성처럼 완전히 정지해 있다고 생각했기 때문이다. 그래서 알레는 실험을 했다. "나는 자장磁場이 매질의 국소적인 회전운동과 일치한다고 생각했고 길이 약 2미터의 실과 유리 구체에 진자를 매달았다. 자장이 그 진자의 운동에 미치는 영향을 관찰하면 자력과 중력 사이의 관계를 밝힐 수 있다고 추측했다."

알레는 이 실험을 반복하다가 예상을 뛰어넘는 비등방성을 찾아냈다. 그래서 진자의 실을 짧게 해서 다시 실험을 했더니 역시 비등방성의 존재를 발견할 수 있었다. 24시간 50분의 주기를 제대로 찾아낸 것이다. 이것을 '알레 효과(알레의 특수 상태)'라고 부른다. 마찬가지로 비등방성은 광학장치로 한 실험에서도 확인되었다. 알레는 둘 다 그 비등방성은 현재의 이론 틀에 들어간다고 기록했다.

그는 1881년 앨버트 마이컬슨Albert Michelson이 했던 간섭실험*의 결과를 자세하게 조사했다. 마이컬슨의 이 실험은 유효하다는 것을 증명했고, 미국의 데이턴 밀러Dayton Miller가 1925~1926년에 캘리포니아의 윌슨산천문대Mount Wilson Observatory에서 했던 간섭실험의 결과도 재검증했다.

알레는 이런 실험 자료를 해석하면서 광속은 모든 방향이 동일하지

---

*간섭실험: 1887년 미국의 물리학자 앨버트 마이컬슨과 에드워드 몰리Edward Morley가 당시 우주공간을 채우고 있을 것이라고 생각했던 에테르에 대한 지구의 상대속도를 구하기 위해서 했던 실험이다. 두 사람은 빛 간섭을 만들고 방향에 따른 광속도의 차이를 찾아내려고 했지만 속도의 차이는 나타나지 않았고 반대로 에테르의 존재를 부정하는 결과가 나와 광속이 불변하다는 사실이 밝혀졌다. 이 실험은 특수상대성 이론의 실험적 기초라고 평가받는다.

COLUMN

알레의 패러독스

모리스 알레의 이름은 1953년에 뉴욕에서 열렸던 회의를 계기로 일반 사회에 널리 알려졌다. 그는 회의장에 모인 사람들을 실험 대상으로 삼 있는데 불확실성, 즉 리스크가 있는 상황에서 사람들이 어떤 의사결정을 하는지 살펴보았다. 이는 '알레의 패러독스'로 불리는 유명한 실험이었다.

알레의 패러독스는 '기대효용 이론'이 현실세계에서 반드시 옳은 것은 아니라고 설명한다. 기대효용 이론은 존 폰 노이만John von Neumann과 오스카어 모르겐슈테른Oskar Morgenstern의 저서 《게임 이론과 경제 행동 Theory of Games and Economic Behavior》에 등장하는데 이후 오랫동안 경제학계에서 상식처럼 여겨지던 것이었다. 사람들이 불확실한 상황에서 소비를 할 때 거기에서 얻을 수 있는 효용(만족도)을 최대화하려고 합리적으로 행동한다는 이론이다.

그러나 알레의 실험에서는 A와 B 어느 것을 선택하냐에 따라서 금전적인 손실의 차이가 발생하는 선택을 강요당했을 때, 많은 사람들이 합리적 이유보다는 심리적인 이유로 의사결정을 했다. 이 실험은 인간이 큰 리스크가 있는 이득보다 확실성이 높은 쪽을 선호한다는 것을 증명한 것이다. 알레의 패러독스는 그 후 대니얼 카너먼의 전망 이론 등에서 더 복잡한 인간 행동을 제기하는 데 사용되었다.

2001년 파리에서 알레 부부를 만나 인터뷰했을 당시 알레의 모습이다. 이때 90세였던 알레는 1,300페이지가 넘는 《화폐의 동학적 기초Fondements de la dynamique monétaire》를 출판했다.
_ 사진: Marjorie Hecht

않고 지구의 궤도운동은 순수하게 지구상에서 실험으로도 밝힐 수 있다는 것을 이야기했다. 더 나아가 상대성 이론의 근간에도 도전했다. 그의 이 실험은 경제학 연구보다도 일반사회에 널리 알려지긴 했지만 의심도 받았다. 그래서 1954년 6월 30일의 개기일식 중에 알레 효과가 관측되었을 때 NASA(미국항공우주국)가 조사를 했고 또 각국의 물리학자가 실증적인 실험을 진행했다. 그러나 알레 효과는 개기일식 같은 날에만 관측할 수 있고 또 지극히 정밀한 관측을 필요로 하는 현상이었기 때문에 한계가 있었다.

알레는 물리학 실험뿐만 아니라 역사에도 관심을 갖고 있었다. 또 상대성 이론의 선취권을 둘러싸고 오랫동안 계속된 논쟁에서 아인슈타인의 업적에 의심을 품기 시작했다. 그 논쟁은 아인슈타인이 그 이전에 특수상대성 이론과 일반상대성 이론에 공헌했던 물리학자들의 이름을 명기하지 않았던 것에서 불거졌다. 특히 특수상대성 이론을 아인슈타인이 독립적으로 발견했다는 사실을 인정하지 않는 주장이 가장 큰 쟁점이었다.

경제학은 국민의 복지를 추구해야 한다

모리스 알레가 30세 때 했던 선구자적인 경제학 연구가 세계에서 인정받는 데는 오랜 시간이 걸렸다. 물론 그의 저작이 영어로 번역되지 않았던 이유도 있었지만 그가 경제학자들의 세계를 지배했던 도그마를 받아들이지 않았다는 이유도 있었을 것이다.

알레는 정부가 많은 분야에 개입할 것과 경제학은 국민의 복지를 추구해야 한다고 주장했다. 이런 주장은 오스트리아학파* 경제학자들에게 반감을 사기에 충분했다. 그러나 정치계에서는 세계 경제의 카지노화와 세계화에 대한 그의 비판을 지지하는 사람들이 아직도 많다. 노벨 경제학상은 알레의 사상을 영어로 번역해서 세계에 알리는 전기가 되었다.

---

*오스트리아학파(한계효용학파): 1870년대 칼 멩거Carl Menger, 윌리엄 제번스William Jevons, 발라 이 세 명의 경제학자는 독자적으로 제창했던 한계효용 이론을 축으로 근대경제학의 체계를 형성(한계혁명)했다. 한계효용 이론을 기초로 탄생한 세 개의 학파 가운데 하나가 오스트리아학파인데 빈대학의 멩거를 중심으로 뵘 바베르크Eugen von Böhm-Bawerk, 프리드리히 비저Friedrich von Wieser가 만들었다. 주관적인 가치를 중시하며 빈학파라고도 불린다. 나머지 두 학파는 발라의 로잔학파와 마셜의 케임브리지학파가 있다.

5

게임 이론을 경제학에 도입했던
빛나는 두뇌와 광기의 소유자

1994년 노벨 경제학상

존 내쉬 John F. Nash Jr.

영화 〈뷰티풀 마인드〉는 세계적으로 크게 흥행했고 아카데미상과 골든글러브상 등 여러 부문에서 상을 받았다. 이 영화의 주인공이 바로 천재 수학자 존 내쉬였다. 그는 게임 이론의 비협력 게임에서 '내쉬균형'을 발견했고 1994년 노벨상을 수상했다. 그렇지만 내쉬는 상당히 오랫동안 정신질환을 앓았고 그로 인해 많은 고통을 겪었다.

_집필 : 하인츠 호라이스, 야자와 기요시

게임 이론을 경제학에 도입했던
빛나는 두뇌와 광기의 소유자

할리우드 영화의 주인공이 된 존 내쉬

1901년부터 지금까지 노벨상을 받았던 800명이 넘는 수상자 가운데 영화나 스포츠 스타에 견줄 정도로 대중에게 널리 알려진 사람은 많지 않다. 자연과학계의 우상이며 천재라는 별명을 갖고 있는 물리학자 아인슈타인이 바로 그런 사람 중의 한 명이다. 그리고 또 한 사람이 있는데 바로 1994년 노벨 경제학상을 수상했던 존 내쉬였다.

내쉬는 노벨상을 수상해서 세계적으로 유명해진 것이 아니다. 그의 드라마틱한 인생을 그린 영화 〈뷰티풀 마인드A Beautiful Mind〉(2001) 때문이었다. 존 내쉬의 굴곡진 인생을 그린 이 영화는 아카데미상 8개 부문에서 후보로 지명되었고 네 부문에서 수상을 했다. 그 영화는 서른 살에 정신질환을 앓으면서 수학자로서의 삶을 중단할 수밖에 없었던 천재의 인생을 훌륭하게 그려낸 작품으로 평가받았다.

1950년대에 내쉬는 미국의 프린스턴대학에서 현대경제 이론의 기초가 되고 노벨상 수상 사유였던 '게임 이론'에 대한 강연을 했다. 이 시기에 프린스턴대학교와 MIT에서 연구했던 그는 어쩔 수 없는 독창성과 현저하게 기괴한 언동 때문에 항상 눈에 띄는 존재였다.

MIT에 재직하고 있던 1959년 초 내쉬는 갑자기 자신이 외계인과 교신하고 있고 그가 특별임무를 띤 비밀요원이라고 말하기 시작했다. 편집광적인 정신분열증으로 진단받은 내쉬는 그 후 30년 동안 정신병원에 입원과 퇴원을 반복했고 그 과정에서 대부분의 기억을 잃어버렸다. 그리고 결국 긴 망상의 세월에서 벗어날 징조를 보이기 시작한 1994년 그는 노벨 경제학상을 받았다.

이 남자는 천재이다!

빛나는 두뇌와 광기의 소유자인 내쉬는 1928년 미국의 웨스트버지니아 주 블루필드에서 태어났다. 아버지는 전력회사에서 일하는 전기 기사였고 내쉬는 그곳에서 여동생과 함께 자랐다.

실비아 네이사Sylvia Nasar가 쓴 존 내쉬의 전기 《뷰티풀 마인드》에서 내쉬의 여동생은 이렇게 말했다. 이 책은 영화 〈뷰티풀 마인드〉의 원작이다. "오빠는 항상 다른 사람들과 달랐다. 부모님도 오빠가 남과 다르고 머리가 좋다는 것을 알고 있었다." 내쉬 자신도 동생과 비슷한 기억을 갖고 있다. 그는 이렇게 이야기했다. "어느 날 누군가가 나를 신동이라고 불렀다. 그러나 다른 때는 바보라고 놀렸다. 그 당시 나는 많은 아이디어를 갖고 있었지만 쓸 만한 것이 별로 없었다."

내쉬의 전공은 게임 이론과 미분기하학이었다. 비록 오랫동안 정신질환을 앓았지만 그는 천재적인 수학자이자 경제학자였다.
_사진: Peter Badge/ Creative Commons

★ **존 내쉬**_미국 수학자이자 경제학자

1928년	웨스트버지니아 주 블루필드 출생.
1945년	웨스팅하우스 장학금을 받고 카네기공과대학에 17세에 입학.
1948년	카네기공과대학에서 수학 석사학위 취득 후 프린스턴대학교의 장학금을 받음. 존 폰 노이만과 오스카어 모르겐슈테른 연구에 자극을 받아 게임 이론에 흥미를 가짐. 21세 때 비협력 게임에서 내쉬균형의 윤곽을 그린 논문을 썼으며, 집합과 대수다양체를 발견.
1951년	프린스턴 및 MIT에서 강사로 근무함.
1950년부터	4년 동안 랜드연구소에도 적을 두고 게임 이론 연구.
1951~1959년	MIT 수학부 연구원. 1956~1957년 슬론sloan 장학금을 받아서 프린스턴고등연구소에서 연구원으로 지냄. 이 기간 동안 수학의 미해결 문제를 차례차례 풀어나감.
1957년	MIT 학생 앨리샤 라지와 결혼.
1959년	앨리샤가 임신한 직후부터 정신질환 징후가 나타나기 시작.
1978년	존 폰 노이만 이론상 수상.
1980년	차츰 정신질환에서 회복.
1998년	내쉬 전기 《뷰티풀 마인드》 출간. 2001년 할리우드에서 같은 이름의 영화가 제작됨.
1999년	미국수학학회 스틸상 수상.
2009년	프린스턴대학 수학부 상급연구원. 현재에는 논리학, 우주론, 중력 이론으로 연구 대상을 넓히고 있음.

　소년 시절에 존 내쉬는 전기와 화학실험을 자주했고, 유명한 수학자들이 쓴 책을 읽으면서 수학에 대한 흥미를 키웠다. 그리고 미래에 아버지처럼 전기기사가 되려고 했다. 고등학교 상급생이 되었을 때 내쉬는 미국에서 10명에게만 주는 웨스팅하우스 장학금을 받고 1945년에 피츠버그의 카네기공과대학(현재 명문 공과대학 카네기멜론대학의 전신)에 입학했다. 그는 화학공학을 배웠지만 곧바로 '기계제도機械製圖처럼 규격화를 배우는 강의'에 질려 화학으로 방향을 바꾸었다.

소년 및 청년 시절의 존 내쉬 내쉬는 어렸을 때부터 수학에 흥미를 가졌다. 그 후 미국에서 10명에게 주어지는 장학금을 받고 카네기공과대학에 진학한 그는 불과 3년 만에 석사학위까지 취득했다.

그러나 화학도 그의 기대에 맞지 않았다. 노벨재단에 제출했던 자기소개서에서 내쉬는 "화학은 사물을 어떻게 생각해야 하느냐가 아니라 어떻게 하면 연구실에서 피펫$_{Pipette}$을 잘 조작하여 적정하는가를 배우는 학문이기 때문에 나에게는 맞지 않다"라고 이야기했다. 적정$_{titration}$은 시료에 들어 있는 특정 성분의 양을 알기 위해 시료의 특정 성분과 일정한 비율로 반응하는 다른 물질의 양을 정확히 측정한 후, 양을 측정한 시료에 첨가하여 특정 성분의 양을 결정하는 화학 분석법이다.

결국 내쉬는 카네기공과대학 수학자들의 권유에 따라 또다시 방향을 바꾸었고 이번에는 수학을 선택했다. 그리고 마침내 그는 수학이 자신의 천직임을 깨달았다. 내쉬는 수학에서 뛰어난 재능을 보여주었고 1948년 카네기공과대학은 그에게 학사학위와 동시에 석사학위도 수여했다. 그곳에서 그는 수학 이외의 선택과목이었던 국제경제학 강의를 들었고 '경제'를 처음 접했다. 국제경제학은 아마도 그가 처음으로 들었던 정식 경제학 강의였을 것이다. 그 강의에 자극받은 내쉬는 어떤 아이디어를 생각해냈고 〈교섭 문제The Bargaining Problem〉라는 제목으로 논문을 썼다. 그리고 이 논문은 몇 년 후 국제적인 경제학 전문지 〈에코노메트리카Econometrica〉에 게재되었다. 이 논문은 내쉬가 10대에 쓴 것이었다. 따라서 교섭의 사례가 배트와 볼, 장난감과 칼이었다. 내쉬는 나중에 이 논문 내용을 발전시켜 '게임 이론'을 만들었다.

졸업 후 내쉬는 행복한 고민을 해야 했다. 미국 최고의 대학인 하버드대학교와 프린스턴대학교가 그에게 대학원생에 주는 장학금인 펠로우십fellowship을 제한했던 것이다. 그는 프린스턴대학교를 선택했다. 프린스턴대학교가 펠로우십의 조건이 더 좋았고 집과 가까웠기 때문이었다. 1948년 9월 스무 살이 된 존 내쉬는 카네기공과대학의 지도교수가 써준 추천장을 가지고 프린스턴대학교 수학부에 갔다. 지도교수는 추천장에 단 한 줄만 썼다고 한다.

"이 남자는 천재이다."

머리는 좋지만 괴상한 대학원생

프린스턴대학교 수학부는 이 천재에게 딱 맞는 곳이었다. 그곳은 문자 그대로 세계 최고의 엘리트와 20세기 과학의 반신인半神人들이 가득했다. 앨버트 아인슈타인Albert Einstein, 쿠르트 괴델Kurt Gödel, 로버트 오펜하이머Julius Robert Oppenheimer, 존 폰 노이만 등 이들은 모두 수학 우주의 중심인 프린스턴대학교에 서식하고 있었다.

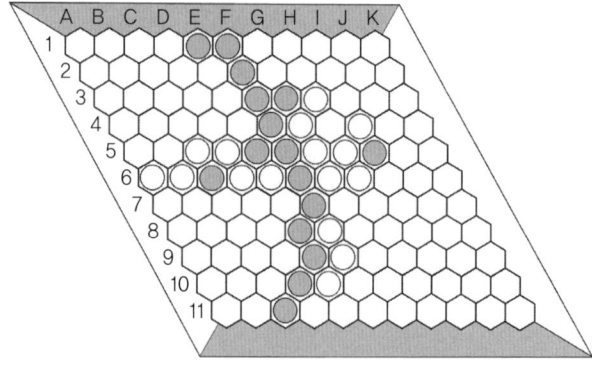

프린스턴대학원 시절 내쉬가 만든 2인용 보드게임 헥스이다. 6각형 모눈이 늘어선 마름모 형태의 보드 위에서 게임이 진행된다. 참가자는 각기 다른 색을 지정하여 게임을 진행하는데 마주보는 두 변이 같은 색으로 지정되고 칩을 사용하여 두 변을 먼저 연결하는 사람이 승리하게 된다. 덴마크의 수학자 피에트 하인Piet Hein도 이런 종류의 게임을 고안했다고 한다.

    이 대학교의 대학원생 개개인은 정말 뛰어난 사람들이었다. 그러나 이러한 10명의 1학년 신동 가운데 웨스트버지니아의 산골에서 온 스무 살짜리 학생은 단연 눈에 띄었다. 내쉬의 전기를 집필한 실비아 네이사는 "이들 젊은 수학자들은 모두 다 굉장히 뛰어났지만 내쉬는 단연 돋보였고 자신감이 충만하면서도 괴상했다"라고 적었다.

    특히 내쉬는 '내쉬'라는 게임을 직접 만들어서 주변 사람들을 깜짝 놀라게 했고 곧바로 높은 평가를 받았다. 이것은 단순한 전략 게임이었지만 프린스턴의 수학부를 석권할 정도로 퍼져나갔다. 이 게임 '내쉬'는 보드 게임 '헥스Hex'로 상품화되었고 지금도 전 세계에서 팔리고 있다. 1940년대 말 프린스턴의 대학원생이었던 존 밀너John Milnor는 그 당시 대학원의 젊은 수학자들이 가장 좋아했던 놀이에 대해서 1955년에 이렇게 이야기했다. "커먼룸Common room이라고 불리는 방에서 했던 다양한 게임이 지금도 선명하게 생각난다. 나는 장기와 크릭스슈필Kriegsspiel(독일식 전쟁 게임)을 소개했다. 그리고 친구들이 발명자에게 경의를 표한다며 '내쉬'라고 불렀던 독창적인 게임도 똑똑히 기억하고 있다."

내쉬는 수업에 거의 나오지 않았다. 그는 수업에 나오면 자신의 독창성이 둔해진다고 주장했다. 그리고 항상 어려운 문제를 그의 방식대로 풀려고 했다. 그는 수학과 관련한 자신의 공부법에 대해서 이렇게 말했다. "나는 항상 다른 사람들이 하고 있는 일에서 벗어났다. 그리고 절대로 다른 누군가가 했던 일들을 좇아 하지 않을 것이다." 그는 주위 사람들에게 굉장히 머리가 좋고 괴상하다는 평가를 받았다. 내쉬는 대학 내에서 자전거를 타고 8이라는 숫자를 쓰면서 달리기도 하고, 바흐의 오르간 곡을 휘파람으로 불면서 복도를 일정한 보조로 맞추면서 걷기도 했다. 내쉬는 유명해지고 싶었다. 그래서 항상 다른 수학자들을 좌절하게 만드는 문제나, 신입생이 순식간에 높은 평가를 받을 수 있는 분야를 계속해서 찾아다녔다.

1940년대 말부터 1950년대까지 게임 이론은 수학에서 아주 매력적인 분야였다. 그러나 프린스턴대학과 프린스턴고등연구소Institute for Advanced Study에 있는 순수수학자들은 게임 이론을 낮은 수준의 그냥 지나가는 유행이라고 생각했다. 게임 이론이 순수과학이 아닌 응용수학이었기 때문이다. 하지만 존 내쉬와 친구들은 노이만의 게임 이론에 큰 관심을 보였다. 내쉬는 카네기공과대학 시절 '교섭'에 대해서 논문을 썼을 때는 게임 이론의 존재를 전혀 알지 못했다. 프린스턴대학에 와서

프린스턴대학교 수학부 사람들

- **앨버트 아인슈타인(1879~1955)** | 독일에서 태어난 유대인 이론물리학자로 스위스의 취리히공과대학에서 공부했고 베를린 특허국 기사가 되었다. 1905년 공간과 시간의 개념을 근본적으로 바꾸는 '특수상대성 이론'을 발표, 질량과 에너지가 동일하다고 주장했다. 그 후 프라하대학교, 취리히대학교 교수를 거쳐 1914년에 베를린대학교 교수가 되었다. 1916년 '일반상대성 이론'을 완성했으며, 1921년에는 광전 효과 연구로 노벨 물리학상을 수상했다. 1929년 일반상대성 이론을 확장해서 통일장 이론을 완성했지만 1933년 나치에게 추방되어 미국으로 이주했고 프린스턴고등연구소 연구원이 되었다. 아인슈타인의 이론 연구는 물리학과 천문학 분야만이 아니라 20세기 철학사상에도 큰 영향을 주었고, 그는 20세기 최고의 물리학자 가운데 한 사람으로 자리매김했다.

- **쿠르트 괴델(1906~1978)** | 미국인 수학자로 오스트리아-헝가리제국에서 태어났다. 그는 18세 때 빈대학 물리학과에 입학한 후 휠체어를 탄 수학교사 필립 푸르트뱅글러Philipp Furtwängler의 강의를 듣고 수학과로 옮겨 1930년에 박사학위를 취득했다. 그 후 빈대학에서 강사로 근무했지만 유대인으로 오인받아 실직하고 미국으로 건너가 프린스턴고등연구소 연구원이 되었다. 1948년 미국 시민권을 취득하고 1953년에는 프린스턴고등연구소 교수가 되었다. 20대 중반에 완전하고 이론적으로 모순이 없을 것이라고 믿었던 수학의 신화를 깨뜨리는 '불안정성 정리'를 발표해서 수학계에 큰 영향을 미쳤다.

- **로버트 오펜하이머(1904~1967)** | 미국의 이론물리학자이다. 하버드대학교 화학과를 졸업했지만 퍼시 브리지먼Percy Bridgman(1946년 노벨 물리학상 수상)의 영향을 받아 물리학으로 전향하여 영국의 캐번디시연구소Cavendish Laboratory, 독일의 괴팅겐대학교에서 공부했다. 1929년 UC버클리 및 캘리포니아공과대학에서 교편을 잡았다. 제2차 세계대전 중에 로스앨러모스국립연구소 Los Alamos National Laboratory 소장으로 원폭제조를 주도, 종전 후 프린스턴고등연구소 소장이 되었고 죽기 직전까지 근무했다. 반양자의 예언, 대소멸의 수명 계산, 중서자성의 구조, 중력수축 이론 등의 선구자적인 연구를 했다. 1954년 공산주의 탄압의 광풍 속에서 간첩 혐의를 받아 공직에서 추방되었다.

- **존 폰 노이만(1903~1957)** | 헝가리 출생의 수학자이자 이론물리학자로 아버지는 부다페스트은행에서 일했던 유대인 변호사였다. 1921년 부다페스트대학교 졸업 후 취리히공과대학교와 베를린대학교에서 공부했다. 집합론, 실함수론뿐만 아니라 양자역학의 수학적 기초를 쌓았고 힐베르트 공간론, 작용 요소 등도 연구했다. 1930년 미국으로 이주하여 1933년에 프린스턴고등연구소 교수가 되었으며 1954년에는 원자력위원회 위원을 지냈다. 경제학의 신분야인 게임 이론을 개척했고 노이만형 전자계산기 설계, 원자폭탄 개발 등에 이론적인 공헌을 하면서 20세기 최고의 수학자라고 불린다.

아인슈타인의 70세 생일을 축하하는 심포지엄에서 찍은 사진으로 왼쪽에서 세 번째가 괴델, 다섯 번째가 아인슈타인, 오른쪽 끝이 오펜하이머이다.

야 게임 이론에 대해서 처음으로 들을 수 있었다. 게임 이론은 프린스턴고등연구소의 뛰어난 수학자 존 폰 노이만이 기초를 쌓았던 이론이었다.

노이만이 재미없다고 평가한 논문

1928년 독일 베를린대학교에서 가장 있기 있는 시간강사였던 노이만은 당시 프린스턴에서 발행하는 가장 권위 있는 수학 잡지 〈수학연보 The Annals of Mathematics〉에 논문을 발표했다. 제목은 〈실내 게임의 이론 Zur Theorie der Gesellschaftsspiele〉이었다.

COLUMN

존 폰 노이만과 게임 이론

존 폰 노이만 _ 사진: LANL

게임 이론을 맨 처음 생각한 사람은 본문에도 나와 있듯이 헝가리 출신의 수학자 존 폰 노이만이다. 그러나 그는 게임 이론의 창시자일 뿐만 아니라 컴퓨터의 원리와 자기증식 오토마톤automaton의 개념, 그리고 인류 최초의 핵폭탄 완성에 결정적인 역할을 했다. 그의 업적은 다방면에 걸쳐 있었고 또 사회적으로도 큰 영향을 주었다.

노이만의 저서 《게임 이론과 경제 행동Theory of Games and Economic Behavior》은 640페이지나 되는 대작인데 641개의 수식數式이 빈번하게 등장한다. 이 책에서 그는 1928년부터 발전시킨 수학적인 게임 이론과 이 게임 이론을 현실의 경제 및 사회 문제에 얼마나 응용할 수 있는지를 밝혔다. 물리학과 같은 비교적 단순한 현상과 달리 복잡한 모습을 보이는 현실사회도 수학적인 기법으로 이해할 수 있다고 이야기했다. 여기서 말하는 현실사회는 인간사회에 한정되지 않고 다른 생물사회도 포함한다.

그가 사용했던 방법은 전략게임을 위해서 만든 것이다. 그러나 경제학의 전형적인 문제는 타당한 전략게임을 수학적으로 기술한 것과 동일했다. 경제학에서는 인간의 경제적·사회적 행동을 축소해서 다루고 있다. 이

COLUMN

축소가 실제로는 게임 이론의 핵심이 되는 전제이다. 게임에 등장하는 사람들은 합리적·이성적으로 행동하는 사람들의 집단이다.

게임 이론은 현실의 세계를 예측할 때 사용하는 도구가 아니라 세계를 보는 안내지도와 같은 역할을 한다. 노이만은 복잡한 현실 속에서 합리성을 찾아냄으로써 그 현실을 이해하기 쉽게 만드는 것이 게임 이론이라고 서술하고 있다.

이 이론의 공동 제창자인 오스카어 모르겐슈테른은 철저한 불가지론 agnosticism(경험 현상을 넘어서는 어떤 것의 존재도 알 수 없다고 주장하는 학설)자였다. 그래서 그는 지적탐색을 계속했다. 노이만도 그 에너지에 가득 차서 지적탐색을 지속했지만 암에 걸리고 말았다. 그의 육체와 마음은 붕괴되었고 가족들의 얼굴도 모른 채 밤마다 공포에 질려 소리를 질렀다. 결국 인류에게 엄청난 유산을 남긴 존 폰 노이만은 1957년 2월 8일 53세의 나이로 이 세상을 떠났다.

제2차 세계대전이 한창이던 1944년, 프린스턴대학으로 옮긴 노이만은 이 논문의 주제를 다시 다루었다. 그리고 그는 경제학자 오스카어 모르겐슈테른*과 함께 지금은 고전이 된 《게임 이론과 경제 행동》을 저술했다. 노이만은 게임 이론이 시장 연구에 이용될 것이며, 과거 뉴턴 시대의 물리학에서 미적분의 역할을 할 것이라고 예언했다. 프린스턴대학교에서 공부했던 첫해, 내쉬는 매년 열리는 게임 이론 세미나에 참석했고 거기에서 처음으로 노이만과 모르겐슈테른을 만났다. 이때 노이만은 내쉬보다 25세, 모르겐슈테른은 26세 더 많았다.

1950년 5월 내쉬는 박사 과정의 연구 결과를 〈비협력 게임Non-Cooperative Games〉이라는 제목의 논문으로 정리해서 수학부에 제출했다. 지도교수인 알 터커Al Tucker 교수가 몇 번이나 재촉을 했기 때문이었다. 내쉬는 그 논문에 좀 더 많은 소재를 덧붙이고 싶었지만 터커 교수는 결과를 빨리 발표하라고 내쉬를 설득했다. 이렇게 해서 내쉬는 졸업 연구의 초기 단계에서 44년 후에 노벨상을 수상하게 될 연구를 진행했다. 이때 발전시킨 아이디어에 대해 내쉬는 "마치 정당정치의 분파처럼 어딘가에서 벗어났다"라고 자기소개서에 썼다. 당시 노이만은 이 논문을 읽고 별 볼 일 없다고 생각했지만 내쉬의 아이디어는 게임 이론에 새로운 세계를 열었다.

---

*오스카어 모르겐슈테른(1902~1977): 독일 출신의 오스트리아인 경제학자이다. 빈대학에서 공부했고 동대학 강사로 근무했다. 1938년 그는 미국으로 건너갔는데 그 사이에 독일이 빈을 점령했기 때문에 대학에서 해임되었다. 그 후 프린스턴대학교로 가서 노이만과 만났고 게임 이론을 공동으로 연구했다. 1948~1970년까지 프린스턴대학교 교수였다.

완전정보와 불완전정보의 게임 이론

게임 이론은 서로 영향을 주고받는 관계에 있는 사람끼리 어떻게 행동하는지를 연구한다. 예를 들어 이베이 같은 인터넷 경매사이트 이용자가 출품한 제품의 희망 구입 가격을 두고 서로 경쟁하는 것은 경매 게임이다. 또 기업, 노동자, 노동조합이 임금협상을 벌이는 것은 교섭 게임의 하나이다. 사람들은 사회생활을 하다보면 이렇듯 수많은 게임을 하는데, 개인이나 단체는 그 속에서 경쟁이나 협력을 하는 사회 게임을 전개하면서 스스로 원하는 목적지에 도달하려고 한다. 그러나 현실에서는 게임의 배경이 지극히 복잡하기 때문에 그런 상태를 단순하게 그리는 것은 불가능하다. 그래서 게임 이론은 복잡성 속에 존재하는 기본적인 원리를 찾아내고 이해하려고 하는 것이다.

1928년에 발표한 논문에서 게임 이론을 처음 개척한 존 폰 노이만은 이 아이디어에 대해 다음과 같이 이야기했다. "만일 수학이 복잡하다고 생각된다면 당신은 아직도 인생이 얼마나 복잡한 것인지 이해하지 못한 것이다."

폰 노이만이 게임 이론을 연구하게 된 계기는 그가 자주 하던 포커 게임 때문이었다. 게임에서 그는 좀처럼 이길 수가 없었다. 그가 하던 포커 게임은 두 사람의 플레이어가 하는 제로섬 게임이었다. 이 게임에서는 플레이어의 이해가 서로 대립하고 있다. 포커와 체스 같은 제로섬 게임에서는 한쪽이 이기면 다른 한쪽은 반드시 진다. 제로섬zero-sum이란 게임에 참가한 모든 사람의 이득과 손실의 합계가 항상 0이 된다는 의미이다. 노이만은 그러한 게임을 '완전정보 게임'이라고 불렀다.

그 게임의 플레이어는 항상 각각의 시점까지 진행됐던 개개의 플레이어들의 행동과 상태에 대한 모든 정보를 명확하게 알고 있다. 체스나, 장기, 바둑, 주사위 놀이도 여기에 속한다. 이들 게임에서는 한쪽이 최적의 전략을 취하고 있을 때 다른 쪽이 실수를 범하면 최적의 전략을 취한 쪽이 반드시 승리한다. 반면에 '불완전정보 게임'은 상대의 손안에 무엇이 있는지 알지 못하는 포커나 가위바위보 같은 게임이다.

한편 노이만이 증명했던 '제로섬 완전정보 2인 게임', 즉 두 명의 플레이어가 하는 완전정보형의 제로섬 게임에는 항상 '미니맥스 정리(미니멈맥시멈에서 만든 조어)'가 들어 있다. 즉 각각의 플레이어가 스스로의 손실을 최소화하는 전략이 존재하는 것이다. 다시 말하면 만일 양쪽의 플레이어가 합리적·이성적으로 게임을 한다면 양쪽 다 희망하는 일정 범위의 결과를 손에 넣을 수 있다는 것이다.

노이만은 이 게임 이론을 정치와 전쟁에 응용할 수 있는지에 대해 큰 관심을 갖고 있었다. 제2차 세계대전이 끝난 3년 후인 1948년, 그는 미국 공군과 군사산업이 공동으로 설립했던 랜드연구소RAND Corporation*의 컨설턴트가 되었다. 그리고 그 연구소에서 게임 이론을 미국과 소련 사이의 냉전 모델화에 이용했다. 전면 전쟁을 일으킬 수 있는 초강대국끼리의 대립구조를 제로섬 게임으로 본 것이었다. 그러나 그런 전장 이외의 세계에서는 이 제로섬 2인 게임이 적용되는 사례가 거의 존재하지

---

*랜드RAND는 Research And Development의 약칭으로 제2차 세계대전 중에 항공기 제조회사였던 더글러스가 육군이나 공군의 전략 연구를 위해서 발족했던 '랜드 프로젝트'로 처음 설립되었다. 그러다 전후 1948년 더글러스에서 분리되어 미국의 공익과 안전을 위한 과학, 교육, 자선의 촉진과 보급을 목적으로 하는 비영리 조직이 되었다. 서해안의 산타모니카에 본부를 두고 버지니아 주의 알링턴, 펜실베니아 주의 피츠버그, 영국, 벨기에, 카타르 도하에 지국이 있다.

랜드연구소 본부 1950년 여름부터 1954년까지 랜드연구소의 컨설턴트를 담당했던 내쉬는 여기에서 노벨상 수상 사유가 되었던 게임 이론을 연구했다. 랜드연구소에는 내쉬와 노이만 이외에 지금까지 노벨상을 수상했던 30명 이상의 과학자가 소속되어 있다. 2009년 노벨상을 수상했던 올리버 윌리엄슨Oliver Williamson도 이 연구소에서 60년 동안 컨설턴트로 일했다.

않았다. 이 게임 이론을 현실에 맞게 우리가 이해할 수 있는 형태로 변형 또는 진화시켰던 사람이 바로 존 내쉬였다.

   그런 의미에서 존 내쉬가 쓴 27페이지 논문은 말 그대로 혁명적이었다. 터커 교수는 내쉬의 논문을 이렇게 평가했다. "이 논문은 게임 이론에 독창적인 공헌을 했다. 이 논문에서는 '비협력 게임'의 개념과 성질을 개척했다. (중략) 내쉬는 두 사람이 하는 제로섬 게임에서 지금까지 배후에 있었기 때문에 간과했던 많은 문제를 끄집어냈다. 이 논문의 착상과 실행은 온전히 내쉬가 한 일이었다." 존 폰 노이만과 오스카어 모르겐슈테른의 책에서는 협력 게임만이 큰 비중을 차지하고 있기 때문에 존 내쉬가 현실사회를 반영하는 비협력 게임의 진정한 개척자라고 할 수 있다.

비협력 게임에서의 내쉬균형

일반 사람들은 협력 게임과 비협력 게임에 대해 커다란 오해를 하고 있다. 이는 두 게임 이론이 명확하게 대립하지 않기 때문에 발생한다. 즉 협력 게임이 협력만을 다루는 것도 아니고 비협력 게임이라고 해서 대립과 충돌만을 다루는 것은 아니다.

미국의 수학자 존 밀너는 협력 게임이 '참가자(게임 플레이어)'가 담배 연기가 자욱한 방에 빙 둘러 앉아서 서로 교섭을 하고 있는 상황이며, 반대로 비협력 게임은 교섭이 존재하지 않는 상황이라고 설명한다. 바꾸어 말하면 협력 게임은 플레이어들이 제휴를 하고 부차적인 이익을 제공하며, 구속적인 약속이나 취소할 수 없는 위협을 하기도 한다. 그래서 각 플레이어는 그 속에서 충실한 전략을 세워 전면적으로 관계를 맺는다. 이것과 대조적으로 비협력 게임에서는 플레이어들이 그런 개입을 할 수 없다. 그래서 모든 행동은 플레이어의 이기적인 행동 때문에 발생한다.

그런데 내쉬는 비협력 게임에서 어떤 종류의 균형 상태(내쉬균형)를 발견했다. 내쉬균형에서 플레이어의 기대는 모두 충족되었고 그들의 전략은 최선의 선택이 되었다. 따라서 각 플레이어는 다른 플레이어의 균형전략을 알고 있기 때문에 누구도 자신의 전략만을 변경해서 스스

COLUMN

비협력 게임과 내쉬균형

비협력 게임 해(解)의 일종인 '내쉬균형Nash equilibrium'은 다음에 있는 그림 '죄수의 딜레마'의 사례로 설명할 수 있다. 어떤 범죄를 저지른 공범 두 명(A와 B)이 체포되어 각각 다른 방에 들어갔다. 조사관은 두 사람의 용의자를 교대로 조사실로 불러내서 자백을 하면 선처해주겠다는 조건을 제시한다.

먼저 A에 대해서 "둘 다 묵비권을 행사하면 두 사람은 각각 징역 2년, 네가 자백하고 B가 묵비권을 행사하면 너는 감형을 해서 1년이고 B는 8년형을 받게 된다. 그런데 둘 다 자백하면 두 사람 모두 5년형이다"라고 알린다. 다음으로 B에게도 A와 같은 조건을 이야기한다. 두 사람은 별실에 격리되어 있기 때문에 어떠한 정보도 교환할 수 없고 자신들에게 가장 최적인 전략을 세우는 일도 불가능하다.

이때 A와 B는 함께 묵비권을 행사해서 2년형을 받을지 혹은 배신을 해서(비협력) 자신만이 감형을 받을 것인지 선택해야 한다. 아래 그림은 두 사람이 선택할 수 있는 조합을 나타내고 있다.

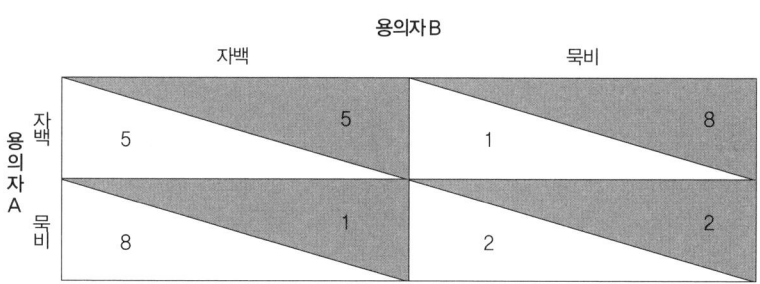

죄수의 딜레마 하얀 부분은 A의 징역연수, 회색은 B의 징역연수이다.

COLUMN

두 사람이 협력을 할 수 있다면 A와 B 모두 묵비권을 행사해서 2년형을 받는 최적의 전략을 세울 수 있다. 그러나 협력이 성립되지 않는 경우, A와 B가 모두 자신의 이득만을 취하면 어떻게 될까?

이 경우 상대방의 이득이 최대가 되는 묵비권을 선택할 것이라고 예측해서 상대방을 배신하고 자백하면 1년형을 기대할 수 있다. 그렇지만 이렇게 하다가 A와 B 모두 자신에게 최적이라고 생각하는 배신을 선택하면 두 사람 모두 5년형을 받게 된다.

결국 A와 B 모두가 자신에게 합리적인 최적의 전략을 선택한다고 해도 결과적으로 최대의 이득을 얻지 못한다. 둘 다 자백하는 것 이상의 전략이 존재하지 않는다는 균형 상태가 발생하는 것이다. 이 사례는 대립하는 두 나라 사이에서 벌어지는 핵무기 개발이나 경쟁하고 있는 두 기업의 가격설정 등 다양한 현실사회에 적용할 수 있다.

로의 이득을 크게 만들 수 없다. 즉 두 사람이 모두 상대의 선택을 이해한 뒤 자기가 할 수 있는 최선의 선택을 한 경우, 두 사람은 모두 그 이상의 선택을 할 이유가 없어진다. 비협력 게임에서 안정균형 상황이 발생하고 더 진전하지 않는다. 이것이 내쉬균형이다.

 1951년 내쉬의 논문은 〈수학연보〉에 게재되었지만 별로 주목을 받지 못했다. 밀너는 이에 대해서 "내쉬의 논문은 독창적이었지만 이미 잘 알려진 방법론을 터무니없이 응용했다"라고 이야기했다. 그 당시에는 내쉬균형이 그 후에 경제학과 사회과학에 미칠 충격적인 영향을 아무도 상상할 수 없었다. 내쉬균형의 중요성이 인식될 때까지 여러 명의 경제학자들이 더 많은 연구를 해야 했다. 그중에는 1994년 내쉬와 함께 노벨상을 공동 수상한 독일의 라인하르트 젤텐Reinhard Selten과 헝가리의 존 하사니John Harsanyi, 2005년 수상자인 토마스 셸링과 로버트 아우만이 있었다.

 1987년 로버트 아우만은 내쉬의 이론을 확장해서 지극히 광범위한 영역인 경제학과 정치학에 응용할 수 있다고 다음과 같이 서술했다. "내쉬균형은 의심할 여지없이 가장 자주 경제학에 응용되었던 게임 이론의 개념이다. 매매자의 과점, 시장참여와 탈퇴, 시장균형, 입지, 교섭, 제품품질, 경매, 보험, 고등교육, 공공재 등이 게임 이론의 대상이 되었다. 정치학의 분야에서는 투표, 군축교섭, 사찰, 전쟁억지 같은 고도의 국제적인 정치 모델까지 포함하고 있다."

순수수학을 추구하는 자기중심적인 남자

존 내쉬는 게임 이론으로 노벨상을 수상하면서 세상에 알려졌다. 그렇지만 내쉬에게 게임 이론은 지극히 광범위한 연구 대상 가운데 하나일 뿐이었고 가장 중요한 연구도 아니었다. 그는 이미 프린스턴대학에 입학했던 첫해에 집합과 대수다양체algebraic Variety(유한개의 대수방정식으로 이루어진 연립방정식 해의 집합)에 관련한 더 좋은 발견을 했기 때문에 충분히 행복했다고 술회했다. 만일 대학에서 게임 이론을 받아들여주지 않았다면 내쉬는 박사학위 논문 주제를 집합과 대수다양체로 삼았을 것이다. 그 후 내쉬는 게임 이론에서 급속하게 멀어져갔고 순수수학으로 방향을 바꿨다. 그리고 목표를 수학자의 세계에서 노벨상과 동등한 가치를 가진 필즈상Fields Medal*으로 결정했다.

1950년 여름 내쉬는 박사학위를 가지고 미국 서해안에 있는 랜드연구소로 향했다. 이후 4년 동안 해마다 그곳에서 여름을 보냈고, 미국과 소련의 냉전이 한창일 때 비밀병기가 될 것이라고 생각했던 게임 이론에 착수했다. 그렇지만 내쉬는 점차 다른 분야에 관심을 갖게 되었다. 특히 랜드연구소의 컴퓨터에 매료되었다. 그가 컴퓨터 분야에 남긴 가장 뛰어난 연구는 병행처리**에 관한 것이었고 그곳에서 보낸 마지막 여름에 그 주제로 논문을 썼다.

---

*필즈상: 수학 분야에서 뛰어난 업적을 이룬 사람에게 수여하는 상으로 수학의 노벨상이라고 불린다. 캐나다의 수학자 존 찰스 필즈John Charles Fields가 제창하여 4년마다 한 번씩 열리는 국제수학회의에서 수상자를 선정한다. 관례적으로 40세 이하의 수학자에게 수여된다.
**병행처리(병렬처리): 컴퓨터의 연산·기억·제어 등의 처리를 분할해서 여러 개의 마이크로프로세서CPU가 동시 병행적으로 일을 처리하는 방법으로 시스템 전체의 처리 속도를 높일 수 있다.

1951년 그는 박사 후 과정Post Doctor을 위해 프린스턴대학교로 돌아왔고 매니폴드manifold라고 부르는 기하학 물체(다양체)를 연구했다. 다양체는 현대 수학의 중심개념 가운데 하나였고 특히 수학과 물리학의 역계 영역인 수리물리학 분야에서 중요한 의미를 갖고 있었다. 왜냐하면 이 개념을 이용하면 비교적 단순한 공간의 성질을 이용한 것보다 더 복잡한 구조를 연구할 수 있기 때문이다. 예를 들어 지구와 같은 구체의 표면은 2차원의 지도로 나타낼 수 있다. 또한 3차원 구체의 표면은 2차원 다양체가 된다.

1951년 가을에 내쉬는 게임 이론과 다른 대수학적 다양체에 대한 논문(제목은 〈Real Algebraic Manifolds〉)을 완성했다. 그가 가장 좋아하고 완벽하다고 생각하는 유일한 논문이었다. 곧바로 다른 수학자들이 그 논문의 중요성을 인식하기 시작했다. 그러나 내쉬가 바라던 프린스턴대학의 고용계약은 실현되지 않았고 대신 MIT에서 제안이 왔다. 당시 MIT는 현재와 같은 세계적 명성을 자랑하는 대학교가 아닌 기술학교일 뿐이었다. 게다가 그가 제안받은 자리는 정식 교수가 아닌 강사였다.

그해 말 MIT에 도착한 내쉬는 수학에서 미해결로 남아 있던 문제들을 차례차례 해결해갔다. 1950년대 중반에 그는 순수수학에서 가장 유명한 '내쉬의 등장매장정리Nash embedding theorem'를 만들었다. 이 정리는 모든 순수 리만다양체가 유클리드 공간의 하위 다면체로서 장등적(같은 차원 같은 크기)으로 묘출描出할 수 있다고 설명한다.

초현실수Surreal Numbers[***]의 발견자로 유명한 수학자 존 콘웨이John Conway는 내쉬의 이 정리에 대해서 "20세기 해석학에서의 가장 중요한 성과 중 하나"라고 평가했다. 이 정리를 계속하고 있던 내쉬는 '포물

선-타원형 편미분 방정식' 해의 존재를 증명했고 이 업적 때문에 필즈상의 유력한 후보가 되었다. 1958년 7월에는 〈포춘〉이 내쉬를 가장 빛나는 수학자라고 보도했다.

막 서른 살이 된 1957년 내쉬는 자신의 학생이었던 엘살바도르 출신의 앨리샤 라지Alicia Lardé와 결혼했다. 앨리샤는 어린 시절 아버지의 일 때문에 미국으로 이주해 물리학을 배웠고 MIT의 학생 800명 중에 16명밖에 되지 않는 여학생 가운데 한 사람이었다. 그녀는 제2의 퀴리부인을 꿈꾸던 굉장히 매력적인 여성이었다.

그러나 내쉬의 성격은 MIT에서도 프린스턴 시절과 조금도 달라지지 않았다. 그의 생애를 그린 다큐멘터리 영화 〈빛나는 광기Brilliant Madness〉에서 당시 MIT의 동료들은 "굉장히 뻔뻔하고 자화자찬이 심한 데다가 제멋대로이고 자기중심적이다", "뛰어난 경쟁력을 가진 인물이다", "친구들이 좋아하지 않아도 그 빛나는 수학적 재능 때문에 인정받는 인물이다"라며 내쉬를 평가했다.

1958년은 내쉬에게 중요한 해였다. 수학자의 서른 살은 운동선수 서른 살과 비슷하다. 내쉬에게 수학자로서의 전성기가 이미 지나고 있었지만 절망스럽게도 그해 필즈상을 받지 못했다. 어떤 동료는 "그는 광기만큼 명성을 바라고 있었기 때문에 상을 받지 못해서 매우 괴로워했다"라고 서술했다. 필즈상은 4년에 한 번만 수여되기 때문에 그해가

*** 초현실수: 1969년 영국 출신의 프린스턴대학 교수였던 존 콘웨이가 생각해낸 실수와 무한의 서수를 포함하는 자연수의 궁극적인 집합을 말한다. 모든 실수는 다른 실수보다도 가깝게 분포하는 초현실수에 둘러싸여 있다고 설명했다.

앨리샤 라지는 내쉬와 1957년에 결혼하여 아들을 낳았지만 내쉬의 정신질환 때문에 이혼한다. 그러나 1970년에 그녀는 내쉬를 돌보기 위해서 함께 살았고 2001년에 다시 결혼했다.

지나면 내쉬가 필즈상 후보에 오를 기회는 당연히 적어질 수밖에 없었다. 내쉬는 당시를 이렇게 회고했다. "당시 나는 어느 정도 인식하고 있었다. 일에서 약간의 진전이 있긴 했지만 정상에 올랐던 것은 아니었다."

1958년 마지막 날, 대학교 가장무도회에 참석한 내쉬 부부는 비참한 장면을 연출했다. 내쉬가 앨리샤의 무릎 위에서 기저귀만 몸에 걸친 아기의 모습을 하고 우유병으로 술을 마셨던 것이다. 이 행동은 평상시 내쉬의 기행을 뛰어넘는 일이었고 그 후에 일어날 불행의 전조였다.

천재 수학자 내쉬의 정신질환

내쉬는 회고록에서 본인의 편집광적인 정신분열증에 대해 냉정한 어조로 이렇게 기록했다. "정신착란은 1959년 초 앨리샤의 임신을 알고 난 뒤부터 갑자기 시작되었다."

〈빛나는 광기〉에서는 그 당시 내쉬의 상태를 생생하게 묘사하고 있다. 어느 날 내쉬는 강의를 중단하고 이상한 이야기를 시작했다. 자신이 교황의 신분으로 〈라이프〉의 표지에 실렸다는 것이다. 또한 다른 나라 정부와 〈뉴욕타임스〉를 매개로 연락하고 있고, 자신은 남극의 왕이 될 것이기 때문에 시카고대학교에서 제안하는 좋은 자리도 거절했다고 말했다.

당시의 목격자에 따르면 내쉬의 인격은 1주일 동안 급속도로 변화했다고 한다. 그 후 병원에서 7주 동안 보호관찰을 받았던 그는 MIT를 퇴직하고 연금을 해약한 뒤 앨리샤와 함께 유럽여행을 떠났다. 자신이 국제적 음모를 꾀하고 있는 공산주의자들에게 감시를 받고 있다고 믿은 내쉬는 망명자의 자격을 얻으려고 노력했다. 그러나 아내는 국무부의 도움을 받아서 그를 유럽에서 강제로 퇴거시켜 미국으로 데리고 돌아왔다.

경제적으로 궁핍했던 아내 앨리샤는 남편을 처음에 입원했던 뉴저지의 정신병원에 입원시켰다. 낡고 의료 인력이 부족했던 주립병원이었는데 내쉬는 그곳에서 인슐린 쇼크요법*을 통해 치료를 반복해서 받았

---

*인슐린 쇼크요법: 대량의 인슐린을 몇 주에 걸쳐 매일 주사하여 저혈당을 일으켜 혼수상태로 만든 후 포도당으로 각성시키는 것을 반복하는 치료법이다. 과거 오스트리아-헝가리제국 출신의 정신과 의사 맨프레드 사켈Manfred Sakel이 고안해서 1960년대부터 각국에서 사용했다. 현재에도 일부 국가에서 쇼크 치료법으로 이용하고 있다.

다. 6개월 후 퇴원했을 때 내쉬의 모습은 유령이나 다름없었다. 그리고 그는 앨리샤와 이혼했다.

1961년 내쉬는 33세가 되었지만 실업자였다. 그를 그냥 두고만 볼 수 없었던 프린스턴대학교 친구들은 그에게 연구를 할 수 있게 해주었고 이로써 내쉬는 4년 만에 다시 일할 수 있게 되었다. 이후 그는 가까스로 유체역학에 대해서 논문을 발표했지만 망상을 계속 반복했고 그때마다 일을 그만둘 수밖에 없었다. 내쉬는 뉴저지의 정신병원에 입원과 퇴원을 반복하면서 세월을 보내게 되었다. 그는 그때를 "입원은 내가 바라던 것이 아니었다. 그래서 항상 퇴원하기 위해 법률적 논의를 시도했다"라고 술회했다. 결국 앨리샤는 그를 두 번 다시 입원시키지 않겠다고 맹세하고 내쉬를 자신이 사는 곳으로 데려왔다.

1960년대 내내 존 내쉬는 프린스턴대학교의 '캠퍼스 유령'이었다. 그는 붉은 하이탑 스니커즈를 신고 항상 아래를 보면서 교내 여기저기를 배회했다. 그러다가 학생들에게 놀림감이 되기도 했다. 그렇지만 그는 그 상황을 "망상에 젖어 있었지만 행동은 비교적 온화했다. 입원을 하지도 않고 정신과 의사가 특별히 주목하지도 않았다"라고 회상했다.

1980년이 되자 내쉬의 정신병은 회복의 징조를 보이기 시작했다. 그는 이것을 그때까지 항상 듣고 있던 어떤 '목소리'에 대한 자신의 지적 투쟁의 결과였다고 서술했다. 그는 그 목소리와 의논하여 결국은 그를 거절하고 더 이상 귀 기울이지 않겠다고 다짐했다고 말했다. 이 정신병 증상의 회복에 대해서 내쉬는 노벨재단에 제출했던 자기소개서에 이렇게 기록했다. "내 안의 목소리를 거절했을 때 회복의 기미가 뚜렷해지기 시작했다."

노벨상을 받기까지 그 험난한 여정

내쉬가 정신병에서 회복되던 이 기간에 자신은 알아차리지 못했지만 그의 게임 이론은 현대 경제학 이론의 기초를 쌓기 시작했다. 그리고 내쉬는 노벨 경제학상 후보에 이름을 올리게 되었다. 그는 1980년대 중반부터 후보로 거론되었는데 드디어 1990년대 초 노벨위원회 다섯 명의 위원이 1994년 경제학상을 게임 이론에 수여하기로 결정했다. 물론 게임 이론의 중심에는 존 내쉬가 있었다.

그렇지만 이 결정은 순조롭게 진행되지 않았다. 선정 과정에 대한 상세한 내용은 2044년 이후에 알려질 것이다. 노벨위원회는 노벨상 선정 과정을 엄격하게 비밀로 하고 있기 때문이다. 그러나 개개의 경우 정당하게 검토한 후 수상자 선정에 관한 자료에 접근하는 것을 허락한다. 이 허가는 선정 작업의 종료 후 최저 50년이 경과한 뒤에나 가능하다.

그러나 《뷰티풀 마인드》에는 1994년 노벨 경제학상의 수상자 선정에 대한 드라마틱한 배경이 기록되어 있다. 저널리스트들은 10월에 수상자를 발표하던 날, 어떤 예외적인 사건이 일어났는지 이미 알고 있었다. 오전 11시 30분에 예정된 기자회견이 그날은 한 시간 정도 늦춰져서 시작되었다. 전례가 없는 일이었다. 보통 수상자 선정은 다음과 같은 순서로 이루어진다. 먼저 그해 초에 노벨위원회는 세계 각국의 제1급 학술기관에서 추천과 보고서를 모으고 봄까지 최초의 후보자 명단을 작성한다. 그리고 여름이 끝날 때쯤 경제학 위원과 스웨덴의 기타 사회과학 학술기관이 후보자를 압축한다. 그리고 발표 날 오전 10시부터 왕립과학아카데미의 위원들이 모여서 후보자의 업적에 대한 설명을 듣고 투표를 실시한다. 그 마지막 투표는 형식적인 것이고 보통은 노벨위원회가 제시했던 수상자가 그대로 승인을 받는다.

그렇지만 1994년에는 그대로 되지 않았다. 기자회견이 늦어졌다는 것은 선정회의에서 의견이 비등비등했다는 이야기이다. 선정 과정 초기부터 다양한 반대 의견이 나왔다. 일부 전문가는 게임 이론이 지극히 회의적이라고 했고 다른 전문가는 내쉬의 연구 영역이 너무 좁고 지극히 수학적이며 기술적이라고 주장했다. 그의 연구가 냉전 중에 핵폭탄을 연구했던 랜드연구소에서 이루어진 점을 비판하는 사람들도 있었다. 그리고 몇 명은 미친 과학자에게 노벨 경제학상을 수여하기를 꺼려했다. 그가 수상식에서 스웨덴 국왕과 대면했을 때 어떤 행동을 할지 우려했기 때문이었다. 수상자들은 노벨상 전통에 따라 국왕과 몇 분 정도 대화를 나누어야 했다.

실제로 수상식은 12월에 차질 없이 진행되었다. 내쉬는 국왕을 알현했고 두 사람은 10분 동안 좌측통행과 우측통행에 대해서 이야기했다. 그러나 내쉬는 다른 수상자들이 하는 노벨상 강연은 하지 않고 대신 유명한 게임 이론 학자들과 그의 연구에 대해 세미나를 열었다. 그리고 나중에 북유럽에서 가장 오랜 역사를 가진 웁살라대학교Uppsala University에서 멋지게 프레젠테이션을 했다.

노벨상 수상은 그에게 좋은 결과를 가져다주었다. 그 전까지 내쉬는 일자리가 없어서 경제적으로 궁핍했는데 수상을 하면서 상황이 개선되었다. 실제로 노벨상이 가져온 경제적 측면은 내쉬의 주요한 관심사였다. 수상이 결정된 날 오후 그는 프린스턴대학교 파인홀에서 열린 작은 파티에서 연설을 했다. 그는 세 가지 이야기를 했는데 그중 두 가지가 돈에 관한 것이었다. 처음 이야기는 노벨상을 수상함으로써 그의 신용등급이 올라갈 것을 기대한다는 내용이었다. 신용등급이 올라가면 그가 내심 바라던 신용카드를 가질 수가 있었다. 그리고 두 번째는 그가 정말 돈이 필요하기 때문에 상금을 다른 사람들과 나누어서는 안 된다는 내용이었다. 그러나 그의 희망은 실현되지 않았다. 노벨상을 세 명이 공동으로 수상했기 때문이었다.

이렇게 존 내쉬는 30년이나 정신병을 앓았지만 연구를 계속할 수 있었다. 그는 연구 조성금을 받고 때로는 논문을 쓰고 프레젠테이션을 했으며 회의에도 참석했다. 그리고 다시 사회생활을 시작했다. 내쉬는 자신의 병을 어떻게 생각할까? 다큐멘터리 영화에서 그는 이렇게 말하고 있다.

"광기는 도피이기도 합니다. 일이 잘 되지 않을 때 누구나 지금보다 더 나은 상태를 상상할 수 있어요. 저는 광기 속에서 제가 세계에서 가장 중요한 인물이라고 생각했습니다."

6

후생경제학을 연구했던
최초의 아시아인 수상자

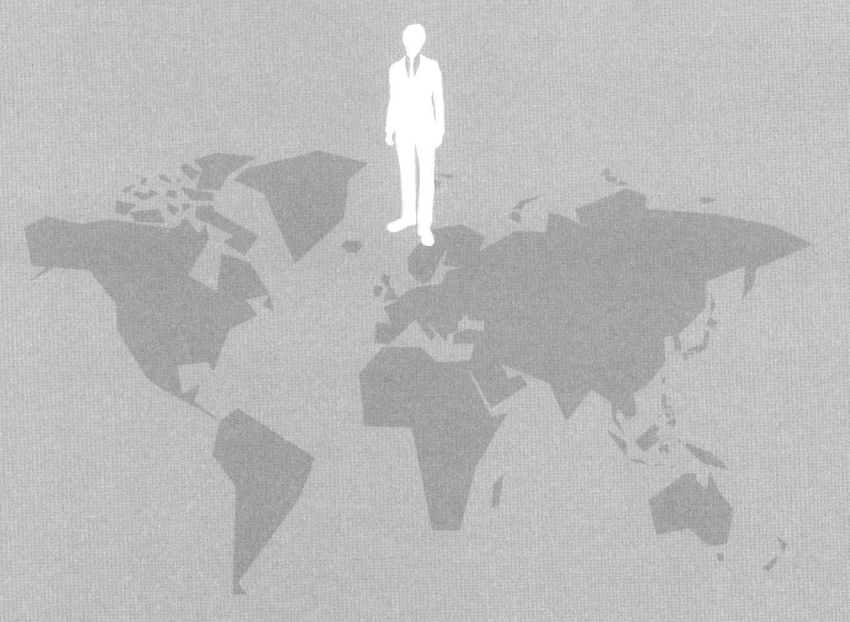

1998년 노벨 경제학상

아마르티아 센 Amartya Sen

아시아에서 최초로 노벨 경제학상을 수상한 경제학자는 인도 출신의 아마르티아 센이다. 그는 국가 경제의 성장과 불황을 이야기하는 주류 경제학이 아니라 빈곤이나 기아, 불공정한 분배 같은 사회적 불평등에 주목한 '후생경제학'으로 노벨상을 수상했다. 센의 수상은 서양 경제학들이 지배하는 경제학 역사에서 하나의 큰 사건이었다.

_집필: 하인츠 호라이스, 야자와 기요시

후생경제학을 연구했던 최초의 아시아인 수상자

노벨 경제학상의 역사를 바꾼 사건

1998년 스웨덴 왕립과학아카데미는 인도의 아마르티아 센에게 노벨 경제학상을 수여하기로 결정했다. 아시아인 최초의 수상이었다. 수상 사유는 '후생경제학*' 연구였다. 경제학상 선정위원회가 이 같은 결정을 발표했을 때 실망과 당혹감을 표현하는 사람들이 적지 않았다. 특히 〈월스트리트저널〉은 대놓고 다음과 같이 혹평했. "센은 연구의 질을 웃도는 명성을 갖고 있다. 그는 중요한 일을 하지도 않았고 좌익의 멍청한 견해에 발언력을 높였을 뿐이다."

---

*후생경제학: 집단이나 사회와 대비되는 '개인'을 기초 단위로 하고 그 복리에 초점을 둔 경제학이다. 후생경제학에서 개인은 본인의 복지를 적극적으로 판단할 수 있고 보다 큰 복리를 선호하며, 복리는 화폐나 재화를 선택함으로써 측정할 수 있다. 후생경제학은 이러한 전제하에서 분배의 효율성과 그 결과로서의 소득분배를 연구한다. 사회선택 이론과 밀접하게 연관되어 있다.

그렇지만 〈월스트리트저널〉의 발언은 중요한 점을 지적했다. 센은 대학 시절부터 좌익사상을 고집했고 그것을 숨기려고 하지 않았다. 그는 사회 문제에 편중된 시각을 갖고 있었고 확고한 철학이 있었다. 또한 그는 인간 행동의 주요 요인이 이기주의가 아니라고 생각했다. 이렇게 경제학의 주류에서 벗어나 있던 센이 몇 년 전부터 노벨상 후보에 오르긴 했지만 정말로 상을 받으리라고는 아무도 예상하지 못했다. 그래서 사람들은 그의 수상을 의외의 일로 생각했다. 그러나 20세기가 끝나던 시기에 일어났던 불쾌한 동향 때문에 선정위원회가 센을 뽑았는지도 모른다. 왜냐하면 그 이전 경제학상 수상자 선정에 대해서 비판이 강하게 일고 있었기 때문에 이를 잠재울 만한 대안이 필요했을 것이다.

1990년대 경제학의 주역들이 내걸었던 행동 지침은 자유방임주의 경제였고 스웨덴의 선정위원회는 그 흐름을 그대로 따랐다. 가장 대표적인 예가 1997년 수상자 로버트 머턴Robert Merton과 마이런 숄즈Myron Scholes이다. 이 두 사람은 금융옵션 및 금융파생상품 연구로 노벨 경제학상을 받았다. 그들은 금융파생상품의 리스크를 평가하는 수리 모델을 개발했을 뿐만 아니라 LTCMLong-Term Capital Management이라는 거대한 헤지펀드의 공동 설립자 겸 대표적인 인물이었다.

그러나 1998년 9월 LTCM 펀드는 파산했다. 그때까지 이 펀드는 매년 거의 40퍼센트의 높은 투자 수익률을 올리고 있었다. 그렇지만 파산한 해의 자기자본은 47억 2,000만 달러에 불과했고 차임금은 1,250억 달러에 달했다. LTCM이 파산하면 금융 시스템 전체가 위기에 빠질 것이라고 본 미국의 은행과 정부는 36억 달러의 긴급 재정지원을 해야만 했다. 마이런 숄즈는 2008년 다시 펀드회사를 설립했지만 불과 1년 만

★ **아마르티아 센**_인도 출신의 경제학자

어린 시절 대규모의 기근을 목격한 아마르티아 센은 기아와 빈곤 문제에 초점을 맞춘 경제학의 틀을 확립하여 아시아인 최초로 노벨 경제학상을 수상했다.
_사진: Elke Wetzig

1933년   인도 동벵골 지방(현 방글라데시) 출신으로 1943년 자신이 살던 지역의 기근을 목격함.

1951~1953년   콜카타 프레지던시대학에 다니면서 케네스 애로의 '불가능성 정리'의 영향을 받음. 1953년부터 케임브리지대학 트리니티칼리지에서 순수경제학을 공부.

1956년   콜카타의 자다브푸르대학 경제학부장 및 교수(23세). 그 후 1959년에 박사학위 취득.

1960~1961년   MIT, 스탠퍼드대학교, UC버클리, 코넬대학교 객원교수를 거치면서 폴 새뮤얼슨과 로버트 솔로와 만남.

1963~1971년   인도 델리대학교 경제학부 교수. 이곳에서 경제학과 사회과학의 교육 향상에 전력. 이때 사회선택 이론의 연구에 착수함.

1970년   《집합적 선택과 사회적 후생》을 출판하고 기아의 원인과 방지에 대한 연구를 시작함.

1981년   《빈곤과 기아》를 출판한 후 1987년 하버드대학교로 옮김.

1989년   UN '인간개발 프로그램'에 참가. 1991년까지 하버드대학교에서 후생경제학과 정치철학을 연구.

1992년   《불평등의 재검토Inequality Reexamined》를 출판.

1994년   미국경제학회, 국제계량경제학회, 국제경제학회, 인도경제학회 회장.

1998년   아시아인 최초로 노벨 경제학상 수상. 케임브리지대학, 옥스퍼드대학을 거쳐 2004년 하버드대학 교수가 됨.

2007년   인도 날란다Nalanda의 고대 대학 유적을 국제적인 대학으로 재건하는 날란다대학교 프로젝트 그룹 회장이 됨.

2009년   민간의 국제협력단체 옥스팜OXFAM 명예회장. 북아메리카와 유럽, 아시아 등의 주요 대학에서 80개 이상의 명예학위를 받음.

에 또 파산했다.

    인도 뉴델리의 자와할랄네루대학 교수이며 과거 아마르티아 센의 학생이었던 프라바트 파트나이크Prabhat Patnaik는 1998년 10월 인도 잡지 〈프론트라인Frontline〉에 LTCM의 붕괴가 노벨상에 미친 영향에 대하여

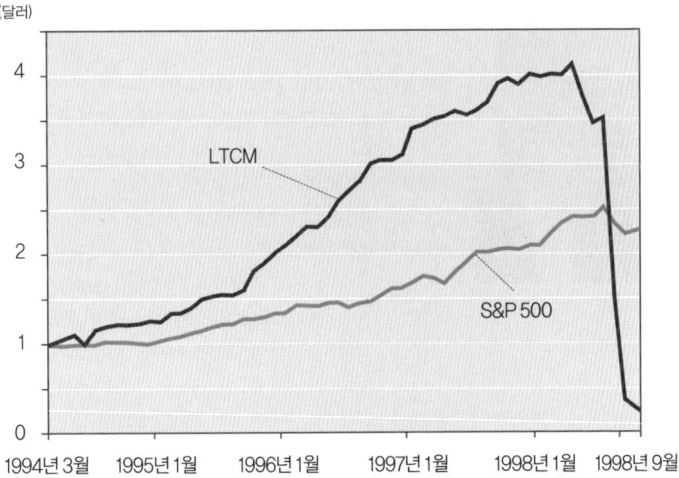

LTCM 투자가치의 변화 LTCM 설립부터 파산까지 투자가치의 변화를 S&P 500의 주가 변화와 비교한 것이다. 1997년 아시아 통화위기로 러시아는 재정위기에 빠졌고 채무 불이행 상태가 되었다. 러시아 국채를 대량 보유하고 있던 LTCM은 불과 몇 주 만에 80퍼센트 이상의 손실을 입고 파산했다.

_자료: Roger Lowenstein (2000) / Bloomberg

다음과 같이 서술했다. "최근 노벨 경제학상의 명성은 크게 상처를 입었다. 오랫동안 선정위원회는 실물보다 수학적 형식주의를 우선시했고 사회과학인 경제학의 역할에 대한 관심을 잃어버렸다. 노벨상 수상자 두 사람이 깊이 관여했던 금융사 LTCM의 파산으로 인해 노벨상은 신뢰에 엄청난 타격을 받았다."

LTCM의 실패는 세계 경제를 혼란에 빠지게 했고 이는 2008년 시작된 세계적 금융위기와 대불황의 서곡이었다. 이미 1997년에 태국의 바트화가 폭락했고 인도의 뭄바이부터 뉴욕까지 시장의 혼란을 불러왔다. 아시아에서 시작한 통화위기는 1998년이 되어서도 진정되지 않았다. 이때부터 전 세계적 불황의 공포가 서서히 커지기 시작했고 무한정 성장할 것이라는 시장의 판타지는 크게 위축되기 시작했다.

경제학계의 마더 테레사

세계 경제의 혼란스런 상황은 노벨상 선정위원회에 명백하게 영향을 미쳤고 이단의 경제학자인 아마르티아 센이 수상자로 선정되었다. 센은 위기에 처한 금융시장과 전혀 관련이 없었다. 오히려 그는 그동안 순수한 시장경제의 불신을 조성하는 활동을 해왔다. 프라바트 파트나이크는 이렇게 추측했다.

"인도적 방향으로 사회가 변하는 것을 중시하는 센 교수의 업적을 알면서도 선정위원회가 수상을 결정한 것은 노벨 경제학상의 신뢰성을 어느 정도 회복하려는 노력으로 보인다."

센은 1960~1970년대에 했던 연구로 65세가 되었을 때 노벨상을 받았다. 그는 현재까지 세계 각국에서 80여 개의 명예박사 학위와 함께 많은 상을 받고 있다. 최고의 영예인 노벨 경제학상은 그가 지금까지 살아온 인생에 대한 평가이기도 했다. 센을 향한 찬사가 넘쳐났다. 노벨위원회는 그가 중요한 경제 문제에 관한 논의에 윤리적인 관점을 부활시켰다고 평가했고 영국 〈파이낸셜타임스〉는 1988년 11월 '멋진 기품을 갖춘 경제학자'라고 보도했다. 인도의 미디어는 센의 경제학상 수상을 '이지理知의 승리'로 표현하고 센이 세계에서 가장 위대한 경제사상가 가운데 한 사람이며 공공정책 논문에 윤리성을 도입한 국민적 지성이라고 칭송했다. 그뿐만 아니라 그의 이름에는 '경제의 도덕', '제3의 목소리'라는 수식어가 따라 붙었다. 심지어 독일 은행의 총재는 센을 '경제의 마더 테레사'라고 부르기까지 했다.

센의 경제학적 영감의 발원지 벵골

센은 1933년 인도 벵골 지방의 산티니케탄Santiniketan에서 태어났다. 인도가 아직 영국의 식민지 지배하에 있던 시기였다. 벵골 지방은 인도 대륙의 동쪽 끝 갠지스강과 브라마푸트라강이 만나는 거대한 삼각지대에 위치해 있다. 이 지역은 오랜 세월에 걸쳐 인도 독립운동의 온상지였다.

제2차 세계대전 후인 1947년에 점령국인 영국이 떠남과 동시에 이 지역은 종교 경계선을 둘러싸고 인도와 동파키스탄으로 나뉘어져 각자 독립했다. 그러나 동파키스탄은 동시에 탄생했던 서파키스탄(지금의 파키스탄)과 내란을 치렀고 1971년에 분리·독립하여 방글라데시가 되었다. 이러한 역사적 배경에서 보면 벵골 지방의 경제와 정치 시스템은 오랫동안 마르크스주의와 노동조합주의에 의해 운용되었다. 여기에서 말하는 노동조합주의란 조합운동의 목표를 노동자의 노동 조건 개선과 유지 등의 경제 투쟁에 두고 체제에 대한 정치 투쟁은 하지 않는다는 개념이다. 이는 영국 노동운동의 전형적인 특징이었는데 식민지시대 벵골 지역에 뿌리를 내렸다. 센의 좌익적 경향은 이러한 지역적 특성에서 비롯되었다고 볼 수 있다.

센은 방글라데시의 수도 다카에서 학자와 행정관, 정치가 등을 배출한 대지주 집안에서 태어났다. 아버지는 다카대학에서 화학을 가르쳤

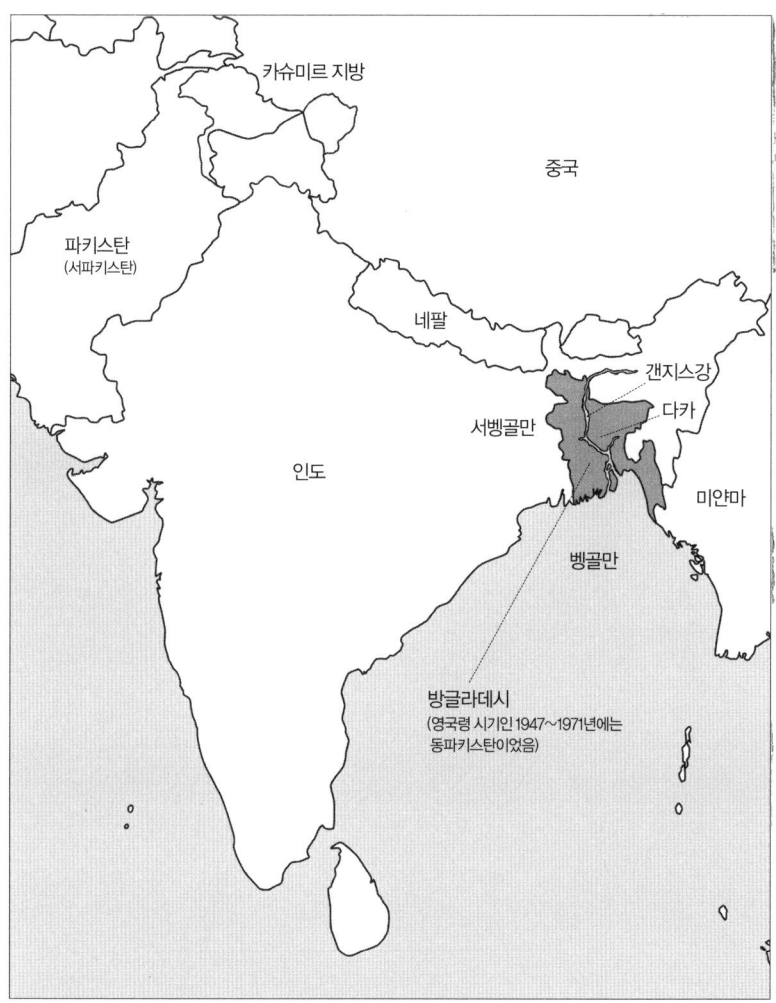

인도의 벵골 지방 벵골만을 따라서 발달한 갠지스강 유역의 삼각지대로 1930년대 방글라데시는 인도의 동파키스탄 주였다. 제2차 세계대전 후 동파키스탄이 되었고 1971년 방글라데시로 독립했다.

프레지던시대학교 이곳에서 센은 경제학을 배웠다. 사진은 1850년대 힌두대학이라고 불렸을 당시의 모습이다.

는데 이들은 벵골의 중산층으로 식민지시대에 출현했던 새로운 사회계급이었다. 센의 할아버지는 벵골 지방 출신의 유명한 시인 라빈드라나드 타고르(1913년 최초의 아시아인 노벨 문학상 수상자)가 설립한 비스바바라티대학교Visvs Bharati University의 학자였다. 어머니는 타고르의 학생이었는데 센을 산티니케탄대학에서 출산했다. 이때부터 그는 장래 학자가 될 운명이었던 것 같다. 센이 경제학상을 수상했을 때 제출했던 자기소개서는 다음과 같은 문장으로 시작한다. "나는 대학 캠퍼스에서 태어났고 지금까지도 항상 대학교 교내에서 대부분의 시간을 보낸다."

센은 유아기를 다카에서 보냈고 그 후 산티니케탄에 있는 타고르의 학교를 다녔다. 센의 담임교사는 시인이었는데 그에게 '아마르티아'라는 이름을 지어주었다. 아마르티아는 벵골어로 불사不死라는 의미이다.

그 야외 학교는 진보적인 방식으로 운영되었고 나무 아래에서 수업을 진행했다. 타고르가 열린 수업을 지향했기 때문이었다. 또 그곳에서는 공동 수업이 규칙이었다. 교사들은 높은 경쟁력보다 호기심을 기르는 것을 중시했고 시험성적에 대한 관심은 철저하게 배제시켰다. 학교의 정신은 관용과 인간평등에 두었고 인도의 카스트 제도와 힌두교, 이슬람교, 기타 종교 사이에 존재하는 완고한 벽을 없애려고 노력했다.

센은 3세부터 17세까지 산스크리트Sanskit 수학과 물리학을 열심히 배웠고 1951년 콜카타의 프레지던시대학교에 입학했다. 이때 그는 이미 경제학의 매력에 빠져 있었다. 프레지던시대학교는 1817년에 설립된 인도에서 가장 오래된 대학교이자 현재까지도 인도를 대표하는 교육기관이다. 센이 경제학에 흥미를 가진 이유는 그의 주변에 있던 사람들이 경제적으로 자유롭지 못한 모습을 보았기 때문이다. 그는 대학생활에 대해 이렇게 쓰고 있다. "프레지던시대학교의 수준 높은 교육을 통해 나의 많은 호기심이 충족되었다."

아직 10대였던 신입생 센은 이 대학교에서 지극히 활발하게 활동했던 굉장히 좌익적인 정치적 학생단체와 만났다. 그는 좌익단체가 약자에 대한 높은 도덕과 윤리성, 사회적 연민을 갖고 공정성을 추구하는 모습에 찬사를 보냈다. 그렇지만 그들이 스탈린주의적인 행동을 하고 민족주의, 다원주의, 정치관용에 대해서 강한 거부감을 갖고 있다는 사실을 알고는 당황했다.

"나는 계몽운동 이후 굉장히 명료한 형태로 유럽과 미국에 나타난 자유주의적인 정치사상에 점차 매력을 느꼈다. 그리고 인도만이 아니라 많은 문화에서 볼 수 있는 다원주의의 관용이라는 전통적인 가치를 중시하게 되었다."

센의 경제학에 대한 견해는 본격적인 연구를 시작하기 훨씬 전인 대학 시절에 이미 모습을 나타냈다. 그는 노벨상 수상 강연에서 후생경제학을 "한편으로 경제적 불평등과 빈곤을 포함하고, 다른 한편으로는 합리성과 관용, 민주주의적인 사회선택을 포함하는 것입니다"라고 설명했다. 센은 특히 미국 경제학자 케네스 애로의 '사회선택 이론'* 연구에 큰 영향을 받았고 뛰어난 두뇌의 소유자였던 친구들과 깊은 토론을 했다.

1972년 최연소로 노벨 경제학상을 수상했던 케네스 애로는 '불가능성 정리impossibility theorem'를 만들었다. 그는 개인이 가진 가치와 사회적 선택의 관계를 다루는 이 정리를 이용하여 개인의 가치에서 보편적인 사회적 선택을 이끌어내는 것이 불가능하다는 결론을 내렸다. 즉 독단적인 사회적 선택의 메커니즘만이 사회적 결정을 만들어낼 수 있다는 것이었다. 충격적인 정리였다. 그래서 센은 '애로의 정리가 독재적 권위주의(좌익 혹은 좌익에 의한)를 실제로 허용하지 않는가' 하는 문제에 대해 고민했고, 사회선택 연구를 할 때 애로의 정리가 시사하는 바를 철저하게 조사했다.

---

*사회선택 이론: 개개의 인간이 가진 흥미와 가치, 행복을 목표로 개인의 집합체인 사회의 선호성(시장에서 좋아하는 경향)을 측정하는 이론적인 틀을 말한다. 케네스 애로가 1951년에 제기했던 후생경제학 이론으로 이후 정치경제학, 사회학에도 응용되었다. 19세기 프랑스의 수학자이자 철학자인 콩도르세 Marquis de Condorcet의 '투표의 역설voting paradox'에서 출발했으며 집합적 선택 이론이라고도 불린다.

COLUMN

케네스 애로의 '불가능성 정리'

센에게 큰 영향을 주었던 사회선택 이론의 개척자 케네스 애로

_ 사진: Stanford News Service

케네스 애로는 '불가능성 정리'를 통해 일반적으로 개인의 선호를 전제로 거기에서 합리적인 사회적 선택을 이끌어내는 것이 불가능하다는 것을 증명했다. 그러나 아마르티아 센은 불가능성 정리를 '지극히 비관적인 대답'이라고 주장했다.

아주 단순한 예를 들어보자. 어떤 아버지가 세 명의 아이 A, B, C를 위해서 음료수를 고르고 있다. 준비된 음료수는 우유, 콜라, 레몬에이드이며 한 가지 선택만 가능하다. 아이들이 선호하는 음료는 다음과 같다.

- 아이 A: 콜라 〉레몬에이드 〉우유
- 아이 B: 레몬에이드 〉우유 〉콜라
- 아이 C: 우유 〉콜라 〉레몬에이드

아이들이 좋아하는 것이 이렇게 서로 다를 때 아버지는 아이들의 기호를 충족시키는 의사결정을 하는 것이 불가능하다. 따라서 누구에게 어떤 음료수를 건네줄 것인지 아버지가 독단적으로 결정해야 한다. 이때 힘이 센 아이의 선호가 결정에 영향을 줄 가능성이 있다. 다수결도 하나의 가능성이다. 그렇지만 그런 경우 어떻게 해도 나머지 한 명은 가장 싫어하는 음료수를 받게 된다.

센은 다수결에 대한 문제를 케이크 한 개를 A, B, C 세 명에게 나누어주는 사례를 예로 들어 서술했다. 가장 쉽게 할 수 있는 선택은 케이크를 세 조각으로 나누는 것이지만 그것이 유일한 선택은 아니다. 가장 큰 케이크 조각을 먹으려는 개인들의 의도를 앞세운 다음과 같은 선택들이 존재한다.

- 선택 1: A가 0개, B와 C는 1/2씩
- 선택 2: B는 0개, A와 C는 1/2씩
- 선택 3: C는 0개, A와 B는 1/2씩

이 경우 모든 선택이 다수결에 따르고 있지만 한 사람은 항상 아무것도 얻을 수 없다. 결국 애로의 불가능성 정리는 후생경제학과 정의론에 본질적으로 다루기 힘든 문제를 제시했다고 볼 수 있다.

세계를 돌아다니는 인도인 학자

1953년 프레지던시대학을 졸업한 센은 영국 케임브리지대학교 트리니티칼리지로 옮겨 연구를 계속했다. 그는 거기에서 박사학위와 함께 특별장학금을 받으며 4년 동안 자유롭게 연구할 수 있었다. 센은 철학 연구부터 시작했는데 그 이유에 대해서 이렇게 말했다. "제가 경제학에서 관심을 갖고 있는 문제가 철학적 질서와 깊이 관련되어 있기 때문입니다. 예를 들어 사회선택 이론은 윤리사상의 문제이기 때문에 불평등과 빈곤에 대해서도 연구를 할 필요가 있습니다."

1956년 그는 케임브리지를 잠시 떠나 인도로 돌아왔고 콜카타의 자다브푸르대학교의 경제학 교수가 되었다. 23세였던 청년 센의 첫 직장이었다. 이후 1960년대 초 그는 미국의 MIT, 스탠퍼드대학교, UC버클리, 코넬대학의 객원교수로 교편을 잡았다. 1963년에는 인도의 델리대학교 교수가 되었고 1971년까지 그곳에서 연구를 계속했다. 센은 델리대학교의 역동적이고 지적인 분위기 속에서 지냈던 8년간의 연구생활이 가장 보람 있던 시기였다고 술회했다.

그는 증기기관차가 전력으로 증기를 뿜어내며 돌진하는 것처럼 사회선택 이론 연구에 돌입했다. 1970년 센은 중요한 저서 중 하나인 《집합적 선택과 사회적 후생 Collective Choice and Social Welfare》에 연구 성과를 발표했다. 이 책에서 그는 사회선택 이론의 전체적인 상을 그려냈다. 1971년 아마르티아 센은 영국으로 돌아가 런던정치경제대학 LSE(런던대학을 구성하는 단과대학으로 지금까지 15명의 노벨 수상자를 비롯하여 수많은 대통령, 수상, 총리 등을 배출함)에서 6년 동안 학생들을 가르쳤고 옥스퍼드대학교로 가서 10년을 보냈다.

1970년대는 세계적으로도 사회선택 이론의 황금기였다. LSE 시절에도 센은 이 이론에 착수했다. 그러나 그의 관심은 점차 사회선택의 순수 이론보다 더 실제적인 문제로 옮겨갔고 그중에는 기아의 후생원인과 방지정책이 포함되어 있었다.

1987년 센은 개인적인 이유로 옥스퍼드를 떠나기로 결정했다. 그의 두 번째 아내가 암으로 세상을 떠났는데 두 명의 어린 자녀들이 엄마를 그리워할 수 있는 장소에서 살게 하고 싶지 않았기 때문이었다. 그래서 센과 아이들은 미국으로 건너갔다. 그는 "미국이 우리에게 활기가 넘치는 적절한 대체지라고 생각했다"라며 당시를 회고했다.

미국으로 건너간 센은 여러 대학에서 초청을 받았다. 그는 아이들을 데리고 여행을 하면서 스탠퍼드, UC버클리, 로스앤젤레스, 예일, 프린스턴, 하버드, 텍사스 등의 대학 캠퍼스를 돌아보았다. 그 결과 아이들과 의논하여 마지막에 선택한 곳이 바로 하버드대학교였다. 하버드에 있는 동안 아마르티아 센은 후생경제학과 정치철학을 연구했고 동시에 합리성의 성질과 객관성의 요구, 사실과 가치의 관계, 그리고 공중위생 등의 연구도 시작했다. 또 국제연합UN이 새롭게 계획했던 인간개발보고서Human Development Reports에도 참여했다.

1998년 그는 학자생활의 커다란 출발점이 되었던 케임브리지대학에 돌아가서 트리니티칼리지의 학장이 되었다. 이 대학의 학장은 영국 학술계의 최고위 직책이었는데 그가 옥스브리지를 이끄는 최초의 인도인 학자가 된 것이다. 센이 영국에 돌아갔던 또 다른 이유가 있었다. 세 번째 아내인 엠마 로스차일드Emma Rothschild가 근처의 킹스칼리지Kings college의 선임연구원이었다.

집합적 결정의 엄격한 룰

아마르티아 센은 사회선택 이론을 공부하다가 후생경제학을 연구했고 나중에는 빈곤과 기아 문제까지 연구의 폭을 넓혔다. 그는 연구를 하면서 어쩔 수 없이 빈곤에 내몰린 사람들의 분배 문제를 걱정했다. 옥스퍼드대학의 경제학 교수 수디르 아난드Sudhir Anand는 "이런 험난한 분야에서 이룬 탁월한 업적을 본다면 어떤 전문가라도 훌륭하다고 말했을 것이다. 그는 정말 훌륭한 일을 했다"라고 평가했다.

사회선택 이론은 앞에서 이야기했듯이 개인이 선택하는 것과 개인의 집합체인 사회가 선택하는 것과의 관계를 탐색한다. 사람들의 의견이 모두 일치한다면 사회적 선택에서 문제가 일어나지 않는다. 그러나 의견이 다를 경우 어떻게 해야 다른 사람들의 기호와 실제의 선택을 일치시킬 수 있을까? 그리고 사회 전체에 좋은 것이 과연 그 사회를 구성하는 사람들의 선호와 일치한다고 할 수 있을까?

다수결의 법칙, 개인의 권리, 또는 개인의 행복추구 등에서 이런 문제가 발생할 수 있다. 개인의 권리만 우선 살펴보자. 집합적 결정 규칙의 전제 조건은 비독재적이어야 한다는 점이다. 어떤 특정 개인의 가치 경향을 결코 반영시켜서는 안 된다. 대신 개인의 권리를 지키려면 최소한 인구의 일부를 점유하는 개인적인 선호를 반영시켜야 한다는 요건을 갖추어야 한다. 센은 사회적 선택과 개인의 권리는 근본적인 문제에 직면할 것이라고 서술했다. 결국 어떤 집합적 결정도 개인의 권리와 애로의 불가능성 정리가 열거하는 조건을 동시에 만족시킬 수 없다. 센은 그 해결 방법으로 '개인간의 비교대점比較對點'을 고려해야 한다고 주장했다.

그러나 이러한 주장을 하는 경제학자는 위험한 영역에 발을 들여놓는 것이다. 선호와 개인 가치의 순위를 매길 수 있는 적당한 기준을 찾아야 하기 때문이다. 센도 경제학상 수상 강연에서 이 문제를 언급하고 있다. "엄격한 잣대로 개인의 가치를 순위 매길 수 없습니다. 만일 그것이 가능하다고 해도 인간을 정확하게 계통적으로 비교할 수 없다는 사회과학적 결론에 도달할 수밖에 없을 것입니다."

대부분의 인간은 어느 정도 공통의 배경과 문화적 경험을 나누고 있다. 따라서 적어도 논의의 대상이 되지 않을 것 같은 보편적인 사례에서는 복지 수준을 비교할 수 있다. 센은 이 강연에서 고대 로마를 불태웠던 황제 네로의 예를 들며 이렇게 말했다. "네로가 로마를 불태움으로써 얻은 이득이 로마 시민 전체의 손실을 웃돌았다고 말할 수 없습니다." 그는 인간의 심리처럼 무엇이라고 말할 수 없는 기준에 의존하지 않았다. 그 대신 비교를 할 때 광범위한 데이터를 측정해서 객관적인 기준을 판단의 기초로 삼아야 한다고 설명했다.

집합적 결정 기준으로 삼아야 한다는 요건에는 다음과 같은 항목이 있다. 음식 같은 물자는 충분한가? 노동시장에서 자유는 있는가? 잠재적 가능성은 존재하는가? 개인은 어디까지 관련되어 있는가? 센은 이러한 '정보 확대의 기법'을 채택함으로써 집합적 결정이 가능하고 애로의 비극적인 불가능성 정리를 뛰어넘을 수 있다고 주장했다.

기아, 불평등, 빈곤에 대한 연구

1970년대 중반부터 센의 관심은 사회선택에 대한 순수 이론에서 점차 실제적인 문제로 옮겨갔다. 그는 빈곤과 불평등, 그리고 이와 관련된 결핍 등의 문제에 대한 평가를 내리고 남녀불평등과 여성이 상대적으로 불리한 상황도 분석했다. 복지후생과 소득의 불평등을 측정하는 지표를 생각해냈고 그 지표로 국내를 비롯하여 국가간 소득 수준의 비교를 가능하게 했다. 이는 같은 분야의 경제학 연구에 큰 공헌을 했다. 센을 필두로 하는 경제학자들이 이런 연구를 계속했기 때문에 경제발전의 개념에 사회적·문화적 차원이 들어가게 되었고 그 결과 성장 이론의 패러다임 전환이 일어났다.

1981년 센이 출판한 저서 《빈곤과 기아 Poverty and Famines》에 대해 노벨위원회는 명료한 말로 "성장경제학에 위대한 공헌을 했다"고 평가했다. 아마르티아 센의 머릿속에는 항상 기아 문제가 있었다. 1943년 어린아이였던 센은 벵골 지방에 대규모로 퍼졌던 기아사건을 목격했다. 그때 300만 명이 아사 또는 영양실조로 사망했다. 기아의 1차적인 원인은 1941년에 이 지역을 급습한 사이클론이었다. 거기에다 제2차 세계대전 중에 영국 통치하에 있던 미얀마를 침공한 일본군과 영국군의 충돌이 더해졌다. 이 모습은 센의 기억에 생생하게 남아 있었다.

일반적으로 기아가 단순히 식량이 부족하기 때문에 발생한다고 생각하기 쉽다. 예를 들어 19세기 중반에 아일랜드를 급습한 대기근(감자기근) 때에는 100만 명이 죽었고 또 다른 100만 명은 국외로 탈출했다. 기아가 일어난 원인은 감자에 전염병이 퍼져 생산량이 1/3이나 줄었기 때문이었다. 그러나 대부분의 경우 식량부족 때문에 기아가 발생하는 일은 아주 드물다. 센의 저서에 나와 있는 것처럼 인도와 방글라데시, 아프리카에서 일어나는 대규모의 기아는 식량이 부족하지 않은데도 발생한다. 심지어 이들 국가에서는 기아가 가장 최고조에 이르렀을 때에도 식량을 수출한다. 결국 기아의 원인은 과거에 생각했던 것처럼 인구에 비해 너무나 적은 식량 때문이 아니다. 기아는 당연하게 얻을 수 있는 먹을 것의 존재 여부에 달려 있다. 대량실업과 정부의 정책 실패 때문에 많은 사람들이 먹을거리를 살 수 없는 경우도 많다.

센은 그의 저서에서 기아는 잠재적으로 희생자의 구매력을 증대시키면 막을 수 있다고 주장한다. 예를 들어 공공사업 계획을 실시해 그들의 소득을 늘려주면 기아를 막을 수 있다. 센은 민주주의 사회에서는 기근이 발생하지 않는다고 이야기했다. 그래서 정치적 자유를 발전시키는 것 또한 중요하다고 설명했다. 그의 이러한 주장은 후에 유명해진다.

경제발전과 인간의 행복

경제발전을 좁은 의미에서 정의하면 GNP의 증대, 공업화의 진전, 기술의 진보, 사회의 근대화라고 말할 수 있다. 그때 소득이 결정적인 요소가 된다. 센은《발전을 통한 자유 Development as Freedom》(1999)에서 그가 생각하는 경제발전에 대해서 정리했다. 그는 단순한 소득 증가 이상의 것에 대해서 주장하고 있지만 결코 좌익급진파는 아니다.

"그렇지만 시장은 사회적인 안전망을 갖추어야 하고 경제성장은 그 각각의 지역 문화가 공존해야 한다. 문화는 사용이 끝났다고 폐기되는 기계처럼 버릴 수 있는 것이 아니다."

《발전을 통한 자유》는 센이 세계은행에 가서 6차례에 걸쳐 진행했던 강연 내용을 기초로 하고 있다. 이 책은 세계의 주요한 개발기관의 정

센이 1999년에 출판했던 저서 《발전을 통한 자유》이다. 그는 이 책에서 경제발전이란 단순한 소득의 증가가 아니라고 서술한다.

부정책에 반영되었던 이 인도인 경제학자의 사상을 정리한 것이다. 오늘날에도 경제개발은 사회적·문화적 측면을 포함하고 있다. 인간적 개발과 사회적 개발은 일종의 유행이 되었다.

   센이 생각하는 개발의 최대 목적은 사람들의 '잠재력capabilities'을 극대화하는 것이다. 즉 사람들이 스스로 중요하다고 생각하는 생활을 할 자유, 그것을 중시하는 근거를 가진 자유를 최대화시키는 것이다. 개인의 이러한 잠재력을 발전시키는 것이 개발의 중심명제라고 할 수 있다. 이 잠재력에는 건강과 교육 그리고 어느 정도 수준의 생활이 포함되어 있다. 버리고 처분할 수 있는 물품의 양은 결정적인 잠재력이 될 수 없다. 문제는 모두 그러한 물품을 가지고 사람들이 무엇을 할 수 있는가이다. 결국 빈곤을 극복하려면 물품을 공평하게 분배하는 것이 아니라 기회를 공평하게 주어야 한다.

이렇게 주장한 센은 최종적으로는 전통적인 경제학자로 변화했다. 17~18세기 경제학의 원점으로 돌아간 것이다. 당시 프랑스와 영국의 선구자적 사색가들은 경제 분석의 중심에 인간을 두었다. 사람들이 살아가기 위해 필요한 필수품과 생활 조건을 분석했던 애덤 스미스*가 대표적인 예였다. 그들은 부와 국가의 세입과 번영에 대해서도 고찰했고, 18세기 경제학자들이 국가 세입의 현대적인 개념의 기초를 쌓았다고 지적했다. 그러나 그들은 국가의 부와 세입과 번영은 보조적인 것이고 상황 의존적인 것임을 다시 한 번 강조했다.

센도 항상 그런 점을 강조했다. 부, 소득, 기술의 발전과 사회의 근대화는 사람들이 추구하는 것이지만 궁극적으로는 인간의 진짜 행복을 보조하는 수단일 뿐이라는 것이다.

---

* 애덤 스미스(1723-1790): 고전파 경제학 및 정치경제학의 아버지인 스코틀랜드 출신의 경제학자이자 철학자로서 스코틀랜드 계몽사상의 주요인물이다. 14세 때 글래스고대학교에 입학했고 그 후에 옥스퍼드대학교에서 공부했다. 1750년에 만났던 데이비드 흄에게 큰 영향을 받았을 뿐만 아니라 평생의 친구가 되었다. 1751년 그는 글래스고대학 윤리학 교수, 다음 해 도덕철학 교수가 되었다. 1759년에는 최초의 저서 《도덕감정론》으로 명성을 쌓았고 1776년에 출판됐던 1,000페이지가 넘는 《국부론》은 18세기에 시작된 산업혁명 시대의 바이블이 되었다. 1787년 글래스고대학의 명예총장이 되었고 1790년 병으로 사망했다.

7

합리적인 의사결정을 거스르는
인간 행동의 실험 연구

2002년 노벨 경제학상

대니얼 카너먼 Daniel Kahneman, 버논 스미스 Vernon Smith

카너먼은 경제학에 심리학을 적용하여 '행동경제학'을 만들어냈고, 스미스는 인간의 경제 행동을 실험으로 확인하려고 한 '실험경제학'의 선구자였다. 두 사람의 연구로 인해 21세기 경제학은 인간의 의사결정에서 리얼리티를 중시하는 단계로 들어섰다.

합리적인 의사결정을 거스르는 인간 행동의 실험 연구

경제 이론이 보는 인간과 현실에서의 인간

 고전파 경제학자들에게 인간의 관계는 간단명료했다. 애덤 스미스는 《국부론》에서 '보이지 않는 손'을 이야기하며 이러한 시장이 경제와 사회의 관계를 결정한다고 생각했다. 경제 주체인 매도자와 매수자는 각각 자기이익에 따라 움직이고 시장에서 만난다. 매도자는 자신이 갖고 있는 상품을 팔아 가능한 큰 이익을 얻길 바라고, 매수자는 상품을 가능한 싸게 사려고 한다. 이들 모두 자신의 이익만 생각하고 있는데도, 마치 마술처럼 양쪽을 합친 재화는 커진다. 양쪽 모두 이익을 얻는다.

 그러나 '시장'은 특별한 인간의 존재를 전제로 하고 있다. 즉 호모사피엔스가 아닌 '호모에코노미쿠스homo economicus'이다. 호모에코노미쿠스는 19세기 일부 경제학자들이 호모사피엔스라는 인간 분류 용어를 흉내 내서 종종 비유적으로 사용하던 말이었다. 현재 사람들이 일상적으로 사용하는 경제인과 기업인이라는 의미는 전혀 없다.

호모에코노미쿠스는 항상 합리적으로 행동하고 자신의 이익을 위해서 최선의 수단을 취하려고 한다. 감정적인 동기에 휘둘리지 않고 자신의 순수한 이득(부)을 늘리기 위해서 설령 작은 것이라도 자신에게 유리한 방법을 찾는 이기적인 인간이다. 그러나 호모에코노미쿠스는 이론상으로만 존재한다. 많은 경제학자들은 경제 행동을 하는 현실 속의 '경제 인간'이 이상적이지 않다는 사실을 알아차렸다. 사람들이 하는 행동은 좀 더 복잡하고 이는 시장에서도 마찬가지다. 그래서 몇 백만 년의 인류 진화 역사에서 인간의 성질을 기초로 한 인간에 대한 전혀 새로운 이미지가 탄생했다. 스위스 취리히대학교 교수인 경제학자 에른스트 페르Ernst Fehr는 그 변화를 '경제학의 심리학적 전환'이라고 불렀다.

사회생물학자와 심리학자, 인류학자들은 이 새로운 통찰을 모른다. 물론 경제학에서도 여전히 토론의 대상이 될 만큼 비교적 새로운 견해이다. 그렇다면 이러한 새로운 견해는 도대체 어디에서 나타났을까? 바로 '실험'으로 만들어진 견해이다. 사회학자들의 뒤를 쫓던 경제학자들이 '경제인' 인간의 실제 행동을 연구했다. 그 실험에서 중요한 역할을 담당한 것이 바로 '게임'이었다.

현금분할 의사결정과 게임 이론

지금 당신이 술집 카운터에 앉아 있다고 가정해보자. 그때 옆자리 남자가 다가와 1만 원을 주면서 그 돈을 다른 사람과 나누라고 이야기한

'행동경제학의 남자' 대니얼 카너먼. 정통 경제학의 핵심 이론인 기대효용 이론을 뛰어넘어 심리학과 실험 방법을 이용해 경제학의 새로운 지평을 열었다.
_사진: 로이터-교도

★ **대니얼 카너먼**_미국 심리학자, 행동경제학자

1934년	이스라엘에서 태어났고 부모님은 리투아니아 출생의 유대인으로 가족은 나중에 파리로 이주. 1941년 프랑스가 나치 점령하에 있을 때 그가 처음 만든 그래프는 가족의 재산을 시간함수로 나타낸 것이었음.
1944년	종전 후 팔레스타인으로 이주.
1954년	예루살렘 히브리대학교에서 심리학과 수학학위 취득.
1956년	외국에서 박사학위를 따오라는 히브리대학교의 제안으로 미국 UC버클리에서 공부함. 정신 분석 이론가 데이비드 라파포트David Rapaport와 연구.
1961년	UC버클리에서 심리학 박사학위 취득 후, 히브리대학교로 돌아와 심리학을 가르침.
1965~1967년	미시간대학교 객원연구원, 하버드대학교 심리학 강사, 인지연구센터 선임연구원.
1969년	아모스 트버스키와 공동 연구 시작(이후 12년 동안 함께 연구함).
1970~1978년	히브리대학교 심리학 교수.
1974년	트버스키가 의사결정에 관한 공동 연구를 제안하여 1년 후 가치 이론(리스크 선택 이론)을 발표.
1977	스탠퍼드대학교 행동과학고등연구소 연구원. 이 연구소에서 트버스키와 함께 전망 이론을 완성해서 1979년에 발표.
1978~1986년	캐나다의 브리티시컬럼비아대학교University of British Columbia로 옮김.
1986~1994년	UC버클리 심리학 교수.
2000년	히브리대학교 합리성연구센터 연구원.
2007년	심리학에 대한 공로를 인정받아 미국심리학회 평생공로상 외에 다수의 상을 수상함.
2009년	프린스턴대학교 우드로 윌슨 공공정책 국제문제대학원 선임연구원과 심리학부 교수, 유진히긴스Eugene Higgins 심리학 명예교수, 에라스무스대학교 명예박사가 됨.

다. 당신이 누구를 선택하든 얼마씩 나누든, 그 결정은 당신의 몫이라는 말도 덧붙인다. 당신은 주변에 앉아 있는 손님 중 한 명을 선택할 수 있다. 그리고 그들은 당신의 제안을 받아들일 수 있고 거절할 수도 있

다. 그러나 한 가지 조건이 있다. 만일 그 손님이 거절하면 그 돈은 돈을 낸 남자에게 다시 돌려주어야 한다. 이 경우 당신도, 그 손님도 아무것도 얻을 수 없다. 그렇다면 어떻게 해야 할까? 공평하게 하기 위해서 절반씩 나눌 것인가, 아니면 당신이 더 많은 돈을 가질 것인가?

 만일 그 남자가 '호모에코노미쿠스'라면 의사결정은 의외로 간단하다. 받는 돈이 아주 적더라도 이득을 얻을 수 있으므로 주는 돈을 그대로 받을 것이다. 예를 들어 당신이 9,900원을 가지고 그에게 100원만 건네면 된다. 그는 합리적인 인간이기 때문에 그것을 받아들일 것이다. 분명 100원은 0보다 더 많기 때문이다. 그렇지만 현실은 다르다. 만일 옆에 있는 손님에게 100원을 건넨다면 그는 모욕을 당했다고 생각해서 화를 내고 그 돈을 거절할 것이다. 오히려 당신을 한 대 때릴지도 모른다. 또 당신이 9,000원을 손에 들고 1,000원만 건네려고 해도 받지 않을 수 있다.

 이 문제는 게임 이론의 하나인 최후통첩 게임을 이용한 실험이다. 실험 결과를 보면 당신은 1,000원보다 훨씬 더 많은 돈을 옆의 손님에게 건네야 한다. 실험자 대부분은 40~50퍼센트를 건네려고 했고 받는 실험자도 30퍼센트 이하면 거절했다. 그들은 대부분 '만일 그 남자가 나에게 그 정도만 건네려고 한다면 그가 아무것도 받지 못하게 해야지'라고 생각했다.

 결국 대부분의 사람들은 자신과 협력하지 않는 상대에게 벌을 주려는 생각이 자신이 받을 것보다 중요하다고 생각한다. 이 사례는 '호모에코노미쿠스'가 현실을 더 추상화한 개념이라는 것과 인간의 행동이 합리성을 무시할 수도 있다는 것을 보여준다. 많은 연구자가 이 실험을 다양한 방법으로 몇 번이나 반복했다. 그중 한 사람인 카너먼은 독자적인 실험을 했고 그 연구로 2002년 노벨 경제학상을 받았다.

카너먼은 1934년 텔아비브야파 Tel Aviv-Yafo에서 태어났다. 부모님은 리투아니아에서 태어난 유대인으로 1920년대 처음으로 프랑스로 이주했고 파리에서 살았다. 아버지는 화학공장의 연구책임자였다. 그러나 제2차 세계대전 중 프랑스가 독일에 점령당했을 때 유대인이었던 그의 가족은 곤경에 빠졌다. 부친은 나치 독일군에 연행되어 6주 동안 포로로 있다가 나중에 풀려났다.

가족은 그 후 프랑스의 비점령 지역으로 도망을 갔고 지중해 연안에서 생활했다. 그리고 독일군이 프랑스의 모든 국토를 점령했을 때 그들은 프랑스 중부로 도망가서 몸을 숨겼고 끊임없이 체포와 감금, 죽음의 공포에 떨면서 생활했다. 그리고 1944년 아버지는 프랑스의 해방을 몇 주 앞두고 당뇨병 치료를 받지 못해 사망했다. 이후 카너먼은 어머니, 여동생과 함께 팔레스타인으로 이주했다.

그는 자신이 거만한 어린이였고 이후 지적으로는 조숙했지만 육체적으로는 무력한 어른으로 성장했다고 과거를 회상했다. 카너먼은 일찍부터 관념이 아닌 인간의 실제 행동에 흥미를 가졌다. 그리고 인간이 '한없이 복잡한 흥미로운 존재'라고 생각했다.

"보통의 유대인처럼 나도 오로지 인간과 말만으로 만들어진 세계에서 성장했다. 그 말도 대부분 인간에 관한 것이었고 거기에 자연은 거의 존재하지 않았다. 나는 꽃과 동물을 이해할 수도 배울 수도 없었다. 그러나 어머니는 자신의 친구와 남편 이야기를 하는 것을 좋아했고 나는 인간이 가진 그런 복잡함이 굉장히 매력적으로 느껴졌다."

17세가 된 카너먼은 앞으로 어떤 일을 할지 결정해야 했다. 그는 철학에 흥미를 갖고 있었고 괴로운 일이 있을 때마다 인생의 의미는 무엇인지, 신은 존재하는지 스스로에게 물었다. 그러다 그는 무엇보다도 인간에 대해 흥미를 갖고 있는 자신을 발견했고 심리학자가 되기로 결심했다. 카너먼은 자신이 신의 존재를 어떻게 생각하느냐보다 사람들이 왜 신을 믿을까에 더 관심을 갖고 있었다.

카너먼은 예루살렘의 히브리대학교Hebrew University에서 심리학과 수학을 전공했고 2년 만에 학위를 취득했다. 그는 "수학 성적은 그저 그랬지만 심리학 성적은 엄청나게 좋았다"라고 당시를 술회했다. 그 후 카너먼은 이스라엘 육군에 입대했고 1년 후에는 소대장이 되어 심리학 부대로 배치되었다. 그의 임무는 전투 부대의 신병 전원을 면접해서 불합격자를 선별하고 합격한 병사들을 개별 임무에 배치하는 방법을 개발하는 것이었다. 이 업무는 21세의 신참 심리학자에게는 힘든 일이었지만 그는 열심히 연구해서 일을 완성했다. 이때 그가 개발했던 면접 방법은 현재까지도 계속 사용되고 있다.

병역을 끝낸 카너먼에게 히브리대학교는 장학금을 주며 해외에 가서 박사학위를 취득할 것을 권유했다. 그래서 그는 UC버클리에 진학하여 1961년에 학위를 땄고 다시 히브리대학교로 돌아왔다. 그 후 카너먼은 히브리대학교에 시각視覺 연구실을 세웠다. 1967년에 그는 연구 휴가를 얻어 미시간대학교에서 지냈는데 그때를 "드디어 나는 열심히 노력하고 훈련을 받아 심리학자가 되었다"라고 이야기했다.

소수의 표본에서 답을 이끌어내는 인간의 심리

1969년 대니얼 카너먼은 같은 히브리대학교에서 연구하던 연하의 동료인 아모스 트버스키Amos Tversky와 공동 연구를 시작했다. 이 연구는 두 사람 인생의 일대 전환을 가져왔고 이들은 이후 12년에 동안 밀접한 관계를 유지하면서 많은 결과물을 만들어냈다. 카너먼과 트버스키의 연구는 다른 곳에서는 찾아볼 수 없는 특별함이 있었다. 그들은 서로를 완전히 내보이면서 신뢰하는 관계였고 상대를 부러워하거나 불신을 품는 일은 전혀 없었다. 또한 연구실을 함께 썼으며 칸을 나누지도 않았고 두 심리학자는 거의 모든 작업을 공동으로 진행했다.

"트버스키와 나는 황금알을 낳는 거위를 함께 소유한다는 사실을 잘 알고 있었다. 우리가 서로 공유했던 정신은 개개인의 정신을 이겨 냈다."

트버스키는 1996년 악성 흑색종(피부암) 때문에 59세의 나이로 세상을 떠났다. 그가 살아 있었다면 카너먼과 노벨상을 공동으로 수상했을 것이다. 2002년 노벨상을 수상하게 된 연구는 이미 카너먼과 트버스키가 1970년대에 했던 것이었다. 이것은 '의사결정'에 관한 연구였는데 경제학 연구가 아닌 순수한 심리학 연구였다.

그들은 사람들이 불확실성 속에서 어떤 식으로 판단과 예측을 하는지 분석하다가 인간이 종종 합리적인 행동을 하지 않는다는 사실을 찾아냈다. 오히려 인간의 판단은 경험 같은 발견적 방법에 의존했고 종종 규칙적인 '편향성'을 보여주었다. 편향성의 한 예로 '소수의 법칙law of small numbers'을 발견했다. 이 법칙은 인간이 일반적으로 표본이 적은 경우라도 표본이 많은 경우와 똑같이 경험적 평균값의 확률분포를 나타

아모스 트버스키 '의사결정'에 대해서 카너먼과 함께 공동으로 연구했지만 1996년에 암으로 사망했다.

낸다고 믿는 현상을 이야기한다.

소수의 법칙을 '도박사의 오류gambler's fallacy'로도 설명할 수 있다. 동전을 몇 번 던졌을 때 계속 뒷면이 나오면 도박사는 그 이후에 던졌을 때 앞면이 나올 확률이 높아질 것이라고 생각하기 쉽다. 그러나 동전의 뒷면은 통계적으로 독립사상獨立事象(역자주—어떤 사상과 관계없이 한 사상이 일어나는 확률이 변하지 않을 때 두 사상의 관계)이기 때문에 다섯 번 연속으로 뒷면이 나왔다고 해도 6번째 앞면이 나올 확률은 높아지지 않는다. 앞면이 나올 것이라는 생각은 인간의 잘못된 믿음이다.

카너먼과 트버스키는 인간의 직관적인 평가와 예측이 얼마나 체계적으로 한쪽으로 편중되어 있는지를 나타내는 많은 증거를 모았고 이를 논문으로 써서 1974년에 과학 잡지 〈사이언스〉에 발표했다. 이 논문은 큰 반향을 일으켜 많은 사람들을 놀라게 했다. 카너먼은 이렇게 서술하고 있다. "그 논문은 곧 합리적인 에이전트rational agent 이론(인간은 자신의 이익을 최대화하도록 행동하는 에이전트, 즉 행동 주체라는 견해)을 비판하기 위한 표준적인 참고자료가 되었고 인지과학과 철학, 심리학 분야의 많은 문헌으로 퍼져나갔다."

굉장히 많은 연구자가 인간 비합리성의 증거로 카너먼의 연구를 인용하기 시작했다. 그렇지만 카너먼은 그러한 해석을 강하게 비판했다. "경제학에서 정의하는 합리성은 인간이라는 에이전트(행위자, 작용인자)에 대한 비현실적인 개념이다. 우리는 인간이 이 합리성의 이성에서 얼마나 옆길로 벗어났는지를 보여주었지만 인간이 비합리적이라는 이야기는 아니다. 인간은 사려분별을 할 수 있는 신중한 에이전트이다."

전망 이론에 대한 예언

1979년 동료들에게 '다이나믹듀오(활발한 이인조)'라고 불렸던 카너먼과 트버스키는 가장 영향력이 컸던 논문을 발표했다. 카너먼은 그 논문이 행동경제학의 길을 개척했다고 설명했다. 그들은 그 이론을 무의미하다는 의미에서 일부러 '전망 이론prospect theory'이라고 명명했다. 그러나 전망 이론은 불확실성 속에서 의사결정이 얼마나 '기대효용 이론'의 예측에서 벗어나는가를 잘 묘사했다.

경제전망 이론학에서 효용은 사람들이 다양한 상품을 소비함으로써 얻을 수 있는 상대적인 만족을 측정하는 용어이다. 그리고 '기대효용 expected utility'은 리스크를 동반하는 다양한 선택 중에서 어떤 것을 선택했을 때 얻을 수 있는 효용(결과)을 말한다.

카너먼과 트버스키는 인간이 구체적으로 측정할 수 있는 결과보다도 측정값의 변화에 훨씬 더 민감하다는 사실을 알아냈다. 또 어떤 것을 갖는 기쁨보다는 그만큼을 잃는 쪽에 더 강한 반응(상실감)을 보인다는 것도 밝혀냈다. 인간은 손에 넣을 수 없는 것을 바라지만 그 이상으로 잃어버리고 싶어 하지 않는다. 카너먼은 이것을 '손실회피Loss Aversion'라고 설명했다.

    표준적인 경제 이론에서는 이득과 손실은 그 가치가 같다. 그러나 예를 들어 사람들이 동전 던지기로 내기를 한다고 했을 때 손실회피 현상을 확실하게 볼 수 있다. 대부분의 사람들은 이기면 40달러 이상이나 받을 수 있는 조건을 붙이지 않으면 20달러가 손해날지 모르는 내기를 거절한다. 또 같은 선택이라도 다른 형태로 제시하면 사람들은 의사결정을 바꾼다. 즉 프레이밍 효과Framing effect이다. 특히 문제를 이득인가 손실인가의 양자선택으로 응축시키면 더 선명하게 나타난다. 이 효과가 잘 나타나는 사례가 '소유 효과Endowment effect'이다. 소유 효과는 어떤 물품을 소유하고 있는 사람이 그 물품의 가치를 크게 평가하려는 반응을 말한다.

    카너먼은 오래된 와인을 갖고 있는 사람의 사례를 들어 설명했다. 그 사람은 와인을 200달러에 팔기를 거절했다. 그러나 와인 병이 깨져 대체품을 살 때는 100달러도 지불하려고 하지 않는다. 카너먼은 그 이유를 이렇게 서술하고 있다. "효용은 그 와인을 소유하고 있는 상태에 있는 것이 아니라 그것을 갖고 있는지 포기했는지에 따른 변화에 있다. 그리고 포기하는 것이 갖고 있는 것보다 더 큰 가치를 발생시킨다. 소유 효과 때문이다."

    이득과 손실의 이러한 비대칭성(가치의 변화)은 다양한 문제를 푸는

기대효용 이론과 전망 이론

고전적인 경제 분석 기법인 기대효용 이론은 불확실성, 즉 리스크가 있는 상황에서 사람들이 어떤 식으로 의사결정을 하는지 합리적으로 설명한다(규범적 접근). 이에 반해서 카너먼과 트버스키는 행동경제학에서 전망 이론을 주창했는데 심리학에 수학적 기법을 도입하여 인간이 합리적인 의사결정을 하지 않을 수 있다고 주장했다(기술적 접근).

경험적 기법에서 나온 전망 이론은 대다수의 인간은 큰 이익을 얻기 위해 도박적인 요소가 있는 의사결정을 하기보다는 손실의 크기에 상관없이 손실을 피하려는 방향으로 의사결정을 하는 경향이 강하다고 설명했다. 본문의 인터뷰에서 카너먼이 이야기하는 것처럼 이 이론은 지금까지의 다른 연구자들의 논문에 1,000번 이상 인용되었다.

	지각	직관(시스템1)	추론(시스템2)
처리 과정		빠름, 병행처리, 노력 불필요, 연상적 경직 등	늦음, 순차적 처리, 제어, 노력 필요, 규칙 지배적, 유연 등
내용	지각 대상, 현재 자극의 처리, 자극속박적		개념의 표현, 과거, 현재, 미래를 언어로 구분함

이중 프로세스 인지 과정 인간이 판단(의사결정)을 하는 과정을 '직관intuition'과 '추론reasoning'의 두 가지로 구별한다는 생각으로 전자를 시스템1, 후자를 시스템2라고 키스 스타노비치Keith Stanovich가 처음 명명했다. 시스템1은 인간의 일상적인 지각 과정과 비슷하고 자동적으로 신속한 판단을 한다. 시스템2는 신중한 판단을 하고 시스템1을 모니터하는 역할도 한다. 다만 이들 과정은 고정적이 아니라 때때로 변화한다. '이중 프로세스 이론'이라고도 부른다.

_ 자료: Dainel Kahneman (2002)

열쇠가 된다. 카너먼은 사람들이 이러한 경제적으로 비합리적인 결정을 하는 것은 '기회 비용'과 실제의 손실을 다른 것으로 여기고 있기 때문이라고 이야기했다. 기회 비용이란 어떤 물품(재화)을 특정의 목적으로 사용하기 때문에 다른 용도에서 발생할 수 있는 이익을 포기하는 비용을 말한다. 앞에서 말한 사례에서 와인 병이 재화이다. 인간의 의사결정에서 흔히 볼 수 있는 손실회피는 부동산 가격이 내려가면 왜 부동산 시장이 장기적으로 침체하는지 설명할 수 있다. 그러나 합리적인 의사결정과 카너먼이 연구했던 의사결정은 서로 모순되지 않는다.

카너먼과 트버스키는 연구 초기 단계부터 어떤 전제에 이끌렸다. 인간의 가치적 판단이 지각과 추론의 어느 곳에 위치하는지 해명하고 싶었다. 이러한 견해는 현재 두 가지 인지 과정으로 성립된다. 카너먼과 트버스키는 사람의 생각이 이중 프로세스dual process 인지 과정으로 이루어져 있다고 보았다. 그들은 이중 프로세스 인지 과정을 각각 '시스템1', '시스템2'라고 불렀는데 이는 다음과 같은 특성을 갖고 있다.

시스템1은 반응이 빠르고 자동적으로 이루어지며 노력을 필요로 하지 않고 연상적인 동시에 제어나 수정이 어렵다. 반면 시스템2는 반응이 느리고 노력이 필요하며 연속적이고 신중하게 제어한다. 그래서 탄력적이고 잠재적인 규칙에 지배되기 때문에 때로는 관리적으로 기능한다. 시스템2는 시스템1의 직관적 추론이 범하기 쉬운 규칙의 위반을 알고 있고 거기에 종종 개입하고 수정을 한다.

'실험경제학의 아버지'가 탄생하다

앞에서 살펴본 것처럼 카너먼은 불확실성 속에서 이루어지는 인간의 판단과 의사결정을 연구했기 때문에 노벨 경제학상을 수상했다. 한편 2002년 공동 수상자 버논 스미스는 실증적인 경제 분석에서 실험이 필수불가결하다는 사실을 입증함으로써 실험경제학의 토대를 마련했다는 이유로 노벨상을 받았다.

버논 스미스는 1927년 미국 중서부의 위치토Wichita에서 태어났다. 어머니는 젊은 나이에 결혼하여 두 명의 딸을 출산했지만 소방관이었던 첫 번째 남편이 22세 때 철도사고로 사망하면서 다시 친정으로 돌아왔다. 그 후 석유회사에서 일하는 기계정비사와 재혼해서 스미스를 낳았다. 그러나 세계공황이 한창이던 1932년 스미스의 아버지는 직장에서 해고를 당했고, 어머니는 철도회사에서 받은 전남편의 생명보험금으로 위치토 근교에 있는 밀란Milan에 작은 농장을 샀다. 버논 스미스는 노벨위원회에 보낸 자기소개서에 이렇게 쓰고 있다. "부모님은 농장일을 했는데 중노동의 연속이었다. 집에는 수도나 전기뿐만 아니라 화장실도 없었다."

그러나 스미스에게 시골은 모험과 흥분이 가득한 곳이었고 학습의 장이었다. 스미스는 "사물이 어떻게 해서 움직이고 있는가를 아버지에게 배우고 있는 것 같은 나날이었다"고 당시를 회고했다. 그는 여섯 살에 초등교육을 받기 시작했지만 교실이 하나밖에 없는 시골 학교였기 때문에 학생들은 학년에 관계없이 모두 한 교실에서 공부를 해야 했다. 글을 읽고 쓸 수 있는 마을 사람들이 선생님이었고 공부 과목도 읽기, 쓰기, 산수뿐이었다.

몇 년 후 농장을 구입할 때 대출했던 빚을 갚지 못해서 농장 소유권이 은행으로 넘어갔다. 이 사건 때문에 어머니는 사회주의자로 바뀌었고 스미스도 일시적으로 같은 사상을 갖게 되었다. 결국 가족은 위치토로 돌아갔고 스미스는 도시에 있는 학교에 다니기 시작했다. 12세가 된 그는 가계를 돕기 위해서 일을 해야만 했다. 소다수를 파는 일부터 시작해서 보잉사 공장에서 야간근무를 했고 나중에는 B-29 폭격기의 화재실험을 돕는 일까지 하면서 학교에 다녔다. '세계 항공기의 도시'라고 불리는 위치토는 보잉사의 공장이 있었고 B-29 같은 거대 폭격기도 이곳에서 제조되었다.

고등학교를 졸업한 그는 캘리포니아의 패서디나 Pasadena에 있는 칼텍 Caltech(캘리포니아공과대학)에 진학하기로 결정했다. 어떤 책의 일람 맨 위에 칼텍이라는 이름이 있었다는 이유에서였다. 1년 동안 공부를 한 뒤에 제2차 세계대전이 끝나던 해인 1945년 그는 입학을 허가받았다. 칼

버논 스미스는 20대에 자신의 미래를 결정지을 경제학과 만났다. 그 후 실험경제학의 창시자로서 큰 업적을 남겼다.
_사진: Chapman University School of Law

★ **버논 스미스**_미국 경제학자이자 실험경제학의 창시자

1927년	미국 캔자스 주 위치토 출생.
1945년	프렌즈대학교Friends University에서 칼텍으로 옮겨 전공을 물리학에서 전기공학으로 바꾸고 1949년 학위를 취득함. 칼텍에서 로버트 오펜하이머와 버트런드 러셀Bertrand Russell, 로버트 밀리컨Robert Millikan 같은 전설적인 인물들의 강의를 들음.
1952년	칼텍을 졸업한 후, 캔자스대학교에서 경제학 석사학위 취득. 하버드대학교에서 거시경제학을 배우고 MIT에서 새뮤얼슨이 가르치는 미시경제학을 공부함.
1955~1967년	하버드대학교에서 경제학 박사학위를 취득한 후 퍼듀대학교 크래너트경영대학원Krannert School of Management 교수가 됨.
1961년	스탠퍼드대학교 객원조교수가 되었고 《투자와 생산Investment and Production》을 출판.
1963~1972년	퍼듀대학교에서 실험경제학의 졸업 세미나를 하고 브라운대학Brown University, MIT에서 교편을 잡았으며 〈아메리칸 이코노믹리뷰〉 편집위원으로도 활동함.
19774년	'가치유발 이론'을 발표.
1975~2002년	애리조나대학교에서 노벨상 수상 사유가 되는 실험경제학 연구. 1976년에는 〈아메리칸 이코노믹리뷰〉에 〈실험경제학: 가치유발 이론Experimental Economics: Induced Value Theory〉을 게재.
1982년	'결합경매Combinatorial Auction'의 제안자 중 한 사람이 된다.
1986년	실험경제학학회ESA 초대 회장.
1988년	미국공공선택학회 회장. 국제계량경제학 선임연구원. 〈에코노메트리카〉에 버블경제 연구를 발표.
1995년	애덤 스미스상 수상. 미국경제학회 특별 선임연구원. 미국과학아카데미 회원. 앤더슨컨설팅 올해의 교수에 선정됨.
2001년	조지메이슨대학교George Mason University 교수.
2008년	채프먼대학교Chapman University 경제과학연구소 설립.

텍은 공부를 많이 시키는 학교로 유명했기 때문에 스미스도 밤낮과 주말을 가리지 않고 공부하며 대부분의 시간을 보냈다. 그는 몇 년 동안 맹렬하게 공부한 뒤에 1949년 전기공학 학위를 취득했다.

B-29 제조공장 버논 스미스가 태어났던 캔자스 주 위치토는 역사적으로 항공기 산업이 발달했던 도시였다. 소년이었던 스미스도 학교에 다니면서 B-29 폭격기를 제조했던 보잉사에서 일했다.
_ 사진: U.S. Air Force

스미스는 물리학과 공학을 좋아했지만 칼텍에서 경제학 수업을 듣고 곧바로 방향을 전환했다. 사회주의자였던 그는 '사회주의와 자본주의, 기타 다양한 주의主義의 밑바닥에 있는 경제 원리'에 자극받았고 경제학을 본격적으로 배우기로 결정했다. 스미스는 출생지로 되돌아가 캔자스대학교에서 경제학 학위를, 하버드대학교에서는 1955년에 경제학 박사학위를 취득했다. 처음 교수로 부임했던 퍼듀대학교Purdue University에서는 12년을 지냈다. 그는 이곳에서 나중에 '실험경제학의 아버지'라고 불리게 될 연구에 착수했다. 그 후 애리조나대학교에서 26년 동안 이 연구를 계속했다.

경제시장이 갖고 있는 과학적 미스터리

버논 스미스는 기본적으로 '미시경제학 이론*'을 어떻게 하면 학생들에게 알기 쉽게 전달할 수 있을까' 하는 문제를 연구의 출발점으로 삼았다. 그리고 어떤 식으로 해야 시장이 '경쟁균형' 즉 수요와 공급이 일치하는 상태에 이르는지를 연구하고 싶어 했다.

이 문제를 명확하게 하기 위해 그는 교실에서 학생들을 시장의 매수자와 매도자로 나누어서 실험을 진행했다. 실험에 사용한 시장 모델은 주식과 상품의 거래에 사용할 수 있는 '이중경매 모델'로 잠재적인 매수자와 매도자가 각각 희망가격을 경매인에게 동시에 제시하는 경쟁 매매이다. 경매인은 그중에서 가격을 선택하고 거래를 성사시킨다.

실험을 할 때 스미스는 매도자가 된 학생 개개인에게 한 무더기의 상품을 건넸다. 매도자는 상품을 팔 때 최저가격을 제시했고 매수자가 된 학생들은 최고가격을 제시받았다. 이때 스미스는 완전한 가격분포를 알고 있고 그것을 기초로 경쟁적 균형가격을 계산했다. 그는 이 실험을 몇 번 반복했고 거래하는 사람들이 경험을 쌓게 했다. 거래 결과를 보았을 때 학생들뿐 아니라 그 또한 깜짝 놀랐다.

"실험의 결과는 굉장히 놀라웠다. 실험시장은 예상했던 균형가격과 거래량에 급속하게 가까이 다가갔다. 불과 22명의 매도자와 매수자밖에 없었고 모든 사람이 비용 또는 가격 이외에 공급과 수요에 대한 정보

＊미시경제학 이론: 경제 전체의 움직임을 거시적으로 분석·연구하는 거시경제학과 달리 미시경제학은 소비자와 생산자 같은 최소 단위가 경제활동에서 어떤 선택을 하고, 그 선택에 영향을 주는 요인이 무엇인지를 연구한다.

를 일절 갖고 있지 않았는데도 그런 결과가 나타난 것이다."

그 후 몇 년에 걸쳐 스미스는 공급과 수요의 환경과 거래의 규칙을 다양하게 변경하면서 실험을 계속했다. 거래에 현금 보수를 도입하면 다른 결과가 도출된다는 사실도 이 과정에서 발견했다. 실험을 거듭할 때마다 스미스는 시장에서 어느 정도의 '기본적인 진리'가 존재한다는 확신을 갖게 되었다. 신중하게 진행했던 실험을 통해서 현실경제의 프로세스에 대해 깊이 통찰할 수 있음을 깨달았고 경제학 분야에 새로운 결과를 가져올 것이라고 생각했다.

스미스의 실험은 또 다른 새로운 발견을 이끌어냈다. 그는 엄청나게 많은 완전정보를 가진 경제 주체가 존재한다고 해도 이들이 시장효율을 결정하는 전제 조건이 아니라고 주장했다. 스미스의 이러한 주장은 기존 경제학의 상식에서는 현저하게 벗어난 견해였다.

1960년대 초 스탠퍼드대학교 객원교수였던 그는 자신이 했던 실험을 논문으로 정리했다. 제목은 〈시장 행위에 관한 실험 연구An experimental study of competitive market behavior〉였다. 이 논문은 처음에는 거부당했다. 네 명의 논문 심사위원이 부정적인 입장을 보였고 두 번이나 다시 쓰라는 요구를 받았다. 다행히 1962년에 경제전문지 〈저널 오브 폴리티컬 이코노미The Journal of Political Econom〉에서 가까스로 그의 논문을 받아주었다. 오늘날 이 논문은 실험경제학의 이정표라고 평가받는다.

이 논문은 경제학자들의 반발을 불러일으켰는데 예상했던 반응이었다. 먼저 '경제학 실험'이라는 아이디어 자체가 기존 경제학에서는 허용되지 않았다. 기존 경제학도 1985년이 되어서야 폴 새뮤얼슨과 윌리엄 노드하우드[*]에 의해서 겨우 체계화되었다. 새뮤얼슨과 노드하우스는 논문에 이렇게 썼다.

"경제학은 화학자나 생물학자가 하는 것처럼 제어된 실험을 할 수 없다. 다양하고 중요한 요인을 쉽게 제어할 수 없기 때문이다. 경제학은 천문학과 기상학처럼 관측하는 학문이다."

스미스는 1950년대의 실험 때문에 실험경제학을 창시할 수 있었다. 그는 그 이야기를 20년 후에 〈아메리칸 이코노믹리뷰〉에 실었는데 '경제학의 중심부에 존재하는 과학적 미스터리'라는 제목으로 이렇게 서술했다.

"가격결정이 아무도 관여하지 않은 세계에서 이루어질 수 있을까? 언어와 마찬가지로 누군가가 가격결정을 발명한 것은 아니다. 또한 그것이 누군가의 해석과 이해에 의존하는 것도 아니다."

의사결정의 두 가지 방식

'과학적 미스터리' 해명은 실험경제학의 주요한 목표가 되었다. 실험경제학은 1950~1960년대에 천천히 시작되었고 1970~1980년대에 힘차게 전진했다. 연구자들은 실험적인 시장을 연구했고 법률과 제도 같은 게임의 규칙을 변경하면 시장이 어떻게 반응하는가를 읽을 수 있었다. 따라서 실험경제학의 연구실은 이른바 '실험용 풍동wind tunnel(역

＊윌리엄 노드하우스: 케인스의 생각에 영향을 받은 '정치적 경기순환' 연구로 유명한 미국의 경제학자이다. 기후변동과 지구온난화에 대한 경제학적 접근 등으로 알려졌다. 예일대학교 경제학부 및 동대학원 삼림환경학 교수로 《에너지 경제학》, 《지구온난화의 경제학》 등의 저서가 있다.

1950년대 스미스가 퍼듀대학교에 재직하던 시절 착수했던 연구를 모아서 1962년 4월 〈저널 오브 폴리티컬 이코노미〉에 발표했던 〈시장 행위에 관한 실험 연구〉의 첫 번째 페이지이다. 그는 이 논문으로 경제 현상을 실험한다는 새로운 분야를 개척했다.

_ 자료: The Journal of Political Economy, Vol. 70 (1962) 111

자주—빠르고 센 기류를 일으키는 장치)'의 역할을 했다.

연구자들은 작은 규모의 모형으로 실험을 한다. 예를 들어 규제완화와 민영화 혹은 지원물자의 공급이 현실세계에서 어떤 효과를 내는지 그 실마리를 잡으려고 한다. 그러나 시장 메커니즘은 실제로는 굉장히 복잡하기 때문에 기존의 경제 이론에서는 정확하게 예측할 수 없었다. 그런데 실험경제학의 실험 기법은 정말 효과가 있었다. 실제 실험에서 일반적으로 참가자는 컴퓨터의 단말기 옆에 앉아 다양한 시장에서 매매를 하고 금전적인 보수도 얻는다. 그 가상적 시장은 현실사회에서 개인이 직면하는 것과 같은 환경을 갖추고 있다.

실험은 1회당 2시간 이내에 실시하고(시간이 길어지면 참가자가 피로를 느껴 주의력이 산만해짐) 실험을 감독하는 사람은 참가자의 집단이 매매하는 상황을 체계적으로 관찰한다. 실험은 다음 세 가지 요소를 포함한다.

(1) 가치, 비용 또는 시장환경(예약가격의 분포 등)
(2) 거래의 규칙을 결정하는 시장 제도(가격조정 규칙 등)
(3) 행동 또는 참가자

이들 3요소가 포함된 실험을 하면 개개인의 선택에 따른 일반적인 결과를 볼 수 있다. (1)에서의 예약가격이란 어떤 상품이나 서비스에 매도자가 붙이는 최고가격과 매수자가 붙이는 최저가격을 말한다. 버논 스미스 연구팀은 전력시장의 설계 및 테스트, 방송전파의 면허 같은 광범위한 분야까지 실험을 진행했다. 오스트리아 정부와 협력해서 정부기관의 민영화 문제를 실험했고 애리조나 주의 주식 거래시장 설계(마켓 디자인)에 착수했으며, 캘리포니아 주의 수자원용 전력시장의 설계에도 참여했다.

스미스는 공항의 이착륙 시간 배분(타임슬롯)을 항공사끼리 상품으로 거래하게 했을 때 무슨 일이 일어나는가를 예측하는 실험 방법도 개척했다. 만일 타임슬롯을 거래할 수 있게 하면 프라임타임의 착륙시에 특별요금을 부과하는 것이 가능하다. 그러면 항공사는 그 시간대에 가능한 대형 여객기를 착륙시키려 할 것이고, 그 시간대에 도착하고 싶은 이용객은 특별요금을 지불할 것이다. 그렇게 하면 프라임타임의 이용 효율을 높일 수 있다고 예측할 수 있다.

이러한 경제실험을 하는 대부분의 실험자들은 사람들의 행동이 표준적인 합리성 분석과 행동경제학의 예측 결과에서 종종 벗어난다는 사실을 깨닫는다. 왜냐하면 인간은 더 이익을 얻기 위해 행동하기도 하지만 반대로 손해를 보는 행동을 취하는 경우도 있기 때문이다. 스미스는 이에 대해 "이러한 모순은 사람들이 따르는 '암흑의 규칙'에 중요한 실마리를 제공해주고 새로운 가설을 이끌어내는 자극이 되기도 한다"라고 말한다. 그렇지만 그의 실험경제학 때문에 합리적인 의사결정에 대한 표준적 이론이 무효가 되는 것은 아니다. 합리적 행동은 지금까지처럼 현실 속을 살아가는 인간을 설명하기 때문이다. 그는 이렇게 이야기한다.

"우리는 개인적인 거래를 하며 살고 있고 그 세계는 벌罰과 상호관계에 지배되며 고도로 의식적인 협력을 한다. 다른 한편으로는 끊임없이 진화하는 문화적 규칙에 따라 변화하는 시장에서 비개인적인 거래를 하고 있다. 따라서 한쪽 세계의 규칙이 반드시 다른 쪽 세계로 옮겨가거나 변하는 일은 존재하지 않는다."

버논 스미스의 이러한 관점은 카너먼과 트버스키가 1980년대에 제기했던 '2단계 인식'이라는 견해와 비슷하다. 카너먼과 트버스키는 실제로 두 가지 이론이 필요하다고 주장했다. 하나는 합리적 행동을 설명하는 기대효용 이론이고 또 하나는 실제의 인간 행동을 기술하는 이론, 즉 카너먼과 트버스키가 이야기한 전망 이론이다. 기대효용 이론은 사람들의 투명성이 높고 단순한 의사결정을 할 때 그 선택을 설명한다.

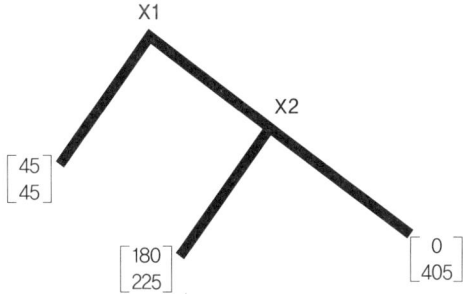

실험경제학의 사례 '신뢰 게임'에서 의사결정을 하는 A와 B의 행동을 그림으로 나타냈다. 90의 자원을 가진 A(X1의 위치)는 왼쪽으로 움직여서 게임을 끝내든가 B를 신뢰해서 오른쪽으로 움직여 B에게 자금을 위탁할 수 있다. 왼쪽으로 움직이면 리스크는 없지만 자금을 최대로 만들 수가 없다. X2로 움직이면 B에게 자금을 분배하는 기회가 생긴다. 괄호 안에 위의 숫자가 A, 아래의 숫자가 B이다. B가 왼쪽으로 움직이면 A는 최초 자금의 2배(180)를 얻을 수 있지만 B가 A를 배신해서 오른쪽으로 움직이면 금액은 0이 된다. A의 선택은 B에 대한 신뢰도를 나타내고 실험에서는 A의 50퍼센트가 오른쪽으로 향했다. B는 75퍼센트가 왼쪽으로 움직였다.

_ 자료: V. Smith, et.al., PNAS, Vol. 98 (2001) 11832-11835

그렇지만 현실생활에서의 의사결정 문제는 더 복잡하고 더 깊은 행동 모델이 필요하다.

대니얼 카너먼과 버논 스미스는 둘 다 그러한 '더 풍요로운 행동 모델' 개척에 창조적인 공헌을 했고 경제과학의 세계는 처음으로 실제적인 인간을 만들어냈다.

노벨상 수상자
Interview

대니얼 카너먼
(2002년 수상)

'비합리적인 인간 행동'이 경제를 움직인다

인터뷰 : 하인츠 호라이스

심리학자가 보는 인간의 경제 행동

카너먼 교수님은 지금까지 노벨 경제학상을 수상한 최초의 심리학자시죠. 노벨상 수상으로 심리학자의 세계에서 좀 더 특별한 지위에 오르셨을 것 같은데요? 아니요, 전혀 그렇지 않습니다. 저는 심리학자 사이에서 이미 유명한 사람이에요. 심리학자들이 노벨상 수상을 기뻐하긴 했겠지만 그렇다고 저를 특별한 존재로 보지는 않습니다.

교수님은 심리학이 아니라 경제학적 업적 때문에 노벨상을 수상하셨습니다. 그 두 가지 분야는 어떤 관계가 있을까요? 두 분야 모두 의사결정을 연구합니다. 제가 노벨상을 받은 것은 경제적 사고에 영향을 미치는 의사결정을 심리학적으로 연구했기 때문입니다.

그렇다면 심리학과 경제학의 근본적인 차이점은 무엇인가요? 가장 중요한 차이는 '합리성을 어떻게 보느냐' 하는 시각입니다. 표준적인 경제학 모델은 합리성을 전제로 하고 있어요. 하지만 심리학적으로 보면 너무 비현실적인 이론이죠. 따라서 우리는 사람들이 어떻게 판단하고 의사결정을 하는지에 좀 더 현실적인 견해를 제시했습니다. 그러나 현실적인 의사결정은 일반적으로 이성적이지만 때로는 비합리적이기도 합니다.

교수님은 '행동경제학'이라는 새로운 경제학 분야를 개척했습니다. 취리히대학교 경제학자인 에른스트 페르 교수님은 이 업적에 대해 경제학을 심리학적으로 전환했다고 말씀하셨습니다. 동의하시나요? 아니요. 저는 행동경제학자가 아니라 심리학자입니다. 그러나 경제학이 심리학의 영향을 어느 정도 받고 있는 것은 사실입니다.

2005년 노벨 경제학상을 수상했던 로버트 아우만 교수님은 행동경제학이 주로 질문표와 투표 같은 결과에서 나온 학문이기 때문에 신뢰도가 높지 않고, 앞으로도 발전하지 않을 것이라고 말씀하셨는데요. 이에 대해 어떻게 생각하시나요? 그것은 잘못된 생각입니다. 아우만 교수님은 정보가 불충분해서 그런 말씀을 하신 겁니다. 그분은 행동경제학에서 사용하는 연구를 인정하지 않습니다. 행동경제학에 대해서 아무것도 모르는 사람들이 자주 하는 말입니다.

카너먼 교수는 심리학자인 그가 노벨상을 수상한 이유를 경제위기로 인해서 행동경제학이 주목을 받았기 때문이라고 말했다.
_ 사진: 로이터-교도

트버스키와의 공동 연구로 만들어낸 행동경제학

그런데 카너먼 교수님의 경력을 살펴보던 중 고인이 된 아모스 트버스키 교수님과의 공동 연구가 굉장히 인상적이었습니다. 두 분의 연구는 이른바 합작투자 같은 느낌이 들었어요. 어떻게 친밀한 협력관계를 유지하면서 연구를 하신 거죠? 다행스럽게도 우리는 공통점이 정말 많았습니다. 물론 다른 점도 있긴 했죠. 그렇기 때문에 혼자서는 할 수 없는 일을 둘이서 같이 할 수 있었습니다. 둘 다 서로에게 호의적이어서 굉장히 긴 시간을 함께 보냈습니다. 당연히 연구의 질이 높아질 수밖에 없었어요.

저도 공동으로 연구하는 사람들을 자주 보았는데 카너먼 교수님과 트버스키 교수님의 연구는 굉장히 생산적이었어요. 보통 혼자서 하든 둘이서 하든 어떤 아이디어를 학문적으로 발전시키려면 굉장히 많은 시간이 소요됩니다. 그러나 트버스키와 저는 좀 달랐어요. 한쪽에서 어떤 아이디어를 제시하면 다른 사람은 그 아이디어에 대해 더 많이 알고 있는 일이 빈번했습니다. 그런 일은 흔치 않죠. 그래서 우리가 오랫동안 협력관계를 유지할 수 있었던 겁니다. 또 우리는 서로 항상 말을 주고받고 즐기면서 연구했어요. 실험 자체는 단순했기 때문에 생각하는 것 이상으로 시간을 낭비할 필요가 없도록 생산적으로 연구를 진행했습니다.

새로운 연구 분야를 개척하면서 느끼신 점은 무엇인가요? 처음에는 저희가 진행했던 연구가 큰 성과를 거둘 것이라고는 전혀 생각하지 못했습니다. 그런데 예상보다 성과가 훨씬 더 컸어요. 연구 분야에 어느 정도 공헌을 할 것이라고 예상하긴 했지만 새로운 움직임을 만들어낼 거라고는 생각하지 못했습니다.

카너먼 교수님은 오랫동안 인간의 사고와 의사결정을 집중적으로 연구하셨어요. 그 연구 성과를 참고하면 인간이 자신의 행동을 이해했을 때 무엇을 바꾸거나 배울 수 있나요? 한정된 범위 내에서만 배울 수 있습니다. 사람이 실수하기 쉬운 상황을 이해하고 조심하면 잘못을 막을 수 있기 때문입니다. 그렇지만 항상 가능한 것은 아니에요. 사람들의 직관적인 반응까지 바꿀 수는 없으니까요.

교수님은 금융 및 재정 컨설턴트도 하고 계시네요. 그 분야에서는 주로 어떤 이야기를 하시나요? 사람들이 후회하지 않는 의사결정을 할 수 있도록 돕고 있습니다. 이 분야에 굉장히 흥미가 있어요. 자신의 의사결정을 후회하거나 혹은 예측하거나 회피하는 사람들의 행동이 매우 흥미롭습니다. 사람들이 가능한 후회하지 않도록 의사결정에 대해서 상담을 해줍니다.

2002년 노벨 경제학상은 행동경제학을 연구한 교수님과 실험경제학을 연구한 버논 스미스 교수님이 공동으로 수상하셨습니다. 두 분의 연구는 어떤 관련이 있습니까? 저와 버논 스미스 교수님은 전통 경제학에서 완전히 독립된 연구를 했기 때문에 각각의 연구는 거의 관련이 없습니다. 그러나 현재 두 연구에서 약간씩 관계가 생기고 있습니다. 실험경제학자는 행동경제학자가 제안하는 실험을 하고 있어요. 두 학문 사이에 논리적인 수렴이 일어나고 있는 것입니다. 그러나 스미스 교수님의 경제학에 대한 관점과 행동경제학의 관점은 전혀 다르죠.

행동경제학을 만든 교수님이 세계를 혼란에 빠뜨린 금융위기에 대해서 한 말씀 해주실 수 있을까요? 현재 시장이 완전하고 경제 전체가 합리적이라고 생각했던 사람들이 곤란을 겪고 있습니다. 하지만 행동경제학은 이 경제위기 때문에 오히려 주목을 받고 있습니다. 한편으로 이 위기가 금융 부문의 위험부담 때문에 가속화된다면 심리학은 전혀 도움이 안 됩니다. 오히려 전통적인 경제학이 도움이 될 것입니다. 금융위기에는 단기적인 유인(현금 등의 직접적인 보수에 의한 동기부여)과 주인-대리인 문제 Principal-agent problem* 가 포함되어 있습니다. 그 문제에 대응하기 위한 툴은 이미 존재하고 있고 그것을 사용하면 됩니다. 시장이 완전하지 않다는 폭넓은 시야를 가져야 합니다.

(이 인터뷰는 2009년에 진행되었습니다.)

---

*주인-대리인 문제: 주체 A(주인, 의뢰인)가 주체 B(에이전트, 대리인)를 고용하는 경우 발생하는 딜레마를 말한다. 이 관계에서 A는 스스로의 이익을 추구하기 위해서 B를 고용하지만 B는 종종 자신의 이익을 우선하려고 A의 이익에 반하는 행동을 한다. 대부분이 고용자와 피고용자 사이에서 생기는 관계로 에이전트의 딜레마라고 부르기도 한다.

노벨상 수상자
Interview

버논 스미스
(2002년 수상)

실험경제학이란 무엇인가?

인터뷰: 하인츠 호라이스

실험경제학이라는 특수한 세계

스미스 교수님은 실험경제학에 대한 해설을 시작하면서 19세기의 고명한 자연과학자 장 루이 아가시Jean Louis Rodolphe Agassiz*의 "책이 아니라, 자연을 연구해라Study nature, not books"라는 말을 인용하고 있습니다. 이것을 실험경제학의 강령 선언으로 볼 수 있습니까? 그렇습니다.

---

* 장 루이 아가시(1807~1873): 스위스 출생의 미국인 고생물학자, 지질학자, 해양학자로서 과거 지구 상에 빙하시대가 존재했다는 것을 처음으로 이야기하여 '빙하학의 아버지'라고도 불린다. 스위스와 독일의 대학에서 의학과 박물학을 배우고 1830년 독일의 에를랑겐대학교Erlangen university에서 의학학위를 취득 후 파리의 조르주 퀴비에Georges Cuvier 밑에서 비교해부학을 배웠다. 퀴비에 사후 그의 천변지이설catastrophism을 제창하면서 다윈의 진화론을 비판했으며 동물계 분류를 옹호하고 보급시켰다. 1846년 미국으로 건너가서 하버드대학교 교수가 되었고 해양학을 들여왔으며 1859년에는 비교동물학박물관을 창설했다.

저는 실험경제학이 경제학의 한 측면, 특히 경제 이론에 대한 관점의 변화를 가져왔다고 생각합니다. 이후 수많은 연구자들이 반복적인 실험을 통해 확인도 했지요. 이 분야에서 실험경제학을 병행적으로 확인하는 기법도 생겨났고 그것이 이 연구가 인정받는 수단으로 연결되기도 했습니다. 그러나 여기까지 오는 데는 긴 시간이 필요했습니다. 경제학의 주류에서 벗어난 연구였기 때문이죠.

그렇다면 실험경제학은 주류가 되었나요? 아니면 현재도 주류에서 벗어난 특수한 분야로 머물러 있나요? 아직까지는 특수한 분야죠. 실험경제학 연구에 투자하려는 대학이 별로 없습니다. 단순히 하드웨어, 소프트웨어에 한정된 이야기가 아닙니다. 이 연구를 충분히 하기 위한 전문적인 지식도 포함해서 그렇게 말할 수 있습니다. 하지만 용기를 주는 진전도 있었어요. 실험경제학에 오랫동안 저항했던 하버드와 시카고 같은 주요 대학이 이 연구의 발전을 위한 주요 거점이 되고 있기 때문입니다.

미국 이외에 다른 지역에서의 성과는 어떤가요? 아마 유럽에서 가장 뛰어난 연구자를 꼽으라고 한다면 독일의 라인하르트 젤텐이겠죠. 그는 게임 이론으로 존 내쉬와 함께 1994년 노벨 경제학상을 공동으로 수상했어요. 저는 종종 "그가 실험경제학으로 나와 함께 공동 수상을 했다고 해도 결코 이상한 일이 아니다"라고 말합니다. 실험경제학 분야에서 정말 뛰어난 개척자입니다. 그가 이 분야에서 수상하지 못했던 이유는 이미 노벨상을 수상했기 때문일 것입니다. 만일 노벨위원회가 이번에도 젤텐의 업적을 인정했다면 그는 경제학상을 두 번 받은 최초의 수상자가 되었을 것입니다.

스미스 교수님은 청년기에 한때 좌익사상에 심취했다고 들었는데요? 그렇습니다. 저는 1930년대 미국 중서부의 사회주의자가 많은 환경에서 자랐습니다. 그 당시에는 흔한 일이었습니다.

그런데 중도에 사상적으로 변절한 이유는 무엇입니까? 경제학을 배우기 시작했기 때문이죠. 그러나 무엇보다도 실험경제학을 연구한 것이 가장 큰 계기가 아닐까 싶습니다. 연구를 하면서 저는 시장 정보를 분산시키는 터무니없는 존재를 알게 되었습니다. '정상시장normal market의 프로세스가 얼마나 효율적으로 기능하는가?' 이 문제를 연구하다 보니 정말 믿기 힘든 결론에 도달했습니다.

정상시장은 어떤 시장을 지칭하나요? 제가 말하는 정상시장은 전통적인 경제학에서 규정한 시장입니다. 그런데 실험경제학을 연구하면 자산시장이 제대로 기능하고 있지 않다는 사실을 알게 되죠. 거품이 생길 수 있기 때문입니다. 그 사실은 1980년대 처음으로 실험을 통해서 극적으로 증명했어요. 그때 저를 포함해서 많은 연구자들이 모두 깜짝 놀랐습니다.
그 당시 무엇이 기본적인 가치인지 명백했고 또 사람들이 그 가치로 거래하는 것과 똑같은 실험환경을 만들어낼 수 있었습니다. 그러나 거래가 반복되면서 사람들은 반드시 다른 사람들이 지불할 것이라고 추측한 결과에 영향을 받기 시작했습니다. 그렇기 때문에 유가증권과 같은 자산과 집 등의 내구재는 거품이 생기기 쉽습니다. 왜냐하면 실험장

80세가 넘었지만 지금도 끊임없이 새로운 연구를 하고 있는 버논 스미스 교수. _사진: AP/AFLO

testing ground처럼 사람들이 기본적인 가치에 대해서 완전정보를 주는 환경이기 때문입니다. 사람들은 경험을 계속하면서 기본적인 가치를 거래합니다. 그러나 경제 이론에 따른 합리적인 기대 예측 수준으로 거래를 하려면 생각보다 긴 시간, 즉 세 번 정도의 실험이 필요했습니다.

지금 언급하신 내용이 1980년대 행한 거품경제 연구입니까? 그렇습니다. 연구 결과는 1988년 〈에코노메트리카〉에 발표했습니다.

거품 붕괴를 예측할 수 있는가

1980년대 이후에 일어난 거품 붕괴를 예측하셨나요? 2004년 제가 싱가포르의 비즈니스 잡지와 인터뷰를 했는데, 주식시장을 예측해달라는 질문을 받았습니다. 저는 주가가 궤도를 벗어났다고는 볼 수 없다고 대답했어요. 당시 주가는 적정한 수준이었습니다. 그러나 이것을 말씀드리고 싶군요. 과거에도 주택시장에 엄청난 거품이 있었습니다. 누구나 이를 인식하고 있었지만 그 거품이 실제로 언제 터질 것인지 시기를 예측하기는 불가능했어요.

미국에는 연방준비제도가 있고 그들은 최신 경제 모델을 사용합니다. 그러나 그들은 그 누구보다도 뛰어나고 신속하게 경제 데이터를 손에 넣을 수 있었지만 파생금융시장*이 터지기 직전까지 주택시장의 대출위기를 예측할 수가 없었어요. 그들이 맨 처음 징후를 알아차린 것은 2007년 8월 초였고 그 이전에 알았던 사람은 단 한 명도 없었습니다. 연방준비제도가 실수했다고 볼 수도 없습니다. 원래 이런 종류의 거품은 예측이 불가능하니까요. 만일 당신이 거품을 예측할 수 있고, 사람들이 당신 말을 믿고 행동한다면 그들의 행동은 당신의 예측을 틀리게 만들 뿐입니다.

그러한 예측을 믿는지의 여부는 문제가 아니겠군요? 당시 이 거품이 언제까지나 계

---

*파생금융시장: 주식이나 채권, 국내외 통화 등의 금융상품 가격변동을 대상으로 하여 미래에 결정된 가격으로 매매하는 거래계약상의 시장을 말한다. 파생상품에는 선물거래, 옵션, 스왑 등이 있다.

속되지 않을 거라고 예측한 사람들도 있었습니다. 하지만 누구도 귀를 기울이지 않았어요. 많은 사람들이 알고 있었습니다. 저도 그렇고요. 언제 거품이 꺼질지를 예측하는 것과 거품의 원인을 파악하는 것은 전혀 다릅니다. 여러 사람들이 언제쯤 거품이 꺼질 것이라고 추측하긴 했지만 그 적절한 시기를 예측한 사람은 극소수에 불과했어요. 예를 들어 예일대학교의 로버트 실러Robert Shiller(케이스-실러 주택가격 지수의 공동 창시자로 가장 영향력 있는 100명의 경제학자 중 한 사람)는 주택가격은 역사적 수준에서 볼 때 궤도를 벗어나고 있다고 계속 지적했습니다. 1990년대 말부터 2000년까지 소득은 그렇게 상승하지 않았는데 주택가격과 주택 임대가격의 비율은 60퍼센트나 상승했습니다. 모두 주택 담보대출이 끌어올린 겁니다. 그러나 이런 식의 성장은 지속될 수 없습니다.

저는 동료인 애리조나대학의 스티븐 예르스타드Steven Gjerstad와 함께 과거 주택시장 붕괴 과정을 조사했어요. 주택 붕괴가 1920년대의 세계 공황과 어떻게 연결되었는가를 연구했는데 당시에도 똑같은 현상들이 일어났다는 것을 알았습니다. 주택, 상업용 부동산, 부동산 투기가 정점을 넘어 모기지(부동산 담보대출) 기금이 2~3년에 걸쳐 계속 하락했고 1929년에 주식이 폭락했습니다. 그러나 1929년의 주식시장 붕괴는 2000년과 2008년의 주식 폭락처럼 큰 사건이 아니었어요. 주식 폭락 후에 계속 다른 문제가 차례차례 발생한 것이지요.

교수님은 여러 저서에서 데이비드 흄과 애덤 스미스, 프리드리히 하이에크 같은 경제학자들을 빈번하게 언급하셨는데 어떤 특별한 의미가 있나요? 실험경제학의 관점에서 볼 때, 애덤 스미스의 가장 큰 업적은 《국부론》이 아니라 1759년에 출판된

《도덕감정론The Theory of Moral Sentiments》입니다. 저는 최근에 《도덕감정론》의 중요성에 눈을 떴어요. 이 책은 기본적으로 사회심리학을 다루고 있는데 당시는 아직 이런 개념이 존재하지도 않았던 시대였죠. 그러나 이미 통상 분야에서는 호혜주의와 사회적 교환의 개념이 완전하게 존재했어요. 이 책은 지역 차원에서의 인간사회 그 자체를 다루고 있고 《국부론》과는 전혀 다릅니다.

사회적 교환이란 사람들이 호의를 서로 교환하는 것입니다. 애덤 스미스는 "당신은 누구에게 가장 박애적인가?"라는 질문에 대한 답을 "나에게 박애적인 인간에게 가장 박애적이다"라고 썼습니다. 스미스의 이 언급은 제로섬 2인 게임의 실험과 호혜적 이타주의*의 실험과 많이 연관되어 있습니다.

그렇다면 교수님의 연구는 18세기 애덤 스미스가 이미 알아차린 문제를 재발견하신 겁니까?
그렇습니다. 애덤 스미스만이 아니에요. 흄이 1739년에 쓴 《인간본성론A Treatise of Human Nature》에도 굉장히 깊은 내용이 담겨 있습니다. 그리고 애덤 스미스는 《도덕감정론》을 썼습니다. 이들 책에는 우리가 연구실에서 발견했던 다양한 문제에 관련한 연구와 이론들이 들어 있어요. 우리가 흄과 스미스의 업적을 보고 실험경제학 연구를 한 것이 아닌데도 전혀 다른 방향에서 시작해 똑같은 결론에 이르렀습니다. 서로 본 적도 없고 알지도 못하는 두 사람이 서로 거절하기 쉬운 조건하에 있다

---

*호혜적 이타주의: 미래에 자신이 도움받을 것을 기대하고 타인을 돕는 행위를 말한다. 미국의 진화생물학자 로버트 트리버스Robert Trivers가 제창했다.

데이비드 흄(왼쪽)은 애덤 스미스의 친구였던 영국의 철학자, 역사학자, 경제학자이다. 그는 《인간본성론》에서 인간의 지각과 인상, 관념 등을 엄밀하게 정의하여 회의적 경제론을 전개했다. 애덤 스미스(오른쪽)는 《국부론》의 기반이 된 《도덕감정론》에서 논리, 철학, 심리, 방법론 등을 고찰하고 있다.

고 가정해봅시다. 그런데도 두 사람이 단 한 번의 게임을 하면 생각보다 빈번한 협력관계가 생겨납니다. 그 이유는 두 사람이 더 잘 이해하고 있어요. 그 상황을 기존의 게임 이론으로는 설명하기 어렵습니다.

자본시장, 온난화, 생태계 예측의 불가능성

교수님 책에서 '경제학의 중심부에 존재하는 과학적 미스터리'라는 표현을 보았습니다. 시장의 가격결정 메커니즘을 말씀하시는 건가요? 시장의 미스터리란 무엇인가요? 사람은 지역환경 속에서 행동하는 존재입니다. 자신이 눈으로 보는 가격에 반응해서 의사결정을 하기 때문이에요. 그러나 실제로는 다른 나라에 살고 있거나 결코 만나지 않을 사람과 함께 서로 조화롭게 협력하고 있습니다. 결국 시장에서는 언뜻 보기에는 믿기 어려운 조화가 발생합니다. 그런데 기존 시장 이론의 입장, 즉 생산자, 소비자, 상품과 서비스의 흐름으로 본다면 자산시장에서 거품이 생긴다는 것을 알 수 있습니다. 이것은 국내 시장뿐만 아니라 국제시장도 마찬가지입니다.

자산시장과 재화시장은 전혀 다릅니다. 자산시장은 가치가 보존되고 GNP의 절반을 차지하는 시장입니다. 반면 재화시장에서는 가치가 보존되지 않고 재거래가 불가능합니다. 햄버거 한 개를 구입하거나 머리를 깎는 것이 재화시장이죠. 재화시장은 연구실에서 완전히 재현할 수 있는 시장입니다. 이 시장에서는 다른 사람들이 알지 못하는, 혹은 알 필요가 없는 어떤 종류의 균형 상태도 신속하게 수렴합니다.

그렇지만 자산시장은 대부분 정반대의 성질을 가지고 있어요. 단순하게 말하면 큰 거품이 생기고 그 거품은 곧 붕괴합니다. 은행 융자로 구입한 주택, 기타 장기자산의 경우를 예로 들어보죠. 매수자는 곧 미지불 채무의 액수가 담보의 가격과 같거나 그 이상이라는 사실을 알아차리고 채무를 바로 변제하기 시작합니다. 그 때문에 채무의 레버리지Leverage*를 줄이는 시도가 펼쳐지고 기본재와 서비스의 수요가 감소합니다. 그러면 실업률이 높아지는 현상도 일어나죠.

시장의 문제로 돌아와서 질문을 계속하겠습니다. 시장의 움직임에 대해서 교수님이 기술한 것을 보면 복잡계 이론Complexity theory의 개념이 생각나는데 공통점이 있습니까? 그렇습니다.**

＊레버리지: 신용거래나 금융파생상품의 구조를 이용해서 소액의 자금으로 큰 금액을 움직이는 것을 이른다. 자기자금으로 하는 것보다 이익이나 손실 모두 커진다.

경제는 매우 복잡한 시스템이에요. 세계 경제는 말할 필요도 없고 특정 국가의 경제도, 또 하나의 주州의 경제도 마찬가지입니다. 지극히 복잡하다는 점에서 지구의 기상 현상이나 생태계 현상과 아주 비슷합니다. 사실 기상 현상이나 생태계 현상은 이해하기도 어렵고 예측하기도 곤란합니다. 토론의 단골 주제인 지구온난화를 예로 들어 설명하죠. 지구는 지난 1만 9000년에 걸쳐 온난화의 과정에 있었어요. 이산화탄소 배출과 현재의 온난화 경향을 인과적이라고 설명하기에는 어려운 점이 많습니다. 왜냐하면 우리는 수백 년이나 계속된 온난화 과정 위에 있기 때문입니다.

만일 경제의 거품을 예측하는 것이 어렵다면 지구의 기상 현상 같은 엄청나게 복잡한 계系의 움직임을 어떻게 하면 예측할 수 있을까요? 예측할 수 없습니다. 거품을 시뮬레이션 혹은 모델화하는 것은 가능해도 그것은 연구실에서의 한정된 상황일뿐이고 현실세계를 쫓아갈 수는 없습니다. 그래서 이러한 모델은 예측 수단이 될 수 없어요. 우리 연구는 현실에서 진행되는 현상의 성질을 파악할 수 있지만 예측하기에는 불충분합니다. 피드백 루프feedback loop(출력의 일부를 입력으로 사용하여 시스템을 수정 또는 제어하는 시스템의 구성 요소)

** 복잡계 이론: 근대 자연과학은 복잡한 사상을 단순한 법칙과 요소, 원리 등으로 환원해서 사상의 큰 틀과 구조를 이해하려는 시도를 했다. 그렇지만 생물의 유전자를 아무리 연구해도 현실의 생명 현상을 잘 이해할 수 없는 것처럼 요소환원론과 단순화로는 사물의 본질을 파악할 수 없다. 따라서 기존처럼 복잡한 부분을 잘라내지 않고 오히려 적극적으로 살펴보자는 견해가 바로 복잡계 이론이다. 복잡계 이론에서는 현상의 변화 과정이나 상호작용 등의 동적인 측면을 살펴보고 미시에서 거시에 이르는 다양한 시점에서 다각적으로 현상을 관찰한다.

가 너무나도 복잡해서 거의 이해할 수 없기 때문에 예측할 수 없습니다. 연구자들은 모델을 만들기 위해 노력하고 있지만 이는 예측 가능성의 문제와는 전혀 다른 이야기입니다.

신경경제학의 출현

교수님은 신경경제학neuroeconomics이라는 개념을 만드셨어요. 이것에 대해서 간단하게 말씀해 주세요. 신경경제학은 뇌를 스캔하는 원리를 의사결정에 응용한 것입니다. 이를 통해 많은 지식을 얻을 수 있습니다. 인간의 다양한 의사결정, 예를 들어 불확실성 속에서 의사결정을 할 때는 활동하는 뇌 모듈이 존재합니다. 이 연구를 15여 년 동안 하고 있는데 아직까지는 초기 단계입니다. 그러나 최종적으로 이것은 의사결정을 이해하는 데 도움이 될 수 있습니다.

그런 방법을 교수님의 실험경제학에서도 사용하십니까? 아니오. 조지메이슨대학교의 케빈 맥케이브Kevin McCabe와 채프먼대학교의 존 딕하트John Dickhaut가 연구하고 있지만 저는 중심적인 역할은 담당하고 있지 않습니다.

2008년에 스미스 교수님은 워싱턴 근교에 있는 조지메이슨대학교에서 캘리포니아의 채프먼대학교로 옮기셨어요. 미국 동부 해안에서 서부 해안으로 이동하셨네요. 2년 전에 저와 밀접한 협력관계에 있는 다섯 명의 연구자가 채프먼대학교로 옮겼습니다. 조지메이슨대학에서 네 명, 미네소타대학교에서 한 명이 왔습니다. 홀

륭한 학장님과 경영진의 노력으로 계속 발전하고 있는 대학교입니다. 이 대학에서 굉장히 적극적으로 연구를 지원해주셨어요. 사무실 근처에 훌륭한 연구 시설이 준비되어 있고 박사 후 과정과 객원교수를 위한 예산도 배정되었습니다. 그래서 저도 학생들에게 즐겁게 강의를 하면서 연구에 매진하고 있습니다.

굉장히 인상적이네요. 스미스 교수님은 80세라는 연세에도 불구하고 대학을 옮기셨습니다. 그 나이에는 대개 큰 변화를 바라지 않는데 어떤 계기가 있었나요? 옮길 만큼 충분한 가치가 있었기 때문입니다. 지금까지 대학을 옮길 때마다 좋은 기회를 얻었습니다. 캘리포니아가 좋아서 이곳으로 옮겼냐는 질문을 받을 때마다 채프먼대학이 좋고, 이 대학이 캘리포니아에 있기 때문에 이쪽으로 왔다고 대답합니다. 만일 그곳이 아이다호에 있었다면 저는 주저 없이 아이다호로 갔을 것입니다. 물론 제 집은 애리조나 주 투손에 있긴 하지만요.

(이 인터뷰는 2009년에 진행되었습니다.)

8

새로운 게임 이론으로
전쟁과 인간사회를 읽다

2005년 노벨 경제학상

로버트 아우만 Robert Aumann, 토머스 셸링 Thomas Schelling

전쟁은 게임 이론이 잘 들어맞는 응용 분야이다. 먼 옛날에는 전쟁을 하기 전 게임으로 예행연습을 하기도 했다. 아우만과 셸링은 국가간의 분쟁과 같은 교섭 문제에 게임 이론을 응용함으로써 노벨 경제학상을 수상했다.

_집필: 하인츠 호라이스, 야자와 기요시

새로운 게임 이론으로
전쟁과 인간사회를 읽다

그들은 닥터 스트레인지러브인가

"전쟁은 합리적일 수 있을까요?"

2005년에 경제학상을 수상했던 이스라엘의 수학자 로버트 아우만은 '전쟁과 평화'라는 주제로 진행된 수상 강연에서 이런 자극적인 질문을 했다. 그리고 대부분의 청중들이 지지하지 않을 말을 했다.

"유감스럽지만 대답은 '그렇다' 입니다."

노벨상 공동 수상자인 미국의 경제학자 토머스 셸링에게도 전쟁은 중요한 연구 대상이었다. 그는 1960년에 출판한 유명한 저서 《갈등의 전략The Strategy of Conflict》에서 20세기 후반의 동서 냉전시대에 세계를 뒤덮고 있던 핵무기 보복 전략의 기반을 닦았다. 현재 이 책은 제2차 세계대전이 끝났던 1945년 이후, 서유럽에서 가장 사회적 영향력이 컸던 100권 가운데 한 권이 되었다. 전쟁에 대한 셸링의 견해는 아우만과 비숫하다. 그는 전쟁을 '교섭 과정'이라고 보았다. 셸링이 경제학상을 수상했을 때 일부 저널리스트들은 셸링을 '닥터 스트레인지러브Dr. Strangelove'라고 부르기 시작했다.

스트레인지러브는 1964년에 스탠리 큐브릭Stanley Kubrick이 감독했던 블랙코미디 영화 〈닥터 스트레인지러브〉의 주인공이다. 큐브릭 감독은 그 영화를 통해 핵무기 협박을 풍자했다. 명배우 피터 셀러스Peter Sellers가 연기했던 미친 과학자 스트레인지러브는 핵전략 전문가이고 핵폭탄을 정말 사랑한다. 스트레인지러브 박사라는 이 캐릭터는 랜드연구소에서 일하던 전략연구가 허먼 칸Herman Kahn*과 20세기 최고의 수학자인 존 폰 노이만, 미국의 수소폭탄의 아버지 에드워드 텔러Edward Teller**의 이미지를 합친 것이었다. 토머스 셸링도 이러한 전략을 연구하던 과학자 가운데 한 사람이었다.

그렇다면 왜 스웨덴의 왕립과학아카데미는 두 명의 미친 핵전쟁광들을 2005년 수상자로 선정한 것일까? 물론 전쟁에 대한 아우만과 셸링의 견해는 오해를 불러일으킬 수 있다. 아우만도 셸링도 게임 이론의

---

* 허먼 칸(1922~1983): 미국의 물리학자이자 미래학자로 유명한 핵전략연구가이다. 1947년부터 랜드연구소에서 핵무기, 핵전략에 관한 연구를 시작하여 캘리포니아의 로렌스리버모아국립연구소Roence Livermore national Laboratory에서 수소폭탄에도 관여했다. 1961년 그가 설립한 싱크탱크인 허드슨연구소에서 국가안전보장 문제와 미래학 조사를 했다.

** 에드워드 텔러(1908~2003): 오스트리아-헝가리제국 출신의 미국 핵물리학자로 열핵에너지 개발의 주요 인물이자 '수소폭탄의 아버지'라고 불린다. 1935년 미국으로 망명해서 조지워싱턴대학교 물리학 교수가 되었다. 그 후 시카고대학교에서 엔리코 페르미Enrico Fermi와 함께 세계 최초로 원자로에서 핵분열 반응을 실험·연구했다. 1942년부터 로스앨러모스국립연구소에서 맨해튼 계획(원폭 개발제조 계획)에 참가했고 종전 후에는 수소폭탄 개발에 주도적인 역할을 담당했다. 1980년대 레이건 정권의 SDI(전략방위 계획)는 그가 제안한 것이었다.

★ **로버트 아우만**_이스라엘 출신의 미국 수학자, 경제학자

전형적인 게임 이론가인 그는 언뜻 보기에 비합리적인 행동이라도 합리적인 전략이 될 수 있다고 주장했다.
_사진: David Orban / Creative Commons

1930년　독일 프랑크푸르트 정통파 유대교 가정에서 태어남.
1938년　나치 박해를 피해서 뉴욕으로 이주.
1950년　뉴욕시립대학을 졸업하고 1955년 MIT에서 수학 박사학위를 취득함. 프린스턴대학교에서 연구교수로 있는 동안 존 내쉬와 만났고, 이때 게임 이론에 흥미를 갖게 됨.
1956년　이스라엘 히브리대학교 수학부 강사. 이후 동대학에 재직했고 2001년부터 명예교수.
1957~1958년　미국국립표준국NBS에서 포크 이론을 연구.
1960~1961년　프린스턴대학교 계량연구프로그램 조수.
1964~1965년　예일대학교 통계 및 동대학 코울스경제연구재단 객원교수.
1969~1993년　UC버클리와 스탠퍼드대학교 경제학 객원교수, 히브리대학교 고등연구소 선임연구원. 1974~1979년 〈경제이론저널Journal of Economic Theory〉과 1975~1978년 〈에코노메트리카〉의 편집위원.
1979년　오퍼레이션리서치학회 연구위원.
1986~1989년, 1991~2007년　뉴욕주립대학교 스토니브룩Stony Brook University 경제학부 및 게임이론센터 교수. 1989년 예일대학교 코울스경제연구재단 객원교수. 1990년 히브리대학교 합리성연구센터 설립.
1994년　이스라엘 경제학상.
1995년　오퍼레이션리서치에서 란체스터상 수상.
1997년　뉴욕대학교 경제학 객원교수.
1999~2000년　노스웨스턴대학교Northwestern University 경제학 넴머스Nemmers 교수. 1998~2003년 게임이론학회 회장.
2000년　〈유럽수학학회저널〉 편집위원. 2002년 이스라엘 총리로부터 경제학 에메트EMET상 수상.
2005년　노벨 경제학상 수상 및 존 폰 노이만 이론상 수상.

이론가이다. 아우만은 게임 이론이 합리적 시점에 의한 상호작용 연구라고 직접 언급했다. 지금까지 충분히 증명되었듯이 분쟁과 전쟁은 인간의 상호작용 가운데에서도 가장 큰 영역이다. 아우만은 이러한 분야

를 합리적인 시점에서 연구하는 것이 합리적 행위라고 이야기한다. 이런 연구가 바로 주어진 정보 안에서 가장 최선의 이익이 무엇인지를 찾는 것이기 때문이다.

대립 속에서 협력적 관계를 찾아내다

아우만과 셸링은 각각 독립된 연구를 했지만 같은 주제로 노벨상을 받았다. 노벨위원회는 "게임 이론 분석을 통해 갈등과 협력을 이해할 수 있게 했다"고 수상 사유를 밝혔다. 그들이 연구를 시작한 것은 1950년대 후반으로 거슬러 올라간다. 스톡홀름 수상식에서 그 영예를 칭송받았을 때 아우만은 75세, 셸링은 84세였다. 연구에서 수상까지 이렇게 긴 시간이 필요했던 가장 큰 이유는 게임 이론이 경제학의 도구로 받아들여지기까지 오랜 세월이 걸렸기 때문이다.

게임 이론으로 처음 노벨 경제학상을 받은 사람은 1994년 존 내쉬와 존 하사니, 라인하르트 젤텐이었다. 그들은 비협력 게임 이론의 균형을 연구했다(제5장 참조). 이 장에서 다루고 있는 게임 이론가 아우만과 셸링도 그 세 명에 이어서 노벨 경제학상을 수상했다. 노벨위원회의 위원인 경제학자 토르 엘링슨Tore Ellingsen은 아우만과 셸링의 연구 주제에 대해서 이렇게 이야기했다.

"분쟁 상황에서 이익을 얻으려면 어떻게 협력관계를 구축해야 하는가? 이 문제는 인간사회가 직면할 수 있는 가장 큰 문제이다."

여기에서 말하는 연구 주제는 국가간에 일어나는 분쟁을 의미한다. 동시에 이 연구는 시장경제에서 기업간 분쟁, 유산의 상속을 둘러싼 가

노벨위원회는 토머스 셸링의 연구가 분쟁해결과 전쟁회피에 중요한 공헌을 했다고 평가했다.

_사진: 로이터-교도

★ **토머스 셸링**_미국 경제학자

1921년　캘리포니아 주 오클랜드 출생.
1944년　UC버클리를 졸업하고 1년 반 정도 미국예산국의 분석관으로 일한 뒤 하버드대학교에 입학.
1948년　하버드대학에서 경제학 박사학위 취득 후 마셜계획 실시 기관에 참여해서 1년 반 동안 코펜하겐과 파리에 체류.
1950년　백악관 대통령 외교정책 고문. 신설 북대서양조약기구NATO의 일원으로서 활동. 1953년 예일대학교 경제학으로 전향하고 '교섭전략'에 대해서 집중적으로 연구함.
1958년　가족과 함께 런던으로 이주. 게임 이론의 가장 시급하면서도 중요한 응용 분야는 핵무기 정책이라고 인식. 런던 국제전략연구소의 설립자 알래스테어 버컨Alastair Buchan과 친하게 지냄. 하버드대학교 경제학부 교수. 그 후 30년 동안 경제학 및 국제문제연구센터, 공공정책 대학원 케네디스쿨에서 재직하면서 교섭전략에 대해 더 관심을 가짐.
1958~1959년　랜드연구소 객원연구원. 여기에서 초점focal point을 고찰하기 시작함 (45년 후 노벨상 수상 강연 테마).
1960년　《갈등의 전략The Strategy of Conflict》 출판.
1984년　《선택과 결과Choice and Consequence》 출판.
1990년　하버드대학교를 떠나 메릴랜드대학교 특별 영예교수.
1991년　미국경제학회 회장.
2001년　9·11테러 이후 미국과학아카데미, 미국기술아카데미, 의학연구소, 테러대책기술위원으로 초빙을 받음.
2006년　《책무의 전략Strategies of Commitment》 출판.
2009년　예일대학교 명예박사. 메릴랜드대학교 칼리지파크college park 캠퍼스의 공공정책학부(외교 문제, 국가안전보장, 핵전략, 군비관리) 교수.

족간의 분쟁, 또는 공유자원의 관리 방법을 결정하는 지역사회의 분쟁에도 적용될 수 있다.

로버트 아우만(오른쪽)은 존 내쉬(왼쪽)가 개발했던 비협력 게임을 이용해서 무한반복 게임을 분석했다.

두 사람이 걸어간 다른 인생

　로버트 아우만과 토머스 셸링은 모두 분쟁과 협력을 연구했지만 전혀 다른 방향으로 공헌하게 된다. 먼저 수학자인 아우만은 주로 무한반복 게임infinitely repeated games을 이론적으로 분석했고 그 연구 때문에 노벨 경제학상을 수상했다. 그는 장기적인 경제관계가 존재할 때 지속적으로 얻을 수 있는 성과가 어떤 것인지 그 성질을 분석했다. 한편 경제학자인 셸링은 더 실천지향적인 연구를 했다. 그는 '사회적, 정치적, 경제적인 모든 문제에 게임 이론을 창조적으로 응용' 했기 때문에 노벨 경제학상을 수상했다. 그는 다른 게임 이론 연구자들이 자주 이용하는 수학적 형식주의를 싫어했다.

　셸링은 늘 경제학을 생각했지만 아우만의 머릿속에는 경제학이 들어 있지 않았던 것 같다. 스웨덴의 한 저널리스트가 고등학교 때 경제학 수업을 들었느냐는 질문을 하자 아우만은 "너무 무서웠기 때문에 2주 동안 도망다녔다"라고 대답했기 때문이다.

두 사람은 과학적 접근법만 다른 것이 아니라 인생도 정말 달랐다. 1921년 캘리포니아 주 오클랜드에서 해군 장교의 아들로 태어난 셸링은 전형적인 서부 남자였다. 제2차 세계대전 중에 캘리포니아대학교를 다녔고 1944년에 경제학부를 졸업했다. 1948년에는 하버드대학교에서 박사학위를 받았다.

1948년은 이스라엘이 건국*된 해였고 당시 뉴욕에 살고 있던 아우만 형제가 이스라엘로 이주를 결정한 시기이기도 했다. 로버트 아우만은 1930년 독일 프랑크푸르트의 정통파 유대교 가정에서 태어났다. 아버지는 포목점 상인이었고 경제적으로 풍요로웠으며 그의 일족은 몇 세기에 걸쳐 독일에서 살아왔다. 1938년 아우만은 다행스럽게도 미국 비자를 취득했고 가족은 나치 정권을 피해 뉴욕으로 이주할 수 있었다. 그러나 그의 가족은 미국으로 이주하는 도중에 갖고 있던 돈을 모두 잃어버렸다. 부모님은 살기 위해 열심히 일했고 그 덕분에 아우만과 그의 형제들은 교육을 받을 수 있었다.

아우만은 유대교 학교에 다녔고 그곳에서 《탈무드》 등 유대교와 관련된 수업과 일반교육을 받았다. 그 후 뉴욕의 시립대학교를 졸업한 그

---

*이스라엘 건국: 19세기 말 세계 각지에서 뿔뿔이 흩어져 있던 유대인들이 팔레스타인에 유대인 국가를 건설하자는 시오니즘 운동을 벌였다. 20세기 전반 그 운동은 점차 미국에 있는 유대인에게까지 퍼졌고 1948년 영국, 미국 등의 강력한 정치적 지원을 받아 이스라엘이 탄생했다.

는 MIT에 진학했고 대학원생이 되었다. 1954년 박사학위를 받은 그는 프린스턴대학교에서 2년 동안 박사 후 과정을 보냈는데 이때 존 내쉬와 만났다.

박사 후 과정 기간이 끝난 뒤 아우만은 몇 가지 선택을 놓고 고민하기 시작했다. 첫 번째 선택은 이스라엘의 예루살렘에 있는 히브리대학교였다. 두 번째 선택은 명성도 있고 월급도 많이 주는 벨연구소Bell Labs였다. 그는 3주 동안 고민한 후 벨연구소로 결정했지만, 곧 이것이 잘못된 선택임을 알아차렸다. 그래서 몇 개월 후 아내와 함께 미국을 떠나 이스라엘로 이주했다.

아우만은 이주와 관련된 이야기를 하는 것을 좋아한다. 그 사례가 게임 이론에 잘 적용되기 때문이다. 어떤 인터뷰에서 그는 이렇게 말했다. "어떤 사건은 실제적인 의사결정이 힘들다는 점을 잘 보여줍니다. 현실은 이론보다 훨씬 더 복잡하죠. 현실에서 하는 의사결정은 시간이 지나야 무엇이 옳은 결정이었는지 알 수 있습니다."

아우만이 예루살렘으로 옮겼을 무렵, 셸링은 노벨 경제학상을 수상하게 될 연구를 시작했다. 대학교를 졸업한 셸링은 미국 정부와 관련된 다양한 일을 했다. 처음에는 제2차 세계대전 후 마셜계획*에 참여했고 백악관의 대통령 외교고문으로도 활동했다. 1953년에는 정부기관과

---

*마셜계획: 제2차 세계대전 후인 1948~1952년 서유럽 국가들의 경제부흥을 위해서 미국 국무장관이었던 존 마셜John Marshall의 제안으로 실시했던 대규모 경제지원을 말한다. 유럽 각국에서 이 정책을 받아들이는 기관으로 설치했던 OEEC(유럽경제협력기구)는 OECD의 전신이다. 이때 소련과 동맹국은 이 계획을 거부했기 때문에 동서 대립이 깊어졌다. 계획의 근간에는 공산주의의 서유럽 유입을 막는 목적도 있었다.

관련된 일을 그만두고 예일대학교에서 교편을 잡았으며 5년 후에는 하버드대학교 경제학부 교수가 되었다.

미국과 소련의 핵무기에 따른 대결전략

셸링은 군사전략과 핵무기에 대한 연구로 널리 알려졌다. 그러나 그는 그 범위를 넘어서 다양한 문제들도 새롭게 연구했다. 에너지 환경정책, 기후변동, 조직범죄, 테러리즘, 해외원조, 국제거래, 인종격리와 차별철폐, 공중위생, 택시운전, 주식시장 조사, 세금징수, 교통정체, 유괴, 예절 등으로 정말 광범위했다. 그는 생생한 사례를 이용해서 이 문제들이 사람들의 생활에 어떻게 관련되어 있는가를 설명했다. 그리고 게임 이론을 문자 그대로 현실사회에 가져왔다는 큰 업적을 남겼다.

예일대학교에서 연구를 시작했을 때 셸링은 게임 이론에 대해 거의 아무것도 알지 못했다. 그는 그곳에서 '교섭전략'을 집중적으로 연구했다. 정부와 관련된 일을 할 때 거의 모든 일이 교섭과 연관되어 있었기 때문이었다. 그는 교섭 이론에 대해서 두 편의 논문을 발표했다. 하지만 노벨위원회에 제출한 자기소개서에서 셸링은 그 논문이 수박 겉핥기식의 연구였다고 고백했다.

셸링이 게임 이론 연구를 본격적으로 시작한 계기는 1957년에 발행했던 하워드 래이퍼Howard Raiffa와 로버트 던컨 루스Robert Duncan Luce의 저서 《게임과 의사결정Games and Decision》 때문이었다. 그는 상당히 오랫동안 이 책에 몰두했다고 한다. 그 후 셸링도 1960년 《갈등의 전략》을 출판했다. 이 책에서 그는 핵무기와 한정限定전쟁(일반적으로 전역, 수단, 무기, 목표 등을 제한한 전쟁을 의미)을 다루었지만 군사적인 의미를 가진 '전략戰略'이라는 말은 사용하지 않았다. 대신 그는 게임 이론에서 가져온 용어를 숙련 게임, 찬스 게임, 그리고 전략 게임이라고 구별해서 쓰고 있다. 전략 게임에서 각 플레이어가 하는 최고의 행동은 다른 플레이어가 취하는 행동에 따라서 변한다.

《갈등의 전략》의 서문에서 셸링은 전쟁을 '이상異常 사태'로 다루면서 그 원인과 대처법을 깊게 찾지 않는다고 확실하게 서술했다. 그는 분쟁을 환영하고 그와 관련된 행동을 연구하며 더 합리적이고 자각적인 행동에 초점을 맞출 것이라고 이야기했다. 간단하게 정리하면 셸링은 분쟁을 일종의 경기로 보고 참가자들을 경기에서 이기려는 사람들로 다루고 있다.

그러나 셸링은 전쟁을 제로섬 게임이나 체스처럼 '전부가 아니면 전무All or Nothing'인 경기로는 보지 않았다. 플레이어의 이득과 손실이 완전하게 상반되는 상황으로 보지 않고 의사결정 문제에서 대립과 공통적인 이해가 서로 섞여 있다고 강조했다. 결국 '싫어하는 상대와의 관계' 뿐 아니라 '서로 불신감을 품거나 의견이 다른 파트너와의 관계'도 셸링이 말하는 전략에 포함된다.

대부분의 분쟁은 교섭 과정이다. 그래서 한쪽 참가자의 목적을 달성하는 능력은 다른 쪽 참가자의 선택이나 의사결정에 따라 크게 좌우된다. 결국 교섭이란 어떤 국가의 양보와 암묵이라는 작전 행동에 따라서 달라지는 것이다. 작전 행동이란 전략지점을 점령하거나 반대로 거기에서 철수하는 등의 행위를 말한다.

보통의 경제시장에서 볼 수 있는 교섭을 예로 들어보자. 경쟁하는 기업끼리 서로에게 이득을 가져오는 결정을 찾는 과정이 바로 교섭이다. 교섭에는 파업과 보이콧, 가격전쟁, 협박이 포함된다. 셸링은 연구를 통해서 분쟁과 협조는 복수의 인격이 관련된 광범위한 상황 속에서 응용할 수 있다고 보았다. 사람들이 그에게 핵무기와 핵전쟁을 연상시키는 닥터 스트레인지러브라는 별명을 붙인 것은 제2차 세계대전부터 30년 정도 동서 대립이라는 시대적 배경이 있었기 때문이다.

제2차 세계대전 후 소련을 축으로 한 동쪽 바르샤바조약기구*와 미국을 중심으로 한 서쪽 NATO**는 일촉즉발의 냉전구조를 만들었고 동서 양진영은 엄청난 수의 핵무기를 언제라도 사용할 수 있는 전투태세를 갖추었다. 작은 충돌이 한꺼번에 전면적 핵전쟁으로 발전할 수 있는 시대가 계속된 것이다. 이 놀라운 긴장의 시대에 정치가도 군인도 핵전략의 전문가도 동서간에서 일어날 수 있는 핵무기 대결에 어떻게 대처해야 하는지를 항상 모색했다.

어떻게 핵전쟁을 회피하는가

1950년대 냉전이라는 시대적 상황에서 셸링은 게임 이론이 군사정

---

*바르샤바조약기구: 서방의 나토에 대항하기 위해서 1955년 바르샤바에서 조인된 소련과 동유럽의 안전보장 조약에 기초한 군사동맹이다. 소련, 동독, 폴란드, 불가리아, 헝가리, 루마니아, 체코슬로바키아, 알바니아(중소 대립으로 1968년 탈퇴)가 가입했다. 독일의 통일로 1991년 와해되었다.

** NATO(북대서양조약기구): 1949년 조인된 북대서양 지역 사이의 집단 안보 조약에 기초한 정부 군사동맹이다. 가입국에 대한 모든 공격과 위협은 자국에 대한 공격이라고 간주하고 방위할 것, 분쟁이나 내전해결에 공헌할 것을 목적으로 하고 있다. 냉전 종결 후 바르샤바조약국이었던 동유럽이 가입하면서 결성 당시 12개국에서 2009년에는 28개국으로 확대되었다.

셸링의 분쟁과 협조에 대한 연구는 동서 냉전이라는 유례없는 시대적 상황에 의해서 태어났다. 당시 미국과 소련은 '공포의 균형'을 가지고 올 무기로 ICBM(대륙간탄도미사일) 개발경쟁을 했다. 사진은 ICBM(왼쪽)과 미사일 실험에서 사용했던 다탄두(오른쪽)이다.

_사진: Dept. of Defense, 야자와 사이언스

책, 특히 핵전략 분야에 응용될 수 있다는 점을 인식했다. 그는 스톡홀름에서 열린 노벨상 수상 강연에서도 이 분야에 대한 게임 이론의 중요성을 다시 한 번 언급했다. 이때 그는 '놀랄 만한 60년: 히로시마 유산'이라는 제목으로 연설을 했다. "히로시마 원자폭탄 투하 이후 과거 반세기 동안 장대한 사건은 현실에서 일어나지 않았습니다. 세계는 분노에 휩싸여서 핵폭탄을 터트리지 않고 60년을 지내왔기 때문입니다."

셸링도 이 '현실이 되지 않았던 장대한 사건'에 깊게 관여한 사람이었다. 그래서 몇몇 사람은 그가 경제학상이 아닌 평화상을 수상해야 한다고 말하기도 했다.

1950년대 후반 하버드대학 교수가 되기 전에 셸링은 랜드연구소에서 일했다. 그는 이 연구소에 있었던 1958~1959년의 기간이 자신에게 가장 생산적인 시기였다고 서술했다. 셸링은 이 시기에 〈기습공격과 군축Surprise attack and disarmament〉이라는 제목의 논문을 발표했다. 또 대기습공격 세이프가드Safeguard와 관련된 내용이 포함된 제네바조약*에 대해서도 미국 정부에 조언을 했다. 셸링은 군축교섭을 할 때 동서 양진영이 선제공격을 하지 못하도록 조치를 취해야 한다고 주장했다. 이 조치는 양진영이 상대방의 공격에 취약하다는 것을 역설적으로 보여주면 된다고 설명했다.

상대방으로부터 핵무기로 선제공격을 받았을 때 보복공격을 하기 위한 전력(보복핵전력)은 방위해야 하지만 도시주민과 산업시설은 방위하지 않고 벌거벗은 상태로 두어야 한다는 이야기이다. 더 구체적으로 말하면 인간을 지키는 핵대피소를 만들지 않으면 그것은 적에게 '이쪽은 공격받는 것을 두려워하지 않는다. 왜냐하면 우리가 그쪽을 공격할 의도가 없기 때문이다'라는 메시지를 주는 것을 의미한다. 수컷 야생동물들이 만나서 대결 직전의 긴장이 조성됐을 때 한편으로 상대에게 자신의 부드러운 복부를 보이면서 선제공격할 의사가 없다는 의사를 표현하는 경우와 비슷하다.

실제로 그 당시 핵공격에서 시민을 지키는 핵대피소를 건설하는 것

---

*제네바조약: 무력분쟁에서 부상자, 포로, 구조원들을 보호하기 위해서 최소한의 인도적인 규칙(국제인도법)을 정했던 조약의 총칭으로 4개의 조약과 추가 의정서로 구성되어 있다. 1949년 스위스의 제네바에서 체결되었다.

이 굉장히 공격적인 정책의 표현으로 비쳤다. 스위스나 스웨덴 같은 중립국이 핵전쟁에 대한 시민 방위에 최대한의 노력을 기울이는 역설적인 상황이 벌어지기도 했다. 역사적으로 보면 중립국을 선언했던 나라가 타국에 침략을 받는 경우도 있었다. 왕립과학아카데미는 핵무기에 대한 셸링의 이러한 견해를 다음과 같이 해설했다. "셸링은 분쟁에서 보복력이 선제공격보다 더 효과적이라는 사실을 설명했습니다. 불확실한 보복이 확실한 보복보다도 더 효과적이고 신뢰성이 높다는 것도 언급했어요." 그러고는 셸링의 연구가 분쟁해결과 분쟁회피에 기여했다고 결론지었다.

1955부터 1965년까지 셸링의 연구는 합리적인 핵방위 전략이 입안되는 과정에서 큰 역할을 담당했다. 그의 통찰은 "엄격하고 혁신적이며 현명하다"라는 평가를 받았고 안전보장의 황금시대를 낳았다. 당시 셸링이 구축했던 핵전략 이론에는 핵억제, 위기관리, 한정전쟁, 군비관리, 그리고 탄압과 강제가 포함되어 있었다.

그의 연구가 독창적이었던 것은 앞에서 이야기했던 것처럼 전략적인 상황을 교섭의 과정으로 보았기 때문이다. 그 당시 미국과 소련은 서로 대립하는 관계(현재 미국과 러시아도 기본적으로 그런 관계임)였다. 양국가 모두 핵전쟁은 회피하고 상대방의 우위에 서고 싶은 상황이다. 그러나 모두 공통의 대립하는 이해를 갖고 있기 때문에 양국 사이의 분쟁과 협조관계는 그 경계가 상당히 불분명하다. 이때 양측의 기대를 하나로 수렴하면 문제가 해결될 수 있다. 셸링이 '초점'이라고 부르는 상황이 일어났을 때이다. 게임 플레이어는 이 초점을 균형이라고 부른다.

COLUMN

게임 이론의 초점

초점은 게임 이론에서 플레이어가 균형을 얻으려고 선택하는 행동으로 토머스 셸링이 발견한 것이다. 복수의 게임 플레이어의 전략적 조합으로 생기는 내쉬균형과는 다르다. 내쉬균형은 개개의 플레이어 전략이 다른 플레이어 전략에 대해서 최적의 상태가 되었을 때 발생한다. 그러나 만일 플레이어들이 그러한 전략을 갖고 있지 않거나 혹은 의사결정을 위한 선택을 할 수 없다고 생각한 경우 어떻게 하면 합의를 도출하는 것이 가능할까?

셸링은 1950년대에 진행했던 여러 실험을 통해 사람들이 이러한 상태에서 일종의 관례를 따른다는 것을 발견했다. 예를 들어 서로 정보를 교환할 수 없는 두 명의 플레이어가 던진 동전이 뒷면이 나올지 앞면이 나올지를 따로따로 지정한다. 양쪽이 같은 쪽을 지정해서 그대로 되면 100달러를 얻지만 그 외는 둘 다 아무것도 얻지 못한다. 이론적으로 보면 이때 기회는 뒷면이든 앞면이든 50대 50이지만 실제로는 거의 모든 사람이 앞면이라고 대답한다. 앞과 뒤를 선택할 때 먼저 앞면을 지정하는 것이 상대에게 더 자연스러운 관례라고 생각하는 경향이 있기 때문이다. 두 플레이어의 기댓값이 같아지는 지점이다. 이를 '셸링 포인트'라고도 이야기한다.

셸링의 암흑면은 사회과학의 암흑면

냉전시대에는 핵의 억지가 군사전략의 핵심이었다. 즉 핵무기 공격력을 갖추고 있으면 적은 보복을 두려워해서 핵무기로 선제공격할 생각을 할 수 없다는 개념이다. 이 개념은 적과 아군 사이에 핵에 대한 위협과 선제공격은 하지 않는다는 약속이 확실하게 존재한다는 전제가 있어야 성립된다.

그런데 셸링은 여기에서 놀랄 만한 결론을 이끌어냈다. 만일 상대를 불합리하고 무분별하다고 생각해서 신뢰하지 않으면 오히려 상대방이 이쪽을 신뢰하도록 만들 수 있다는 것이다.

핵무기시대 군사전략과 관련했던 그의 연구는 몇 가지 점에서 비판을 받았다. 어떤 비판자는 셸링이 윤리적 고찰에 대해서 무신경하다고 이야기했고 또 다른 비판자는 그 연구가 역사적 고찰이 결여되어 있다고 지적했다. 가장 자주 듣는 비판은 셸링이 제대로 이론을 구축했지만 실제적인 제약은 경시했다는 점이다. 이런 비판이 사실이라고 해도 그는 이례적인 견해를 갖고 있는 학자임에는 틀림없다.

핵전략을 생각해낸 남자들에 관한 책 《아마겟돈의 마법사들 The Wizards of Armageddon》을 1983년에 출간했던 미국의 저널리스트 프레드 카플란 Fred Kaplan은 이렇게 적고 있다. "토머스 셸링의 암흑면은 사회과학의 암흑면이다. 따라서 정교한 이론은 현실세계를 반영하고 있을 뿐만 아니라 이를 바꾸는 것도 가능하다. 그러나 무엇을 정확하게 예측할 수 있다는 생각은 오만일 뿐이다."

카플란은 베트남전쟁*에서 셸링이 이룩했던 역할에 대해서도 언급했다. 베트남전쟁은 그가 관여한 유일한 진짜 전쟁이었다. 미국 정부는

1964년 통킹만 사건을 계기로 북베트남에 대한 군사 행동을 본격화했다. 통킹만 사건은 북베트남 통킹만에서 북베트남군 초계정이 미국 해군의 구축함 두 척에 두 발의 어뢰를 발사한 사건으로 베트남전쟁의 방아쇠가 되었다. 이때 미국이 사용한 전략이 셸링의 '강제적 교전'이었다. 전쟁을 서서히 확대하다가 북베트남 쪽이 조금이라도 반격이나 공격을 하면 그것을 구실로 대규모의 '징벌적 폭격'을 가하는 것이다.

카플란에 의하면 셸링은 펜타곤Pentagon(미국의 국방부) 대표와 베트남에서의 전선 확대 가능성을 논의했고 북베트남 폭격작전을 실행한다는 의견의 일치를 보았다. 펜타곤은 1965년 '롤링선더Operation Rolling Thunder(북베트남 강타)' 작전을 실행했지만 결국 실패로 끝났다. 셸링의 작전 때문에 실패한 것이 아니었다. 그는 펜타곤에 이렇게 충고했다고 한다.

"어떤 식의 폭격이든 시작하고 나서 3주 이상을 계속하면 안 됩니다. 3주 안에 성공하지 못했다면 그 작전은 결코 성공할 수 없습니다."

게임 이론과 종교의 동거

셸링은 게임 이론가인가? 그의 동료들은 그렇게 보지 않는다. 예일

---

*베트남전쟁: 베트남의 독립과 남북통일을 둘러싼 전쟁이다. 1945~1954년 프랑스와의 반식민지 전쟁(인도차이나 전쟁)에서 프랑스가 패배한 뒤 남북이 공산주의와 반공산주의로 분단되었다. 그 후 공산당 주도의 게릴라 '베트공'과 사이공 정권이 충돌하고 1964년 북베트남군이 미국 해군을 공격하면서 미국이 개입하게 되었다. 1968년에는 육군 50만 명 이상을 보냈지만 베트공의 공격으로 고전했고 미국 국내에서 반전운동이 격해지면서 1969년 미군이 철수했다. 그리고 1975년에는 사이공 정권이 함락했다. 이 전쟁에서 100만~200만 명의 베트남인이 사망했고 미국도 엄청난 희생자를 냈다.

셸링이 베트남전쟁에서 실제로 사용했던 롤링선더 전략이다. 1965년부터 3년 이상 계속되었던 공중 폭격 작전은 미국 공군 사상 최장기 작전이었지만 결국 북베트남을 교섭장으로 끌어내지 못하며 실패했다.

대학교의 마틴 슈빅Martin Shubik 교수는 "셸링은 게임 이론의 중심적인 정리를 정확하게 이해하지 않고 응용만 하고 있다"라며 그를 비판했다. 반대로 또 다른 학자는 "셸링의 게임 이론은 수학에 많이 의존하지 않고도 명료하고 정확하다. 이론적인 엄격함도 갖추고 있다"라고 칭찬을 하기도 한다.

셸링도 자신을 전형적인 게임 이론가로 보지 않는다. 다만 수학을 이용하지 않고 게임 이론을 실행하는 이론가라고 생각한다. 반면 로버트 아우만은 전형적인 게임 이론가이다. 그는 원래부터 수학자였고 게임 이론 때문에 경제학을 공부했기 때문에 수학을 많이 이용한다. 아우만은 지극히 종교적이다. 그는 경건한 유대인답게 노벨 경제학상 수상식에서 전통적인 스컬캡Skullcap(성직자가 주로 쓰는 머리에 꼭 맞는 반구형의 모자)을 쓰고 스웨덴 국왕 앞에 섰다. 수상 강연을 할 때에도 축복이라는 히브리어로 강연을 시작했고, 그가 강연을 끝냈을 때 청중 가운데 몇 명이 "아멘"을 제창하기도 했다. 아우만을 따라서 스톡홀름에 온 35명의 가족들이 낸 목소리였다.

1990년 아우만은 히브리대학교 합리성연구센터의 설립자 가운데 한 사람이 되었다. 게임 이론을 연구하는 이 연구소는 합리성을 강력하게 강조하면서도 너무나 종교적인, 아주 기묘한 장소이다. 그러나 그에게 과학과 종교는 대립하는 개념이 아니다. 이스라엘의 수학자이자 경제학자이며 이 연구센터의 소장을 맡고 있는 셀듀 하트Celldure Heart가 했던 인터뷰에서 아우만은 그 이유를 다음과 같이 이야기하고 있다.

"종교와 과학은 정말 다릅니다. 현실세계에서는 종교의 중심 부분을 모델로 만들 수 없어요. 종교는 주로 감정적이고 심미적인 경험이기 때문입니다. 과학은 세계를 보기 위해서 어떤 종류의 방법을 이용하지만 종교는 세계에 대한 견해 자체가 전혀 다르죠. 그렇지만 저는 이들 둘을 대립하게 하지 않고 사이좋게 공존하게 할 수 있습니다."

그리고 그는 다른 열광적인 종교인과는 다르게 다음과 같은 말을 덧붙였다. "종교는 동료들과 잘 지내는 것에 큰 역점을 두고 있습니다. 즉 다른 사람들과 어울리며 살아가라고 이야기하죠."

종교는 간접적으로 아우만의 과학 연구에서도 힘이 되었다. 그가 젊은 시절 배웠던 히브리어로 쓰인 성전 《탈무드》는 분명히 그의 기지機智

를 풍요롭게 만들었다. 《탈무드》는 논리적으로 생각하고 토론하고 증명하라고 가르치고 있기 때문이다.

사람들과 함께 살아가는 것은 종교적인 맥락에서만 이해할 수 있는 일이 아니다. 아우만은 과학에서도 '반복 게임이 가진 의미 속에서' 사람들과 함께 살아가는 방식을 이해할 수 있다고 설명한다. 반복 게임은 그가 연구했던 주요 게임 이론 연구의 주제이다. 반복 게임에서는 장기간에 걸친 사회적 상호작용을 다루고 있다. 아우만은 통상적인 '비협력 게임'을 이용해서 이러한 반복 게임을 포괄적으로 분석했다. 이 분석 방법을 이용하면 국제통상 조약이나 임금교섭 제도처럼 다양한 제도가 만들어지는 과정을 이해할 수 있다.

일회성 게임과 반복 게임

사회적 상호작용은 너무나 다양해서 각각의 플레이어가 한 번만 상대하는 일회성 게임으로 모델화를 할 수 없는 상황이 많이 존재한다. 보복과 대항, 상호의존 같은 사례는 반복 게임이 더 좋은 모델을 제공한다. 아우만은 1959년에 이 분야를 개척했고 분석적 모델에 대한 최초의 논문을 발표했다.

반복 게임은 진행 중인 상호작용과 상호관계를 모델화하기 때문에 일회성 게임보다도 더 현실적이다. 그 한 예가 바로 '약속'이다. 만일 누군가가 어떤 약속을 했는데도 이를 지키지 않았다고 가정해보자. 그는 약속을 파기함으로써 당장의 눈앞에 이익은 얻을 수 있을지 모른다. 장기적으로 보면 잃는 것이 더 많다. 미래에 그가 '약속'이라는 말을 했

아우만의 종교와 과학

《탈무드》는 일종의 유대교 성전으로 그들의 생활과 신앙의 기초가 되고 있다. 이 책에는 끊임없이 논쟁하는 두 사람의 이야기가 나온다. 이 두 명의 현자는 랍비 요카난과 레시 라키스이다. 둘은 친구 사이지만 항상 어떤 문제에 대하여 반드시 반대의 입장에 서서 격렬한 논쟁을 벌였다. 그런데 어느 날 레시 라키스가 죽었다. 요카난은 며칠 동안 비탄에 잠겼지만 결국에는 학습실로 돌아와서 강의를 재개했다. 그러자 또 다른 한 현자가 그의 이야기 하나하나에 대해서 그것을 지지하는 30가지 증거를 나열하기 시작했다. 랍비 요카난은 눈물을 흘리면서 말했다.

"당신은 나한테 무엇을 해주려는 것입니까? 당신은 레시 라키스를 잃은 나를 위로하려고 하지만 그 반대의 행동을 하고 있습니다. 레시 라키스는 내가 하는 말에 대해서 내가 틀렸다는 증거 30개를 열거할 것입니다. 그러면 나는 내가 틀리지 않았다는 것을 입증할 것이고 그렇게 함으로써 내가 제대로 설 수 있는 것입니다. 당신은 내 이야기에 동조하지만 나는 이미 내가 옳다는 것을 알고 있어요. 당신이 내가 맞다고 입증한다고 해도 내 지혜에는 아무런 도움이 되지 않습니다."

이렇게 많은 대화로 유대인이 배워야 할 논리나 습관, 역사를 이야기하는 《탈무드》는 유대교의 법률로 여겨진다. 로버트 아우만은 과학자인 동시에 이런 종교적인 법률에 복종하는 유대교인이라는 사실을 모순으로 생각하지 않았던 것 같다.

을 때 아무도 그를 믿지 않을 것이다. 이처럼 어떤 사람의 합리적인 행동은 어떤 특정 상황의 결과에만 반영되는 것이 아니라 미래의 상황에도 영향을 미친다.

또 하나의 사례는 '보복'이다. 보복이라는 행동은 단기적으로 보면 비합리적으로 보일지 모르지만 장기적으로는 합리적이다. 왜냐하면 상대방에 보복을 해두면 다음에 그 상대를 다시 만났을 때 그는 당신을 위협하지 못할 것이기 때문이다. 이타적인 행동과 보복적인 행동은 반복 게임의 시점에서 보면 의미가 있지만 일회성 게임의 시점에서는 의미가 없다.

제1차 세계대전 중에 대규모로 실시했던 참호전을 살펴보자. 참호전을 일회성 게임으로 생각하면 평원에 긴 참호를 파고 보병 돌격 부대가 숨어 있는 전투 방법은 적에게 최대의 손실을 주는 최상의 작전이 된다(실제 참호전에서는 아군과 적군이 서로 마주 보도록 참호를 파서 교전한다. 처음부터 아군에게 많은 희생자가 나올 것을 예상하고 실행한다).

그러나 시간이 흘러 양측이 서로의 상황을 알게 되면 적의 저장식량을 포격으로 날려버린다. 양쪽 군인들은 모두 식량을 잃고 병사들은 기아 상태에 빠진다. 이런 경험을 계속하다 보면 양쪽 군대에 어떤 공격을 가할 수 있는지만 알아보고 실제로는 실행할 필요가 없다는 사실을 서로 배우게 된다.

아우만은 수상 강연에서 이야기했듯이 이러한 사례를 반복하면 강제력이 작용한다. 이것은 일회성 게임으로는 달성할 수 없는 협조를 가능하게 한다. 반복 게임은 주로 장기적인 협력관계를 다루고 있는데 아우만은 이것을 '포크 정리folk theorem'라고 불렀다. 1970년대 이 정리가 포

참호전은 일회성 전투에 효과적인 작전이다. 사진은 제1차 세계대전의 영불 연합군과 독일군이 서부 전선에서 전개한 참호전으로 이 전투는 교착 상태에 빠져 장기화됐다.

크 음악처럼 누가 만든 것인지 확실하지 않아 포크 정리라고 이름 지었다. 이후 게임 이론의 세계에서는 누구나 그렇게 부르고 있다. 물론 좀 더 내용이 명확하게 전달되도록 '일반가능성 정리'라고 하는 쪽이 낫다고 주장하는 게임 이론가도 있다.

반복 게임에서 합리적인 플레이어는 게임이 장기적으로 지속될 수 있다는 사실이 명백한 경우, 상대방과 대결하기보다 협력관계를 쌓는 것이 합리적이라는 것을 깨닫는다. 반복 게임 이론은 다양한 사회의 상호작용, 특히 가격경쟁이나 무역전쟁에서 상호의 협력 조건을 이해하는 데 많은 도움을 준다. 예를 들어 경쟁하는 기업들이 상대의 과거 행동을 고려해서 스스로 가격을 설정하고 상품의 생산계획을 결정한다. 농업 종사자는 수원水源이나 농경지 같은 공동 자원을 관리하기 위해서 서로 협력관계를 쌓아간다.

또 하나의 사례로 미국과 소련이 1959년 이후 스위스의 제네바에서 논의했던 '제네바 군축회의 Conference of Disarmament'를 들 수 있다. 국가간의 사례인 이 회의를 자세하게 연구했던 아우만은 게임 이론으로 보면 이 회의는 불완전정보에 따른 반복 게임이라고 이야기한다. 양측 모두 상대가 보유한 핵무기 수를 알 수 없는 채로 장기간 교섭을 반복했기 때문이다.

합리성과 비합리성의 경계

반복 게임의 이론은 이타주의, 협력, 신뢰, 보복, 협박도 다루고 있다. 이러한 말들은 모두 도덕적인 의미가 아닌 경제학에서 말하는 '이기적인 효용의 최대화'를 표현할 때 사용하는 용어이다. 보복과 충성, 혹은 협박 등은 처음에는 비합리적인 것처럼 보이지만 아우만의 정의에 따르면 결국에는 합리적이다. 그는 이렇게 이야기하고 있다.

"어떤 인간의 행동이 만일 그가 얻은 정보로 판단할 때 최고의 이익을 가져온다면 그것은 합리적인 것입니다."

이 말은 앞에서 서술한 셸링의 분석을 연상시킨다. 결국 비합리적으로 보이는 행동도 신뢰를 달성하는 좋은 수단이 되면 합리적 전략이 될 수 있다. 이 견해는 아우만이 수상 강연에서 했던 전쟁 문제, 즉 '전쟁은 합리적일 수 있는가?'라는 명제로 되돌아온다. 아우만은 계속해서 이야기했다.

"전쟁이 비합리적이라는 생각은 틀렸습니다. 우리는 전쟁, 인종차별,

파업 같은 모든 환란과 불행을 무조건 비합리적인 것으로 정리합니다. 그러나 반드시 그런 것은 아닙니다. 피해가 발생해도 합리적인 경우가 있습니다. 만일 전쟁이 합리적이고 우리가 그것을 이해했다면 적어도 그 문제에 대처할 수 있는 가능성이 생기기 때문입니다."

그렇지만 전쟁을 합리적이라고 부르는 이 견해를 사람들은 어떤 식으로 받아들일까? 게임 이론가들이 이를 비윤리적이라고 생각할까? 셸듀 하트의 이러한 물음에 로버트 아우만은 다음과 같이 대답했다.

"게임 이론은 전쟁과 이기주의를 다룹니다. 그러나 전쟁을 연구하는 것이 전쟁을 지지하는 것은 아니에요. 마찬가지로 이기주의를 연구한다고 해서 이기주의를 옹호하는 것도 아니죠. 박테리아 연구자는 박테리아의 성질을 연구하는 것이지 박테리아가 일으키는 병을 옹호하는 것이 아니기 때문입니다. 게임 이론은 '합리적(역자주―보편타당해서 합리적이라는 의미가 아니라 게임 이론에서 합리적이라고 본다는 의미임)'인 방법이 인도적인지 윤리적으로 옳은지를 판단할 뿐입니다."

9

무역 이론의 현대적 마스터마인드

2008년 노벨 경제학상

폴 크루그먼 Paul Krugman

폴 크루그먼은 세계적으로 유명한 경제학자이다. 그는 부시 대통령을 비롯한 미국 정부를 노골적인 말로 계속 공격했고 밀턴 프리드먼을 호되게 비판했다. 특히 버블 붕괴 후 일본 정부가 제대로 된 정책을 취하지 않았다고 반복적으로 지적하면서 일본에서도 큰 주목을 받았다. 이런 그의 모든 언행은 미디어의 이목을 집중시켰는데, 그는 이처럼 체제적인 것을 비판함으로써 스스로의 존재를 확인하고 싶었는지도 모른다.

_집필 : 하인츠 호라이스, 야자와 기요시

무역 이론의 현대적 마스터마인드

내 개인적인 생활은 재미가 없다

2008년 노벨 경제학상 수상자 폴 크루그먼은 21세기 초반 세계 언론이 주목한 아주 유명한 경제학자이다. 영국의 경제 주간지 〈이코노미스트〉는 2008년 4월 뉴욕의 국제프레스센터에서 그를 소개할 때 '이 시대의 가장 저명한 경제학자'라고 불렀다. 네덜란드의 한 저널리스트는 그를 숭배하듯이 '세계 경제학의 슈퍼스타'라고 소개했다. 홍콩 신문인 〈아시아타임스〉는 '정치경제학계의 믹 재거Mick Jagger'라고 표현하기도 했다.

이러한 최고의 찬사를 받은 크루그먼이 노벨 경제학을 수상한 이유는 '무역 패턴과 경제활동의 입지에 관한 분석'을 했기 때문이다. 의외로 딱딱한 주제였다. 무역 패턴과 경제지리학 같은 분야는 일반인들의 시선을 끄는 소재가 아니다. 그런 그가 1997년 이후 프린스턴대학교 및 런던정치경제대학 교수로서 〈뉴욕타임스〉에 논설을 쓰게 되었고 그 '부업' 때문에 명성이 높아졌다.

크루그먼이 〈뉴욕타임스〉의 논설에서 이야기하는 정치적인 메시지는 미국의 정치 풍토에서 보면 자유로운 동부 해안 지역의 의견이었지만 유럽인에게 친숙한 사회민주적인 견해와는 대치된다. 그의 말은 세계적으로 영향력을 미치고 있다. 정치 잡지 〈워싱턴 먼슬리Washington Monthly〉는 그를 미국의 가장 중요한 정치 칼럼니스트라고 부르고 있다. 그렇지만 크루그먼이 이 정도로 유명해진 것은 조지 부시 전 대통령을 지속적으로 비판했기 때문이다. 그는 칼럼에서 부시 정권의 경제정책뿐만 아니라 '부정직', '습관적 거짓말', '기만적'이라는 말로 부시 대통령을 비난했다.

크루그먼은 과학적으로 높은 평가와 대중들의 존경을 받고 있음에도 자신의 개인적인 생활에 대해서 이야기하길 꺼린다. 노벨위원회에 제출했던 자기소개서에 자신의 이력을 다른 사람인 것처럼 3인칭의 시점으로 썼을 뿐만 아니라, 그 자체도 이례적이라고 할 만큼 굉장히 짧다. 아마도 지금까지 수상했던 사람들의 자기소개서 가운데 가장 짧을 것이다. 그 내용도 놀랄 정도로 요령 없이 담담해서 그가 어떤 사람이고 왜 그러한 사람이 되었는지를 감 잡을 만한 힌트가 전혀 없다. 다른 수상자들은 대개 자신의 인생 깊은 곳까지 파악할 수 있게 이야기를 하지만 크루그먼은 자신의 참모습을 알고 싶다는 독자들에게 아무것도 제공하지 않는다.

개인적인 모습을 드러내지 않는 그의 태도를 보면 겸손해서 그러는 것인지, 아니면 개인적인 생활을 다른 사람들에게 보여주고 싶지 않아

★ **폴 크루그먼**_미국 경제학자이자 칼럼니스트

평범한 환경에서 자랐던 폴 크루그먼은 세계적으로 저명한 경제학자가 되었다.
_사진: Prolineserver

1953년 　뉴욕 출생. 부모님은 브레스트-리토프스크Brest-Litovsk(현 벨라루스)에서 온 유대인 이민자.
1974년 　예일대학교 경제학부 졸업.
1977~1980년 　MIT 경제학 박사학위 취득 후 MIT 객원조교수 및 예일대학교 조교수. 1979년 이후 미국경제경제연구소 연구원.
1982~1983년 　레이건 정권의 대통령경제자문위원회 위원. IMF, 세계은행, EC위원회 경제학자.
1984년 　MIT 교수. 1985년에는 엘하난 헬프먼과의 공저로 《시장구조와 해외무역》 출판.
1988년 　30개국 중앙은행과 경제 전문가로 구성되는 G30의 멤버.
1991년 　존 베이츠 클라크상 수상.
1992년 　클린턴 대통령 선거에 관여. 미국예술과학아카데미American Academy of Arts and Sciences 회원.
1994년 　〈포린 어페어스Foreign Affairs〉에 1980년대 동아시아 경제 급성장은 종이호랑이라는 내용의 기사를 게재.
1994~1996년 　스탠퍼드대학교 교수.
1995년 　미국경영학협회 애덤 스미스상 수상.
1996~2000년 　MIT 교수. 〈포춘〉, 〈하버드 비즈니스리뷰〉, 〈이코노미스트〉 등에 글을 기고함.
2000년 　〈뉴욕타임스〉에 칼럼을 쓰기 시작했다. 독일 에어랑엔-뉘른베르크대학교에서 렉텐바르트Recktenwald 경제학상 수상.
2003년 　과거 3년 동안 〈뉴욕타임스〉에 게재했던 칼럼을 모아서 《대폭로The Great Unraveling》 출간.
2005년 　〈프로스펙트 매거진Prospect magazine〉이 뽑은 '2005년 세계 지식인 탑 100' 가운데 6위에 오름.
2008년 　《불황의 경제학The Return of Depression Economics and the Crisis of 2008》 출판. 힐러리 클린턴 민주당 대통령 후보 캠프에 참가.
2009년 　프린스턴대학교 우드로윌슨스쿨 및 런던정경대 교수.

서 그러는 것인지 의문이 든다. 그러나 그가 1995년에 쓴 '내 경력에서 일어난 일INCIDENTS FROM MY CAREER'이라는 짧은 자전적인 기사를 보면 그 이유를 대략적으로나마 짐작할 수 있다. 그는 그 글에서 노벨상위원회에 제출한 것보다 더 솔직하게 "내 사생활은 재미가 없다My personal life is not interesting"라는 문장으로 이야기를 시작한다. 자신의 생활을 그대로 보여주는 말이다.

그의 이 표현만 보면 겸양의 태도라고 생각할 수도 있다. 그러나 크루그먼이 혜택받은 평온한 환경에서 자랐고 스스로의 존재를 주장하고 싸울 필요가 거의 없었던 세대에 속해 있었다는 점을 보면 겸양의 표현이 아니라는 사실을 알 수 있다. 아마도 그런 환경적인 요인이 그를 그 이전의 노벨상 수상자와는 다르게 만든 것이다.

심리역사학자가 되는 꿈

노벨 경제학상을 수상했을 때 폴 크루그먼의 나이는 55세였다. 다른 수상자들에 비해서 꽤 젊은 나이에 수상했다. 경제학상을 수상하는 경제학자들의 평균 나이는 폴 크루그먼보다 보통 열 살 정도 많다. 1953년에 태어난 크루그먼은 다른 수상자들과 전혀 다른 환경에서 자랐다. 밀턴 프리드먼, 모리스 알레, 아마르티아 센, 로버트 아우만, 버논 스미스는 세계공황과 제2차 세계대전 같은 역사적인 사건 속에서 자라왔다. 사회적 불안이나 정치적 혼란 혹은 강제적인 이민과 후퇴를 목격했고, 빈곤을 참고 살아남았으며 성장한 것이다.

그러나 크루그먼은 그들과 달랐다. 본인의 말을 인용하면 '정말 평범한 배경' 속에서 태어났고 자랐다. 그래서 인생의 깊이가 결여되었을 수밖에 없다는 비난에 대해서 '이기적 이론'이라고 부르며 다음과 같은 이야기를 했다.

"깊이 있는 아이디어는 흥미로운 인생 경험과 관계가 없습니다. 예를 들어 수많은 나라들을 여행하며 다양한 경험을 한 사람이 있다고 합시다. 그는 다섯 가지 언어를 구사하고 시베리아에서 개썰매를 타고 달렸으며 아마존강을 뗏목 하나로 건넜습니다. 그러나 이 사람이 중산층 가정에서 태어나 공상과학 소설Science fiction을 읽으면서 자랐던 인간보다도 사회과학에서 더 깊은 통찰을 갖고 있다고 할 수 없습니다."

크루그먼은 뉴욕의 중산층 가정에서 성장했다. 제2차 세계대전 후 베이비붐이 한창일 때 유대인 가정에서 외아들로 태어났다. 아버지는 보험회사에서 일했고 어머니는 전업주부였다. 그는 지극히 평범한 교육을 받았고 4년 동안 대학에서 다른 사람들과 똑같이 공부했다. 베트남전쟁에 소집되기에는 너무 어렸고 1960년대 말 학생운동과 히피 또는 마약 등의 반체제 문화 같은 모험적인 활동에 관여할 기회는 아예 없었다.

청년 크루그먼이 주로 했던 일은 독서였다. 그는 당시 큰 인기를 끌었던 공상과학 소설에 열중했고 특히 아이작 아시모프Isaac Asimov의 《파운데이션Foundation》 시리즈를 좋아했다. 18세기 에드워드 기번Edward Gibbon의 역사서 《로마제국 쇠망사The History of the Decline and Fall of the Roman Empire》에서 힌트를 얻어 쓴 이 시리즈에서는 신진 사회과학자들이 '심리역사학자'라고 하는 영웅을 연기하고 있다. 아시모프가 만들어낸 가공의 심리역사학자는 사회과학을 깊이 이해하고 있고 그 비밀 지식을 이용해서 은하제국이 붕괴할 때 문명을 구해낸다. 이에 대해 크루그먼은 "나는 《파운데이션》 시리즈를 사랑했습니다. 그래서 10대 초반에 심리역사학자가 되는 비밀스런 꿈을 꾸었죠"라고 이야기했다.

크루그먼은 경제학과 심리역사학이 비슷하다고 생각했다. 경제학은 사회가 어떤 식으로 기능하고 있는지를 다루고 있어서 사회학과 정치학보다도 사회를 좀 더 명확하고 구체적으로 보여준다고 여겼다. 특히 그는 경제 모델과 그 모델의 가정이 만들어낸 놀랄 만한 결론에 매료당했다. "언젠가 아시모프가 상상한 통일적인 사회과학이 실현될 것입니다. 그렇지만 지금 현재만 놓고 본다면 경제학이 심리역사학에 가장 근접한 분야라고 생각합니다."

크루그먼은 예일대학교에서 경제학을 전공하고 1974년 학위를 취득했다. 이후 MIT로 옮겼고 1977년 24세의 나이로 박사학위를 취득했다. 그렇지만 그는 이때 MIT에서 무엇인가를 잃어버린 기분이 들었다고 당시를 술회했다. 학위논문을 서둘러 썼기 때문에 논문에서 그 어떤 방향성도 찾을 수 없었던 것이다. 심지어 무엇을 연구하면 좋을지 자신이 정말 연구를 좋아하는지도 알 수 없었다.

그렇지만 크루그먼은 MIT에서 중요한 인생의 전환점을 맞이하게 된다. 논문 지도교수였던 루디거 돈부시Rudiger Dornbusch로부터 많은 영향을 받은 것이다. 국제경제학을 연구했던 돈부시는 독일에서 태어난 경제학자였다. 돈부시는 문제의 핵심을 추출해서 그것을 단순한 언어로 이해하기 쉽게 표현하는 것에 뛰어난 재능을 갖고 있었다. 그 영향으로 크루그먼은 경제학자로서가 아니라 정치평론가로서 돈부시와 같은 재능을 발휘했다. 돈부시는 MIT에서 경제학자로 일을 시작했지만 점차 정책 전문가로 변신했고 세계 각국 정부와 은행에 자문 역할을 담당했는데, 이를 통해 크루그먼은 경제학자가 세계를 무대로 더 광범위한 역할을 할 수 있다는 사실도 배웠다.

1976년 크루그먼은 처음으로 정책 세계에 발을 들여놨다. 그는 MIT의 소그룹에 속한 학생 자격으로 포르투갈에 3개월 동안 체류했고 그곳 중앙은행에서 일을 도왔다. 당시 포르투갈에서는 48년에 걸쳐 지속된 독재체제가 무혈 군사 쿠데타로 무너졌는데, 그 혁명을 '카네이션 혁명'이라고 부른다. 포르투갈은 혁명 직후였기 때문에 혼란스러운 상태였다. 앞을 예측할 수 없는 혼란기를 겪으면서 크루그먼은 단순한 경제적 아이디어가 실천적인 내용이 결여된 쓸모없는 이론보다 더 힘이 있다는 사실을 깨달았다.

크루그먼이 본 새로운 비전

폴 크루그먼은 자신의 인생에 모험의 향기가 결여되어 있다는 사실을 안타까워했을지도 모른다. 그렇지만 그는 경제학을 연구하면서 다양하면서도 흥미진진한 순간을 많이 경험한다. 그는 인생에 스스로 창조적인 정신을 반영했다. 그가 자신의 경력에 대해서 작성한 글은 두 개이다. 1993년에 쓴 '내가 일하는 방법How I work'과 1995년 노벨위원회에 제출했던 자기소개서가 바로 그것이다. 여기에는 크루그먼의 연구 기법이 자세하게 서술되어 있다.

그 글을 보면 크루그먼의 성공이 언제부터 시작되었는지 알 수 있다. 1978년 초 그가 경험했던 현실감 있는 비전이 그 시작이었다. 당시 그는 이미 MIT를 떠나 예일대학교에서 자리를 잡았다. 이때 비전을 본 후 연구를 시작했고 결국 30년 후에 노벨상을 수상했다. 그 주제는 바로 '무역에서 수익증가의 중요성과 불완전 경제'였다. 수익증가는 수확체증이라고도 바꾸어서 말할 수 있겠는데 이것은 나중에 자세히 서술할 것이다.

그렇다면 크루그먼은 그 비전을 어떤 식으로 보았을까? 그는 그것이 창조적인 프로세스가 만들어낸 전형적인 사건이라고 설명한다. 역사상 위대한 과학자들도 종종 비전vision이나 직시insight를 통해 발견과 발명을 했다.

1976년 크루그먼이 아직 MIT에 있었을 때 그는 로버트 솔로의 강의를 들었다. 그 짧은 강의에서 독점적인 경쟁의 모델화에 대해 배운 그는 끊임없이 머릿속에서 새로운 모델을 무역에 응용하는 아이디어에 대해 고민했다. 그는 이러한 과정이 자신이 하는 연구의 전형적인 패턴이라고 이야기한다. 먼저 막연한 아이디어를 떠올리고 이것을 가끔씩 반복적으로 생각한다. 때로는 몇 년 후가 될 수도 있지만 생각을 반복하면 결국 그 아이디어를 뒤덮고 있던 연기가 갑자기 사라지는 것처럼 완성된 모델이 나타난다. 노벨 경제학상을 받은 이 아이디어에 대해서 그는 다음과 같이 이야기했다.

"1978년 1월 저는 지도교수인 루디거 돈부시를 찾아가서 지금까지의 연구에 대해 말했습니다. 무역에서의 독점적인 경쟁 모델 아이디어와 그 후에 떠오른 다양한 생각도 함께 이야기했죠. 그는 제 아이디어가 매우 흥미롭다고 했고 다음 날 저는 그 문제를 더 곰곰이 생각해보았습니다. 몇 시간이 지나지 않아서 저의 경력을 좌우할 중요한 열쇠를 손에 넣었다는 사실을 깨달았습니다. 너무 흥분한 나머지 그날 밤 한숨도 자지 못했어요. 바울이 그랬던 것처럼 다마스쿠스의 길The road to Damascus*에서 비전을 보았다는 것을 느꼈습니다."

그러나 그의 아이디어를 믿어주는 사람은 아무도 없었다. 그때문에 크루그먼은 그 후 1년 반 정도 좌절의 시기를 보내게 된다. 전문 잡지에 논문을 보내도 게재를 거부당했고 주변 동료들도 그가 쓴 글에 흥미를 보이지 않았다. 그렇지만 크루그먼은 옆길로 새지 않고 앞으로만 나아갔다. 1년 후 그가 보스턴 공항에서 출발 비행기를 기다리고 있을 때였다. 갑자기 머릿속에서 섬광 같은 것이 번쩍였다. 자신의 무역 모델에서 어떻게 하면 '독점적 경쟁'과 '비교우위'를 통합할 수 있는지를 깨달은 것이다. 마치 하늘의 계시와도 같았다.

그 해 7월, 크루그먼은 한 심포지엄 NBER Summer Institute 의 국제경제학자들 앞에서 새로 쓴 논문을 발표했다. 청중은 전에는 본 적이 없는 이 젊은 강연자의 이야기에 처음부터 관심을 기울이지 않았다. 그러나 크루그먼은 발표를 계속했고 드디어 청중이 그에게 주목하기 시작했다.

그는 그때를 이렇게 기술하고 있다. "내가 발표를 했던 1시간 반, 그 시간은 내 인생의 최고의 90분이었다." 그는 이른바 경제학의 노멘클라투라 nomenklatura (구소련의 특권계급을 가리키는 말) 앞에서 이야기를 한 것이었다. 그로부터 1년 후 논문 5편을 발표하면서 크루그먼은 평생 거처할 직장을 보장받았다.

---

*다마스쿠스의 길: 유대교인으로 크리스트교를 탄압했던 바울은 예루살렘에서 다마스쿠스로 가는 도중에 부활한 예수를 보았고 이후 개심하여 전혀 다른 삶을 살았다. 신약성서에 나온 일화로 인생의 전환점을 이야기하는 비유로 인용된다.

COLUMN

독점적 경쟁

시장에서 경쟁하는 다수의 생산자가 기본적으로 같은 제품을 팔면 독점적 경쟁이 발생한다. 이때 제품은 서로 대체할 수 있고 차별화가 가능하다. 예를 들어 패스트푸드 산업의 경우 상품을 햄버거, 피자, 자장면, 치킨 등으로, 냉면집의 경우에도 평양식 냉면과 함흥식 냉면 등으로 차별화할 수 있다.

이렇게 제품을 차별화함으로써 각각의 제품을 파는 쪽이 어떤 종류의 독점적 여지를 갖게 되고 그 범위에서 가격이나 수량을 결정할 수 있다. 레스토랑, 의류, 구두, 대도시의 서비스 산업은 대부분 독점적인 경쟁시장이다. 독점적 경쟁시장은 본질적으로 완전 경쟁시장과 유사하다. 다수의 기업이 존재하고 시장의 진입과 퇴출이 자유로우며 시장에 대한 정보가 완전하다.

국가간 무역 패턴에 대한 크루그먼의 이론

크루그먼은 노벨상 수상 강연에서 1970년대 말 동료들에게 국제무역 이론을 연구하려 한다고 말했을 때 그들이 어떤 얼굴을 했는지 이야기했다. 모두 도대체 왜 그런 연구를 하느냐는 반응을 보였다. 어떤 사람은 이렇게 말했다. "무역은 하나의 바위 같은 분야입니다. 처음부터 다 완성된 구조인 만큼 흥미로운 요소가 하나도 남아 있지 않습니다."

여기에서 말하는 전통적인 국제무역 이론의 '완성된 구조'는 영국의 고전파 경제학자인 데이비드 리카도David Ricardo*에 의해서 시작되어 1960년대 중반에 정점을 이루었다. 완성된 구조는 무역을 비교우위라는 개념으로 설명하는 이론이다. 리카도는 1817년 한 가지 아이디어를 무역에 도입했다. 각국은 자국 내에서 상대적으로 낮은 비용으로 생산한 상품을 수출하려고 한다. 그렇기 때문에 무역은 각국의 자본과 노동력 같은 자원의 차이에 의존하게 되고, 결국 가난한 국가는 농산물을 수출하고 공업 제품은 수입하는 구조가 발생한다는 것이다.

이 이론은 최대의 무역량이 기본재의 차差가 최대인 국가 혹은 지역끼리 발생한다고 주장한다. 예를 들면 무역은 공업화 국가와 저개발 국가 사이에서 발생한다. 이런 '이종異種-이종무역'은 서로 다른 국가(이종

---

*데이비드 리카도(1772-1823): 애덤 스미스와 함께 고전파 경제학을 상징하는 경제학자로 네덜란드에서 영국으로 귀화한 유대인 가정에서 자랐다. 아버지 영향으로 14세부터 증권 중매 일을 시작하여 많은 재산을 모은 뒤에 경제학 연구에 몰두했다. 1817년에는 자유무역, 상품의 가치, 노동자, 자본가, 지주간 부의 분배 등을 논한 《경제학 및 과세의 원리Principles of Political Economy and Taxation》를 출간했다. 그의 생각은 나중에 마르크스 경제학에도 영향을 주었다. 인구론으로 알려진 토머스 맬서스와 곡물의 보호와 무역 이론을 둘러싸고 논쟁을 했다.

자유무역 이론의 제창자 리카도 데이비드 리카도는 《경제학 및 과세의 원리》에서 각국은 분업에 따라 상호이익을 얻을 수 있다는 자유무역의 비교우위를 고찰했다. 그는 당시 영국 사회에 큰 영향을 주었으며 현재에 이르기까지 그 영향력은 변하지 않았다.

국가)끼리 이종의 상품을 교환함으로써 이루어진다. 이러한 무역은 증기기관이나 전신기술의 등장으로 역사상 최초의 위대한 세계화를 이끌었다. 이종-이종무역은 특히 식민지시대 무역의 특징이었다.

그러나 제2차 세계대전 후 수십 년 동안 이러한 전통적 무역 패턴은 점차 사라졌다. 세계무역은 풍부한 국가끼리 서로 동종同種의 물품을 교환하는 모습으로 바뀌었다. 크루그먼은 노벨상 수상 강연에서 '이종-이종' 간의 무역에서 '동종-동종' 무역으로의 전환을 영국의 예(257쪽 칼럼 참조)를 들어서 알기 쉽게 설명했다. 그가 1979년 발표했던 논문에서 제기한 새로운 무역 이론의 핵심은 수확체증이라는 개념이었다. 1993년 그는 이렇게 쓰고 있다.

"경제학자들은 1980년까지 국제무역에서 수확체증의 잠재적인 역할을 거의 무시했다. 그러나 1987년에 수확체증은 표준적인 무역 이론의 일부가 되었다."

크루그먼은 구소련 출신의 하버드대학교 경제학자인 엘하난 헬프먼

Elhanan Helpman과 함께 이 분야에서 지적 전환을 일으킨 주역이 되었다. 1985년 그들이 공저로 출판한 《시장구조와 해외무역Market Structure and Foreign Trade》은 새로운 무역 이론의 표준적 교과서가 되었다. 1979년 크루그먼이 새로운 무역 이론에 대해서 고찰한 창조적인 논문은 불과 10페이지 정도밖에 안 되는 짧은 것이었다. 그는 개요에서 "비교우위 무역은 단순하고 또는 일반적인 균형 모델을 발전시킨다"라고 썼고 다음과 같은 말을 덧붙였다.

"무역은 기업에 내재하는 규모의 경제에 따라서 움직인다. 시장은 규모의 경제 때문에 불완전 경쟁을 취한다. 그럼에도 불구하고 사회 제도와 기술 수준 및 요소부존도가 동일 국가 안에서도 무역을 성립시키고 이 과정에서 이익을 얻을 수 있다는 것을 보여준다."

규모의 경제는 대량생산의 경우에서와 같이 큰 규모의 제품을 연쇄적으로 생산하면 생산 비용이 줄어든다는 개념이다. 이 개념은 일반적으로 수확체증으로 연결되기 때문에 고전파 경제 이론이 주장하는 것과 같은 지역 특성의 차이를 중시하지 않는다. 오히려 수확체증의 유리성만을 추구한다. 크루그먼은 그의 저서인 《발전, 지리학, 그리고 경제 이론Development, Geography, and Economic theory》에서 이 문제를 다음과 같이 요약한다.

"새로운 무역 이론에서는 수확체증이 전문화 및 전통적인 비교우위를 넘어 무역의 목적이 된다. 실제로 수확체증은 비교우위의 중요성을 무시할 수 있는 정도의 상황, 예를 들어 자원과 기술이 동일 수준인 산업국 사이에서도 무역이 발생하게 한다."

그러나 그는 수확체증으로 나타나는 전문화와 무역 패턴은 상당히 자

COLUMN

영국의 무역 변천사

영국 무역이 과거에 어떤 식으로 발전해왔는가를 보면 리카도의 분석대로 '이종-이종무역'이 현재의 '동종-동종무역'으로 변화했다는 것을 쉽게 이해할 수 있다.

그림1은 제1차 세계대전 직전 영국의 수출과 수입의 상품구성을 나타낸 것이다. 무역 패턴은 고전적인 비교우위의 관점에서 볼 때 완벽하다. 인구밀도는 높고 자본은 충분히 있지만 국토가 좁은 영국은 제품을 수출하고 원재료는 수입하고 있다. 수출입량은 전체적으로 제품과 원재료가 거의 비슷하다. 그림2는 그림1과 다른 패턴을 보여주는 약 80년 후의 데이터이다. 여기에서는 수출과 수입 모두 주로 제품이 차지하고 있다. 발전단계가 비슷한 국가 사이에 무역량이 증가하고 있다는 것을 보여준다(동종-동종무역).

그림3은 무역 상대가 변해서 무역 패턴이 변화했다는 것을 나타내고 있

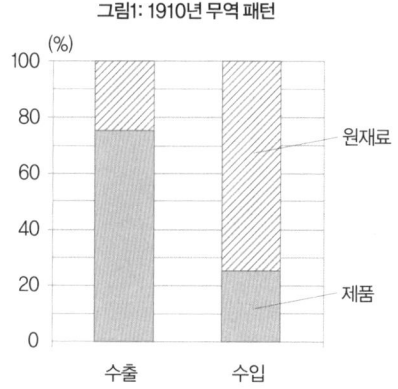

그림1: 1910년 무역 패턴

COLUMN

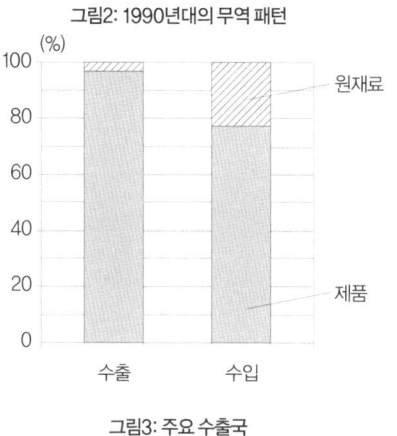

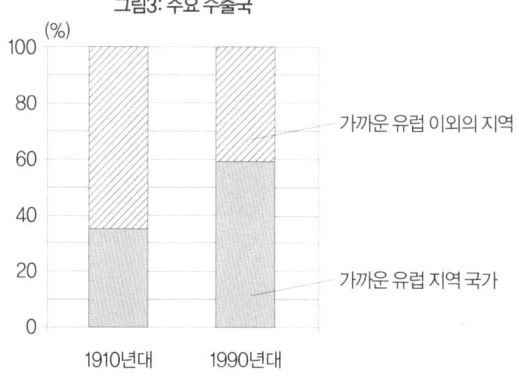

다. 제1차 세계대전 전에는 영국과 인접 유럽 국가와의 무역량은 비교적 적었다. 무역량의 약 2/3는 그 이외의 지역rest of the world, ROW 국가들이 차지하고 있다. 먼 나라들은 주로 영국이 국내에서 생산할 수 없는 농산물(싼 가격의 밀이나 홍차 등)을 생산하고 있다. 1990년대에는 ROW와의 무역은 소멸하지 않았지만 줄어들었고, 근접한 유럽 선진국과의 무역은 전체의 약 2/3까지 증가하고 있다.

_자료: Baldwin and Martin (1999)/Paul Krugman, Nobel Lecture (2008)

엘하난 헬프먼 크루그먼과 함께 새로운 무역 이론을 만들었다.
_사진: Elhanan Helpman

의적이라고 지적했다. 누가 무엇을 생산하는가를 설명하기 위해서는 과거의 역사적인 사례와 지리적 환경을 살펴보아야 한다고 주장했다. 크루그먼은 이 고찰을 새로운 '경제지리학economic geography'이라는 분야로 표현했다. 그러나 스웨덴 왕립과학아카데미는 이 분야에서의 연구 업적을 '경제활동의 입지 분석'이라고 표현하면서 수상 사유로 설명했다.

선진국과 개발도상국간의 무역 패턴이 의미하는 것

앞에서 기술한 '경제지리학'이란 경제환경한 집적agglomeration 사례를 다루는 분야이다. 집적이란 대도시에서 나타나는 인구와 경제활동의 지리적인 집중, 혹은 미국의 실리콘밸리처럼 특정 비즈니스가 특정한 곳을 중심으로 모이는 것을 의미한다. 19세기 탄광산업으로 발전했던 독일의 루루 지방처럼 자연자원의 존재를 기반으로 한 집적도 있다.

1990년대 경제지리학적 모델 연구를 시작한 크루그먼은 "이러한 집적을 그 지역의 고유한 자원으로 설명할 수 있는 사례는 거의 없다. 오히려 집적은 수확체증이 작용하고 있다는 대표적인 사례이다"라고 서술하고 있다. 예를 들어 실리콘밸리가 탄생한 것은 리카도가 말하는 비교우위와 자연자원 때문이 아닙니다. "신은 산타클라라밸리(실리콘밸리가 위치한 캘리포니아주 북부 지역)를 살구의 산지로 만들 수 있었지만 반도체 단지로 만들려고는 하지 않았다."

크루그먼은 인구 집중 지역의 형성을 설명할 때 이리운하Erie Canal를 예로 들고 있다. 총 길이가 584킬로미터인 이 인공 수로는 1825년에 완성되었고 허드슨강과 이리호를 연결한다. 이 운하를 통해서 오대호Great Lakes와 대서양은 선박이 다닐 수 있는 수로로 연결되었다. 이리운하의 건설로 이 지역의 운송 비용은 95퍼센트 정도 절감되었고 허드슨강 하구에 발달했던 뉴욕시는 미국 최대의 무역항이 되었다. 크루그먼은 그 이유를 이렇게 설명한다.

"1850년 이후 이리운하는 상업적인 의미에서 별로 중요하지 않았습니다. 그러나 이 운하는 뉴욕에 우위성을 가져다주었고, 결국 이 지역은 현재까지도 미국 최대의 상업도시가 되었죠."

크루그먼은 경제지리학 연구를 통해서 수확체증의 경제학에 새로운 방향을 제시했다. 1993년에 그는 다음과 같은 내용의 글을 썼다. "무역에서 수확체증의 역할을 정당화하기 위해 완전히 제외시켰던 분야가 있었다. 바로 공간활동 입지에 관한 것이다. 이 분야를 이용하면 경제지리학을 부활시킬 수 있다는 사실을 불현듯 깨달았다. 이 분야는 무역에서 사용할 수 있는 경험적 통찰에 좋은 사례가 될 수 있고 실천적인 측면에서도 아주 중요하다. 그러나 지금까지 어느 누구도 그것을 형식

이리운하 뉴욕 주를 흐르는 허드슨강과 오대호의 하나인 이리호를 연결하는 운하이다. 이 운하의 건설로 '수확체증'이 작용해서 뉴욕이라는 대도시가 탄생했다.

화하는 좋은 방법을 알지 못했기 때문에 무시해왔다."

오랫동안 무시당했던 이 분야가 얼마 지나지 않아 굉장히 중요한 연구 대상으로 급부상했다. 2007년 역사상 처음으로 세계 인구의 절반 이상이 도시에서 생활하게 되었다. 크루그먼의 해석 모델은 이 도시화의 배후에 자기증강적 프로세스가 작용하고 있다는 사실을 보여준다. 운송 비용의 저하와 규모의 경제가 작동해서 방아쇠를 당긴 것이다. 그렇게 시작된 도시 인구의 증가는 더 대규모의 생산과 높은 실질임금, 더 세분화된 제품 공급을 가능하게 했다. 이런 흐름은 도시에 더 많은 인구 유입을 자극했다. 이렇게 성장한 도시는 최종적으로 도시 핵심부와 발전도가 낮은 주변 지역으로 분리된다.

크루그먼의 국제무역 변화에 대한 연구는 그가 노벨 경제학상을 수상하기 30년 전으로 거슬러 올라간다. 스톡홀름에서 수상 강연을 했을

COLUMN

수확체증으로 경쟁에서 승리하는 방법

"무릇 있는 자는 받아 넉넉하게 되되 무릇 없는 자는 그 있는 것도 빼앗기리라."《신약성서》마태복음 13장 12절에 나오는 구절이다. 사회학에서는 이런 현상 또는 원리를 마태 효과Matthew Effect라고 부른다.

'복잡계의 경제학Complexity Economics'을 제창한 미국의 산타페연구소Santa Fe Institute, SFI의 경제학자 브라이언 아서Brian Arthur는 이 원리를 경제학에 적용시켜서 수확체증을 주장했다. 그는 이것을 '앞서가는 것은 항상 앞서가고 뒤처지는 것은 항상 뒤처진다'라는 표현으로 설명하고 있다. 한마디로 이야기하면 경제에는 '바람직한 피드백'이 존재한다는 의미이다. 그것이 바로 지금 '수확체증Increasing returns'이라고 부르는 보편적인 원리이다.

경제학에서 원래 존재하고 있던 개념은 '수확체감Diminishing returns'이다. 최초의 수확이 최대가 되고 뒤로 가면 갈수록 수확률이 떨어진다는 것이다. 예를 들어 커피 생산을 생각해보자. 어떤 지역에서 최적의 토지에 커피밭을 만들고 생산품을 팔았더니 잘 팔렸다. 그래서 밭을 늘렸지만 토지는 처음만큼 커피 재배에 적합한 상황이 아니므로 생산성이 떨어진다. 이것을 반복하면 척박한 땅밖에 남지 않기 때문에 생산성은 점점 더 내려간다. 수확체감이 일어나는 것이다.

그러나 수확체감은 전통적인 산업에서 벌어지는 이야기이다. 규모의 경제를 달성하면 수확 '체감'을 '체증'으로 역전시킬 수 있다. 공장의 규모를 더 크게 해서 생산효율을 높이면 단위면적과 단위시간, 그리고 노동자 한 사람당 생산량을 증대시키는 것이 가능하다. 또한 비용을 내려 시

COLUMN

장경쟁에서 우위에 설 수 있다.

특히 많이 팔면 팔수록 더 많이 팔리는 제품에서도 수확체증의 현상이 일어난다. 수확체증이 일어나기 쉬운 분야는 컴퓨터, 약품, 항공기, 미사일, 소프트웨어, 통신기기 같은 지식집약형 산업이다. 이들 분야는 초기 거대한 투자를 필요로 하기 때문에 규모의 경제가 아주 중요하다.

소비자의 선호도 수확체증의 효과를 일으킨다. 코카콜라, 나이키, 포르쉐 같은 브랜드는 이름만으로도 수확체증이 일어난다. 동일 제품을 다양화시켜서 세계시장에 대량으로 내보내면 비용 절감으로 시장 점유율을 확대할 수 있다. 그러면 수확체증이 발생한다.

크루그먼은 1993년에 "경제학에서 수확체증의 역할을 강조함으로써 자기 자신의 현재 존재를 설명할 수 있다"고 이야기했다. 그는 수확체증을 설명하면서 그의 지명도 또한 수확체증이 일어나게 만들었다.

때 그는 그때 이후에 일어났던 세계의 흐름을 비판했다. 그동안 세계무역은 반대의 방향으로 흘러갔고 선진국들과 훨씬 더 가난한 저임금의 나라들, 특히 중국과의 무역이 증가한 것이다.

크루그먼은 단순한 지표를 바탕으로 미국과 무역 상대국을 살펴보았다. 미국과 무역을 하는 상위 무역 상대국 노동자의 시간당 평균임금이 미국 국내의 평균임금의 몇 퍼센트인지를 수치로 나타내고 비교했다. 이 지표에 따르면 1975년에는 76퍼센트였던 것이 1981년에는 81퍼센트로 조금 상승했다. 이는 미국이 여전히 과거처럼 경제발전 단계에 있는 국가들과 무역을 하고 있다는 증거이다. 그러나 2005년이 되면 이 지표는 65퍼센트까지 내려간다. 이것은 중국 및 멕시코와의 무역량이 급증하고 있다는 것을 보여준다. 2006년에는 처음으로 미국과 개발도상국의 제품 무역량이 선진국과의 무역량을 웃돌고 있다. 크루그먼은 이렇게 결론을 내리고 있다.

"미국은 의심할 여지없이 임금이 미국의 불과 13퍼센트밖에 되지 않는 멕시코, 혹은 4퍼센트밖에 되지 않는 중국과 무역을 하고 있습니다. 미국의 무역은 규모의 경제로 인한 전문화가 아니라 비교우위로 설명할 수 있어요. 따라서 오래된 무역 이론이 다시 살아나고 새로운 지리학과 무역이 오히려 쇠퇴하고 있음을 알 수 있습니다."

진리와 아름다움 그리고 인생의 성공

1991년 폴 크루그먼은 2년마다 40세 이하의 뛰어난 경제학자에게 수여하는 존 베이츠 클라크상을 수상했다. 1993년 인도인 경제학자 애비너시 딕시트Avinash Dixit는 장문의 가사를 써서 크루그먼을 칭찬했다. 딕시트는 그가 신무역 이론에 공헌을 했다고 말했다. "크루그먼은 젊은 연구자들 중에 단연 눈에 띄는 업적을 남겼습니다. 더 놀라운 점은 그가 같은 연구 수준을 유지한 채 새로운 경력을 끊임없이 쌓아가고 있다는 점입니다."

1995년 크루그먼은 자신의 경력에 대해서 이렇게 서술하고 있다. "나는 진실과 미를 추구하려고 했지만 결국 다른 사람과 마찬가지로 성공을 추구하고 있었다."

1982년부터 1983년까지 1년 동안 그는 레이건 정부의 경제자문위원회 위원으로 일했다. 워싱턴의 정치 메커니즘을 이해할 수 있는 좋은 기회였다. 그러나 그는 그 상황을 좋아하지 않았다. 그곳에서 함께 일했던 '정책 청부인들'을 존경할 수 없었기 때문이다. 이들은 정치가들에게 아부를 일삼는 자칭 전문가들로 지적이지만 부정직한 사람들이었다. 크루그먼은 정치가들과 그들의 정책결정 방법에도 경의를 표할 수 없었다. 그는 당시의 상황을 이렇게 적고 있다.

"오랫동안 공직생활을 한 공무원들은 본인이 이야기하는 문제에 대해서조차 아무런 의견이 없다. 최고위층들이 모여서 하는 토론을 보면 놀랄 정도로 조잡한 수준이라는 사실을 깨닫게 된다. (중략) 또 대부분의 권력자들은 스스로 깊이 생각하려 하지 않고 자신의 기분을 맞춰주는 사람들의 충고를 더 듣고 싶어 한다. 이를 요약하면 정책에 실제로 영향력을 행사하는 사람은 최상의 애널리스트가 아닌 정치가에게 아부하는 아첨꾼이다. 나는 내가 좋은 애널리스트이지만 남의 기분을 잘 맞추는 사람은 아니라는 것을 잘 알고 있다. 그래서 워싱턴에 오래 머물

크루그먼은 미국 대통령 조지 W. 부시의 경제정책을
과격한 말로 끊임없이 비판했다.
_사진: U.S. Government

고 싶지 않았다."

크루그먼은 MIT 경제학부 교수로 재직하면서 예일대학교와 UC버클리, 런던정경대학교, 스탠퍼드대학교에서도 학생들을 가르쳤다. 2000년 프린스턴대학교 경제학 및 국제 문제 분야의 교수가 되었고 현재에 이르고 있다. 지금까지 20권이 넘는 책을 집필 혹은 편집했고 국제무역과 재정 문제에 관해서는 200편 이상의 논문을 써오고 있다. 워싱턴에서의 경험과 상관없이 지금도 때때로 정치적 활동에 관여하고 있다.

"수년 동안 학술적인 일에 집중하면 너무 지루해서 정치에 관여하고 싶어집니다. 그러나 정치에 관여하면 또다시 연구를 하고 싶어서 근질근질해지죠."

1990년대에 크루그먼은 빌 클린턴 대통령의 선거에 다소 관여했지만 클린턴 경제정책에는 매우 비판적이었다. 이후 그는 '부시 대통령의 저격수'가 되었다. 2008년 대통령 선거에서는 힐러리 클린턴을 응원했

백악관 크루그먼은 지금까지 정치와 관련된 활동을 했고 정치적 견해를 빈번하게 밝혔다.
_사진: Dept.of Defense

고 버락 오바마가 당선되자 그 누구보다도 강하게 오바마의 경제정책을 비판했다. 그는 백악관이 재정위기에 제대로 대처하지 않고 어정쩡한 정책을 취하고 있다고 공격했다. 그는 같은 이유로 1990년대 이후 계속해서 일본 정부를 비난했다 〈뉴스위크〉의 한 기자는 "폴 크루그먼은 발표하는 의견도 반체제적이지만 인간성 자체도 반체제적이다"라며 기사를 게재하기도 했다.

크루그먼은 지금까지 20년 이상 정치적 견해를 세상에 내놓고 있다. 그것도 경제 비전문가를 향해서 발언했다. 온라인 잡지 〈슬레이트Slate〉에 매달 쓰고 있는 '음울한 과학The dismal Science'도 거기에 포함된다. 그는 〈포춘〉의 칼럼니스트이고 〈뉴욕타임스〉와 계약하기 이전에는 〈뉴리퍼블릭The New Republic〉, 〈뉴스위크〉, 〈뉴욕타임스 매거진〉 등에 기고를 해왔다. 외교문제위원회를 비롯하여 30개국 중앙은행과 경제 전문가로 구성되는 G30Group of Thirty의 멤버였고 뉴욕 연방준비은행, 세계은행, IMF, 유엔의 컨설턴트로도 일했다. 포르투갈과 필리핀 등 여러 나라에서 자문위원으로도 활동했다.

과거 크루그먼은 거대 에너지 기업 엔론Enron의 자문위원회에서 일한 적이 있다. 엔론 사건* 이후 미디어와 여론의 혹독한 비판을 받은 그는 이 사태에 대해 엔론의 파산은 9·11테러보다 경제에 미친 영향력이 더 크다고 설명하면서 자신은 엔론에서 특별한 임무가 없었다고 밝혔다.

2009년 그는 맨해튼 리버사이드 드라이브에 있는 170만 달러 상당의 아파트를 구입해 요가 강사인 아내 로빈과 함께 이사했다. 이때 그는 신문기자에게 다음과 같이 말했다. "우리는 돈을 충분히 갖고 있습니다. 전에는 없었던 돈이죠." 아마도 140만 달러의 노벨상 상금 이야기일 것이다. 그는 자신이 추구해온 진리와 아름다움 이외에 또 하나의 목적인 인생의 성공도 손에 넣었다.

＊엔론 사건: 1980년대 말부터 1990년대에 걸쳐 세계 최대의 에너지 기업이었던 엔론의 파산을 둘러싼 일련의 소동을 말한다. 1985년 휴스턴내추럴가스Houston Natural Gas와 인터노스InterNorth가 합병하면서 탄생한 엔론은 당초 에너지 중개기업을 목적으로 했다. 그 후 에너지 규제완화와 철폐로 천연가스, 전력거래, 투기 비즈니스 등으로 사업을 확대시켰다. 그러나 분식회계로 거액의 부채를 은폐했다는 사실이 드러나면서 90달러였던 주가가 2001년 11월 말에는 60센트까지 폭락했고 결국 파산했다. 파산으로 자산 600억 달러뿐만 아니라 직원 2만 1,000명의 퇴직연금과 저축이 모두 사라졌다. 엔론 붕괴는 2002년 월드컴WorldCom 파산 이전 미국 기업 사상 최대의 재앙이었다.

★ **일러두기** | 이름의 철자 및 문자는 출신 국가 등에 따라 다양하기 때문에 기본적으로 노벨재단에서 사용하고 있는 영문 표기에 따랐다. 이름의 한국어 표기는 주로 국립국어연구원의 외래어표기용례에 따랐다.

ALL NOBEL
LAUREATES IN ECONOMIC SCIENCE

역대 노벨 경제학상 수상자

노벨 경제학상은 1969~2012년의 44년 동안 71명이 수상했다. 수상자의 대부분은 미국인 또는 미국 국적을 갖고 있는 이중국적자이다. 유일한 아시아인 수상자는 1998년에 수상했던 인도인 아마르티아 센 단 한 명이다. 경제학상은 이론적인 업적이 평가 대상이 되고 신이론 개척이 가장 중요한 평가 요소이다.
_작성 : 야자와 사이언스 오피스 | 해설 : 신카이 유미코

사진: Standford News Service, MIT, Larry D. Moore, Mike80, Digarnick, Dong oh, Mises Institute, Marje Hecht, Creative Commons, Wikipedia Commons, U.S. Government, The Nobel Foundation

1969년

랑나르 프리슈 Ragnar Anton Kittil Frisch | 1895~1973 | 노르웨이
얀 틴베르헨 Jan Tinbergen | 1903~1994 | 네덜란드

경제학 과정 분석을 위한 동태적 모델의 개발과 응용 | 프리슈가 1930년대 연구했던 경기 순환 이론은 이후 신고전파의 경제순환 이론의 원칙이 되었다. 틴베르헨은 국가 차원의 거시경제학 모델을 처음으로 개척했다.

1970년

폴 새뮤얼슨 Paul Anthony Samuelson | 1915~2009 | 미국

정적이고 동태적인 경제 이론을 개발하고 경제학의 분석 수준 향상에 공헌 | 자유로운 경제 활동을 중시하는 신고전파 경제학과 시장의 실패를 재정정책으로 보충하는 케인스 경제학을 융합한 '신고전파종합'을 제창했다. 경제학에 수식을 이용한 분석 기법을 가져왔고 근대경제학의 발전에 공헌했다.

1971년

사이먼 쿠즈네츠 Simon Smith Kuznets | 1901~1985 | 미국

경제성장을 실증적으로 해석해서 경제사회의 구조 및 발전 과정에 대한 새로운 통찰 | 미국의 경제 데이터를 분석해서 15~20년간의 주기적 변동을 이끌어냈다(쿠즈네츠 순환). 선진국에서는 경제가 성장하면 소득격차가 감소한다는 사실을 발견하여 계량경제학의 대변혁을 가져왔고 케인스적인 거시경제 이론의 발전에도 큰 공헌을 했다.

1972년

존 힉스 John Richard Hicks | 1904~1989 | 영국
케네스 애로 Kenneth Joseph Arrow | 1921~ | 미국

일반균형 이론 및 후생 이론에 대한 선구적 공헌 | 힉스는 케인스가 지휘했던 '케인스 서커스Keynes's Circus'와 관련이 있고 현재의 미시경제학과 거시경제학 분야 전 영역에 공헌하여 영국의 마지막 경제학자라고 불린다. 애로는 20세기의 가장 중요한 경제학자 중 한 사람으로 일반균형 이론, 사회선택 이론(애로의 불가능성 정리) 폭넓은 연구를 했다.

1973년

바실리 레온티예프 Wassily Wassilyovich Leontief | 1906~1999 | 미국

투입산출법의 개발과 응용 | 1930년대 산업 각 분야의 상호의존 관계인 네트워크로 사회의 생산 시스템을 분석하는 투입산출법(산업관련법)을 고안하여 1940년대 미국의 산업구조에 응용했다. 이 기법은 기업의 생산계획과 사회의 산업 예측 등에도 도움을 주었고 특히 사회정세에 대규모의 변화가 생겼을 때 큰 역할을 담당했다.

1974년

군나르 뮈르달 Gunnar Myrdal | 1898~1987 | 스웨덴
프리드리히 하이에크 Friedrich August von Hayek | 1899~1992 | 영국

화폐와 경제변동 이론 및 경제, 사회, 제도 현상의 상호의존에 관한 분석 | 뮈르달은 정치, 사회 제도, 민주주의, 교육, 건강 등 사회적 시점에서 경제적 분석을 시도했고 미국의 흑인 문제와 개도국의 문제도 논했다. 하이에크는 화폐 및 금융정책을 중시하여 경기순환의 메커니즘을 주장했고 1929년 세계대공황을 예측했다.

1975년

레오니드 칸토로비치 Leonid Vitaliyevich Kantorovich | 1912~1986 | 러시아
찰링 코프만스 Tjalling Charles Koopmans | 1910~1985 | 미국

최적 자원 배분 이론에 대한 공헌 | 칸토로비치는 생산을 최대화하는 자원 배분을 이끌어내기 위해서 선형계획법을 고안하고 소련의 경제를 분석했으며, 계획경제의 의사결정 분산화에서 계산가격이 중요하다고 주장했다. 코프만스는 독자적인 선형계획법을 고안, 투입량과 생산량의 관계에서 생산 과정을 분석하는 활동 분석을 창시했고 이를 일반균형 이론에 적용했다.

1976년

밀턴 프리드먼 Milton Friedman | 1912~2006 | 미국

소비분석, 화폐 이론, 경제 안정화 연구 | 경기순환에서 화폐의 역할을 경시하는 케인스파에 반대했다. 시장은 본래 안정되어 있고 화폐 공급량이 직접적으로 생산량과 소득을 결정한다고 보는 통화주의(화폐주의)를 창시하고 고정적인 화폐 공급 규칙의 필요성을 이야기했다. 시카고학파의 기수로 규제와 보호주의 철폐를 주장하는 신자유주의를 주장했다.

1977년

베르틸 올린 Bertil Ohlin | 1899~1979 | 스웨덴
제임스 미드 James Edward Meade | 1907~1995 | 영국

국제무역과 국제자본 이동에 관한 이론 연구 | 올린은 엘리 헤크셔Eli Heckscher와 함께 해외무역과 국제분업 패턴을 규정하는 요소를 찾아냈고 자원분배, 가격조정, 소득분포에서 국제무역이 해야 할 역할을 제시했다(헤크셔-올린Heckscher-Ohlin의 정리). 미드는 무역에 관한 정책과 개방경제의 안정화 정책 문제를 끝까지 파고들어 밝혀냈고 국내무역과 국제무역의 균형을 고찰했다.

1978년

허버트 사이먼 Herbert Alexander Simon | 1916~2001 | 미국

경제조직의 의사결정 과정에 관련한 선구적 연구 | 기업과 기업가를 명확하게 구별하지 않는 기존의 경제 이론에 반대하여 기업 내의 의사결정은 한정적인 지식을 갖고 있는 복수의 의사결정자에 의해서 이루어진다는 이론을 도출했다. 정치학, 과학철학, 인지과학, 컴퓨터과학의 연구자로 1956년에 앨런 뉴엘Allen Newell과 함께 세계 최초의 인공지능 프로그램을 구축하고 컴퓨터과학 분야의 노벨상이라고 불리는 튜링상 Turing Award을 수상했다.

1979년

시어도어 슐츠 Theodore William Schultz | 1902~1998 | 미국
아서 루이스 William Arthur Lewis | 1915~1991 | 영국

개발도상국의 경제 과정 분석 | 슐츠는 경제 전체에서 꼭 필요한 요소인 농업에 대해서 고찰하여 농업생산성 향상에는 교육 등의 투자가 필요하다는 인적자본의 개념을 제출했다. 이 견해에 기초해서 개발도상국의 농업을 경시하는 공업화 정책을 비판했다. 루이스는 개발도상국의 빈곤과 낮은 경제성장 원인을 고찰하고 자급적 농업사회가 공업사회로 발전할 때 농업 분야의 과잉노동력이 저임금 때문에 공업 분야로 이행한다는 사실을 밝혀냈다(이중경제 모델). 개발도상국과 선진국의 무역에서는 개발도상국의 농업생산성이 거래 조건을 결정한다는 사실도 밝혀냈다.

1980년

로렌스 클라인 Lawrence Robert Klein | 1920~ | 미국

계량경제학 모델을 창시하고 경제변동과 경제정책 분석에 적용 | 1950년대에 학생인 아서 골드버거Arthur Goldberger와 함께 경제정책의 효과를 검증하고 경기변동을 예측하기 위한 미국의 계량경제 모델을 구축했다. 1960년대부터는 각국의 계량경제 모델을 통합해서 세계적 규모의 경기변동과 국제무역, 자본이동을 예측하는 연구계획인 LINK 프로젝트에 참가하여 주요 역할을 담당했다.

1981년

제임스 토빈 James Tobin | 1918~2002 | 미국

금융시장과 지출결정, 고용, 생산물, 가격의 관련성 분석 | 개인이나 기업은 투자 행동에서 수익률만이 아니라 수익과 손실 리스크와의 균형을 중시하는 포트폴리오 이론을 제창했다. 국가의 단기증권이나 국채의 발행, 세율변경 등의 금융과 재정정책이 국민소득과 생산량의 가격 수준에 미치는 영향을 연구했다.

1982년

조지 스티글러 George Joseph Stigler | 1911~1991 | 미국

산업구조, 시장기능, 공적규제의 목적과 영향에 대한 생산적 연구 | 스티글러는 시장참가자가 가격과 상품에 대해서 충분한 정보를 얻지 못하기 때문에 정보를 얻는 노력 비용 대비 효과를 고려해야 한다고 생각했다. 규제의 목적과 영향을 연구하고 규제는 현실을 잘못 인식해서 만들기 때문에 실행하기 곤란하다고 주장했다. 규제는 일반 국민이 아니라 규제되는 기업과 업계(생산자)의 이익을 지키는 것으로 보았다. 정보경제학 및 규제경제학의 창시자라고도 불린다.

1983년

제라르 드브뢰 Gerard Debreu | 1921~2004 | 미국

수요와 공급 이론의 수학적 증명 | 물리학과 수학을 배운 드브뢰는 케네스 애로와 공동으로 수학 모델을 작성하여 시장경제에 경쟁적 균형이 존재한다는 사실을 증명했다. 또한 이 균형이 안정적이라는 것과 애덤 스미스가 설파한 '보이지 않는 손'이 작용할 수 있는 충분 조건을 수학적 이론으로 밝혀냄으로써 일반균형 이론의 발전에 공헌했다.

1984년

리처드 스톤 Richard Stone | 1913~1991 | 영국

국민계정 national accounts 시스템 개발 | 국가의 경제 상황을 조사하기 위해서 국민계정을 개발했다. 가계와 기업의 수입과 지출, 국민의 저축과 투자, 공적기관의 세입과 세출, 타국과의 지불균형 등을 통합해서 국민경제 계산의 시스템을 구축했다. 이들 경제의 움직임을 생산, 소득, 소비, 투자의 흐름과 자산, 자본, 부채의 스톡 stock 으로 나누어 고찰했다.

1985년

프랑코 모딜리아니 Franco Modigliani | 1918~2003 | 미국

가계의 저축과 금융시장에 관한 선구적 분석 | 1950년대 학생 리처드 브룸버그Richard Brumberg와 함께 인간은 미래의 소비 유용성을 최대한으로 해야 소비와 저축을 한다는 라이프사이클 가설을 구축했다. 1954년에 머턴 밀러(1990년 노벨상 수상)와 함께 도산 비용 및 세금이 제로인 경우, 기업의 시장가치는 부채와 자산구성에 따라서 변하지 않는다는 모딜리아니-밀러 정리Modigliani-Miller theorem를 정립하는 등 현대 재무 이론을 창시했다.

1986년

제임스 뷰캐넌 James McGill Buchanan Jr. | 1919~2013 | 미국

경제에서 정부 역할의 제한을 주장하는 정치 이론 연구 | 시장경제 분석법을 사용해서 정치적 의사결정 과정에 대한 공공선택 이론을 제출했다. 정치가, 정당, 관료, 압력단체 등 정치 구성원의 활동을 경제와 마찬가지로 이익추구 활동으로 분석한다. 경제에서는 개인 기업이 자기이익이 되는 것처럼 행동하는데도 전체적으로 일반적 이익으로 이어지는데 정치에서는 반드시 그렇지 않다. 그래서 정치적 의사결정 과정의 배후에는 헌법처럼 기본적인 규칙이 필요하고, 전원일치로 결정해야 한다고 주장했다.

1987년

로버트 솔로 Robert Merton Solow | 1924~ | 미국

경제성장 이론에 대한 공헌 | 경제성장 이론(솔로-스완 모델, 신고전파 경제성장 모델)으로 가장 잘 알려져 있지만 자본 이론, 인플레이션과 실업의 관계를 나타내는 필립스 곡선 등 광범위한 연구를 진행했다. 새뮤얼슨과 함께 MIT 경제학부의 핵심이었으며 전후 경제학의 주류 가운데 한 명이다.

1988년

모리스 알레 Maurice Felix Charles Allais | 1911~2010 | 프랑스

시장 이론과 자원의 효율적 이용에 관한 공헌 | 1940년대 19세기 프랑스 경제학자 발라의 일반균형 이론 등에 영향을 받아 시장경제를 수학적으로 모델화하고 균형의 형성 과정과 안정성을 분석했다. 리스크와 불확실성을 동반하는 현실의 의사결정에는 기대효용 이론을 적용할 수 없다는 알레의 패러독스를 주장했다. 물리학적 업적으로 공간의 비등방성에 관한 알레 효과도 유명하다.

1989년

트리그베 호벨모 Trygve Magnus Haavelmo | 1911~1999 | 노르웨이

계량경제학에서 경제 예측을 위한 통계 기법의 개발 | 1940년대 경제상의 관계성을 수학적 통계 기법을 사용해서 추측하는 방법을 고안하고, 경제 이론을 확률적으로 기술함으로써 실제의 경제 현상에 대한 이론 검증이 가능하다는 것을 보여주었다. 경제상의 의사결정과 행동은 상호의존적이기 때문에 경제 모델을 수식적으로 기술하려면 복수의 방정식(동시방정식, 연립방정식)이 필요하다. 그때 생기는 방정식 내의 변수 예측 값을 찾는 방법도 제시했다. 동시방정식의 해에서 방정식 그 자체를 추측할 수 없다는 식별 문제에 대해서도 고찰했다.

1990년

해리 마코위츠 Harry Max Markowitz | 1927~ | 미국
머턴 밀러 Merton Howard Miller | 1923~2000 | 미국
윌리엄 샤프 William Forsyth Sharpe | 1934~ | 미국

금융경제 이론에 대한 선구적 연구 | 마코위츠는 1950년대 불확실성 속에 있는 기업과 가계의 금융자산의 배분에 대한 이론(자산선택 이론, 포트폴리오 선택 이론)을 제출하고 자산투자에 대해 기대할 수 있는 수익과 리스크로부터 최적인 운용법을 고찰했다. 샤프는 마코위츠의 이론을 기초로 금융자산의 가격 형성을 분석하는 자본자산 평가 모델CAPM을 구축했는데, 이는 지금도 투자 이론의 기초가 되고 있다. 밀러는 시장에서의 기업 재정의 고찰, 기업의 자본구조와 그 시장가치에 대한 이론을 제출하는 한편 기업의 배당방침과 시장가치와의 관계를 명확히 정립했다.

1991년

로널드 코스 Ronald Harry Coase | 1910~ | 영국

경제의 기능과 제도상의 구조에서 거래 비용, 재산권의 중요성 발견 및 체계화 | 1930년대부터 기업의 기능에 대해서 고찰했다. 기업이 계약과 경영에 필요한 시간과 노력 등에 소요되는 비용의 중요성을 제시하고 기업의 규모와 경제의 제도적 구조를 거래 비용으로 설명했다. 시장에서는 생산활동에 동반되는 불이익(외부불경제)이 생기지만 그 해결 과정에서 거래 비용을 제로로 만드는 정부의 간섭이 없으면 당사자끼리 교섭해서 효율적인 배분을 실현할 수 있다는 코스의 정리를 제출했다.

1992년

게리 베커 Gary Stanley Becker | 1930~ | 미국

사회학에 경제 이론을 적용 | 인간의 사회 행동을 비경제적 행동까지 포함해서 경제적 기법으로 분석했다. 대표적인 예로 사회생물학에서 이타적 행동의 의미와 인적투자가 자금 분포에 어떻게 영향을 미치는가를 논의하는 한편, 시간을 투입해서 상품을 구입하고 서비스를 생산하는 소조직인 가족을 고찰하고 공업화 사회에서의 저출산 문제에 대해서 설명했다. 그는 노동시장에서의 차별은 차별자와 피차별자 모두에게 경제적인 불이익을 가져온다고 주장했다.

1993년

로버트 포겔 Robert William Fogel | 1926~ | 미국
더글러스 노스 Douglass Cecil North | 1920~ | 미국

경제 이론과 수량적 기법을 적용해서 경제적·제도적 변화를 설명 | 포겔은 과거의 경제성장에 기술혁신이 미치는 영향을 수량적으로 계측하여 19세기 미국의 철도부설은 경제발전의 견인력이 아니라 한정적인 영향력밖에 갖지 못했다고 주장했다. 수치를 통계적으로 분석하여 노예제는 경제적으로는 효율적이기 때문에 이를 폐지하려면 정치적 결단이 필요하다고 설명했다. 노스는 주로 남북전쟁 이전의 경제성장과 유럽의 중세 이후 경제발전에 대해서 연구했으며 포겔과 같이 생산성 향상의 원인은 기술혁신 때문만은 아니라고 결론내렸다. 경제에서 사회 제도(법률과 명문화하지 않는 도덕, 윤리상의 규칙, 재산권 등)의 중요성을 주장했다.

1994년

존 하사니 John Charles Harsanyi | 1920~2000 | 미국
존 내쉬 John Forbes Nash Jr. | 1928~ | 미국
라인하르트 젤텐 Reinhard Selten | 1930~ | 독일

비협력 게임 이론과 균형의 분석적 연구 | 내쉬는 비협력 게임에서 게임의 참가자 전원이 서로의 전략을 정확하게 예측해서 자신에게 맞는 최선의 선택을 한 경우 내쉬균형이 생기는 것을 발견했다. 헝가리 출신의 하사니는 비협력 게임에서 플레이어는 일반적으로 불완전정보밖에 갖고 있지 않다는 점에 주목하고 확률론적 모델을 이용

하면 불완전정보 게임을 완전정보 게임으로 변환할 수 있다고 주장했다. 그는 군축 협상의 대처방안에 관한 모델을 개발하는 데도 게임 이론을 이용했다. 젤텐은 전개형 비협력 게임에 존재하는 복수의 균형을 고찰했는데 불합리한 해를 피함으로써 부분 게임 완전균형(참가자의 전략이 내쉬균형을 이루는 상태)이 생긴다고 주장했다. 또 플레이어가 실패를 범할 가능성이 있어도 안정을 찾는 불완전 균형점의 개념을 제출했다.

1995년

로버트 루카스 Robert Emerson Lucas Jr. | 1937~ | 미국

합리적 기대 이론의 발전과 적용 | 정부와 중앙은행의 경제정책은 사람들이 이에 대한 합리적 기대를 갖고 행동하기 때문에, 당초 기대한 정책 효과를 얻을 수 없다고 주장했다. 그는 이를 통해 경제는 시장경제 원리에 맡기고 정부는 인위적 경제의 개입을 줄여야 한다고 설명했다. 일례로 인플레이션 허용책은 고용을 유지하기 위한 방책이 될 수 없다고 이야기했다. 케인스적인 경제 모델은 정책에 의한 사람들의 행동 변화를 고려하지 않기 때문에 유효하지 않다는 계량경제학의 맹점을 비판한 '루카스 비판'으로 명성을 얻었다.

1996년

제임스 멀리스 James Alexander Mirrlees | 1936~ | 영국
윌리엄 비크리 William Spencer Vickrey | 1914~1996 | 미국

정보가 불균형한 상태에서의 경제적 인센티브에 대한 이론 | 비크리는 거래 당사자가 가진 정보가 일반적으로 양자 사이에서 비대칭이라는 점에 주목했고 공공재 서비스에 대한 타당한 요금설정, 임금 시스템 등을 연구했다. 정보 비공개 입찰에서 최고액 낙찰자는 두 번째로 높은 제시 가격을 지불해야 한다는 경매 이론으로 유명하다. 멀리스는 최적 과세 시스템에 관한 수학적인 모델을 제출했고, 개인이나 기업이 보험을 가입할 때 생기는 모럴헤저드moral hazard(도덕적 해이)를 분석했다. 비크리는 노벨상 수상 발표 이틀 후에 사망했는데 기념 강연에서는 폴 밀그롬Paul Robert Milgrom과 장 자크 라퐁Jean Jacques Lafon이 그의 업적을 소개했다.

1997년

로버트 머턴 Robert Carhart Merton | 1944~ | 미국
마이런 숄즈 Myron Samuel Scholes | 1941~ | 미국

금융파생상품의 가치를 결정하는 새로운 기법 연구 | 1973년에 피셔 블랙Fischer Black과 숄즈는 열역학의 공식에서 힌트를 얻어 주식옵션(파생금융상품의 일종)의 적정한 가격을 도출하는 블랙-숄즈 방정식을 제출했다. 머턴도 옵션가격을 연구해서 방정식을 일반화했다. 숄즈와 머턴은 LTCM의 경영에 관여했는데 1998년 아시아 통화위기 및 러시아 통화절하, 채무 불이행을 계기로 이 회사는 파산했다.

1998년

아마르트야 센 Amartya Kumar Sen | 1933~ | 인도

후생경제학에 대한 공헌 | 사회적 선택에 개인의 선호를 어떻게 반영시키는가를 고찰하고, 사회적 불평등에 대해 경제학적 틀을 확립하여 분배 문제에 대해서 논했다. 빈곤과 기아의 경제학으로 유명하다.

1999년

로버트 먼델 Robert Alexander Mundell | 1932~ | 캐나다

서로 다른 환율체제하에서 통화 및 재정정책과 최적 통화 지역 분석 | 1963년 금융과 재정정책의 효과는 국제적 자본의 이동으로 결정된다는 '먼델-플레밍의 법칙'을 마커스 플레밍 Marcus Fleming과 별도로 제출했다. 해외에서 자본을 불러올 때 변동환율제하에서 확장적 재정정책은 경제 안정화에 효과가 적다. 반대로 고정환율제에서는 이 정책이 유효하다고 주장했다. 복수의 국가가 공통의 통화 및 금융정책을 가질 때 경제적 안정을 얻을 수 있는 조건을 자본이나 노동의 이동에서 찾았고 최적 통화권의 개념을 제창했다. EU에서는 1999년 1월에 유로가 도입되었다.

2000년

제임스 헤크먼 James Joseph Heckman | 1944~ | 미국
표본선택을 분석하는 이론과 기법의 개발 | 미시계량경제학에서는 통계적 기법으로 개인, 가계, 기업 등의 행동을 분석할 때 어떤 불명확한 이유로 연구자들이 분석 대상이 될 표본을 한쪽으로 치우친 상태로 선택해서 모집단 전체의 상황을 반영하지 못할 가능성(표본추출의 편이sample selection bias)이 있다. 헤크먼은 추출한 표본의 편중을 해소할 수 있는 기법을 고안했는데 이는 지금도 노동과 임금 등 많은 사회과학 문제에 응용되고 있다.

대니얼 맥패든 Daniel Little McFadden | 1937~ | 미국
이산離散선택을 분석하는 이론과 기법의 개발 | 상황의 제약이 존재하여 선택사항이 유한할 때 개인의 선택을 모델화해서 분석한다는 이론(비집계 모델)을 제출했다. 이는 개인의 속성과 선택의 특징을 반영한 분석이 가능하고 운송수단과 정보 시스템의 평가, 주택과 교통의 수요 예측 등에 활용할 수 있다. 샌프란시스코의 고속철도시스템 BART도 맥패든의 교통 행동 모델에 기초해 수요를 예측했다.

2001년

조지 애커로프 George Arthur Akerlof | 1940~ | 미국
마이클 스펜스 Andrew Michael Spence | 1943~ | 미국
조셉 스티글리츠 Joseph Eugene Stiglitz | 1943~ | 미국

비대칭 정보하에서의 시장 분석 | 거래 당사자가 가진 정보의 양 때문에 한쪽으로 편중된 시장에 대해서 분석했다. 애커로프는 이른바 '똥차시장' 이론으로 현대 경제학의 새로운 지평을 열었다. 그는 매매자측의 정보가 편중되면 역선택이 일어나고 열악한 상품이 우량한 상품을 쫓아낸다고 주장했다. 스펜스는 경제학에 신호의 개념을 처음으로 도입한 학자이다. 매매자측의 시장참여자는 역선택을 피하기 위해서 좋은 상품만을 제시하는 지표(신호)를 발산한다고 주장했다. 고용기업에 대한 구직자의 신호는 학력, 주식시장에 대한 기업의 신호는 배당이다. 스티글리츠는 정보 비대칭성과 불안정함, 이에 따른 불완전한 시장을 연구하는 '정보경제학'을 발전시켰다. 마이클 로스차일드Michael Rothschild와 함께 정보가 비대칭적인 보험시장을 연구했다.

2002년

대니얼 카너먼 Daniel Kahneman | 1934~ | 미국

불확실한 상황에서 인간의 판단과 의사결정을 심리학적으로 연구 | 심리학자인 카너먼은 아모스 트버스키와 함께 연구했는데 불확실한 상황에서 인간은 경험상의 추측에 기초해서 행동한다고 주장했다. 두 사람은 합리적인 인간을 상정하는 기존의 경제 이론과는 다른 규칙적 편향성을 찾아냈다.

버논 스미스 Vernon Lomax Smith | 1927~ | 미국

경험적 경제 분석과 선택적 시장 메커니즘 연구를 위한 도구로서 실험적 기법을 확립 | 복수의 인간을 시장참여자로 모집해서 가격결정 실험을 하고 경험 이론을 검증하는 기법을 확립했다. 즉 실험경제학으로 불리는 새로운 경제 조사 방법을 개발하여 전력시장의 규제 철폐와 공공 부문의 독점사업 민영화 등에 대한 주요 경제 현안을 분석했다. 경매실험이 유명하다.

2003년

로버트 엥글 Robert Fry Engle | 1942~ | 미국

시간 경과에 동반되는 경제상의 변동률인 시계열적 변화의 분석 기법 연구 | 금융시장에서 시간 경과에 따라서 변하는 주가와 옵션가격, 환율 변동률을 통계적으로 다루는 기법으로 ARCH(분산불균일 자기회복 과정) 모델을 제출했다. 데이터 자체의 특성뿐 아니라 데이터 분산도 과거의 상황을 반영한다는 견해를 모델에 도입했다.

클라이브 그레인저 Clive William John Granger | 1934~2009 | 영국

일반적 경향을 나타내는 경제학적 시계열의 분석 방법인 공적분cointegration 모형 개발 | 비정상적인 경제적 변수인 시계열을 분석할 때, 복수의 비정상적인 변수의 시계열을 결합하면 정상적 시계열을 나타낼 수 있다고 주장(공적분)했다. 이후에 로버트 엥글과 공동으로 공적분이 성립하는지를 판정하는 기법(공적분 검정)을 도출했다.

2004년

핀 쉬들란 Finn Erling Kydland | 1943~ | 노르웨이
에드워드 프레스콧 Edward Christian Prescott | 1940~ | 미국

동적 거시경제학에 대한 공헌 | 쉬들란과 프레스콧은 공동으로 경제정책 이론에 대해서 분석하고 경제정책의 방침과 단기적 개개의 정책에 관한 시간적합성 문제를 제창했다. 두 사람은 경기순환 이론에 경제성장 이론을 통합하여 공급의 경제상 쇼크(생산량의 변화, 기술혁신 등)가 경기에 영향력을 준다고 주장했다. 또한 경기순환은 가계와 기업이 소비와 고용 투자에 대한 수없이 많은 의사결정을 한 결과로서 나타난다고 이야기했다.

2005년

로버트 아우만 Robert John Aumann | 1930~ | 이스라엘
토머스 셸링 Thomas Crombie Schelling | 1921~ | 미국

게임 이론 분석을 통해서 투쟁과 협력에 관한 이해의 향상 | 셸링은 1950년대 미소 냉전시대에 게임 이론으로 국가간의 분쟁을 분석했다. 선택이 제한되면 자신의 입장을 더 강화할 수 있다는 사실을 찾아냈고 전쟁 회피에는 선제공격에 대한 방위력보다 보복력, 확실한 보복보다 불확실한 보복이 효과적이라고 주장했다. 아우만은 무한반복 게임 이론을 전개하여 게임 반복은 참가자 상호의 협력을 유발한다고 설명했다.

2006년

에드먼드 펠프스 Edmund Strother Phelps | 1933~ | 미국

거시경제정책에서 다른 시점의 트레이드오프 trade off 분석 | 실업률을 억제하는 인플레이션을 발생시킨다는 필립스 곡선에 합리적인 기대를 도입하여 실업률과 인플레이션 예측과의 관계를 나타내는 기대필립스 이론을 제창했다. 실업률이 장기적으로는 화폐가치보다 노동시장 구조에 영향을 받는다고 주장했으며 재정 이론과 자본형성 이론, 인적자본의 중요성을 연구했다. 트레이드오프는 양립할 수 없는 관계를 말한다. 미래의 필립스 곡선이 보여주는 완전고용과 가격안정은 트레이드오프의 일종이다.

2007년

레오니트 후르비치 Leonid Leo Hurwicz | 1917~2008 | 미국
에릭 매스킨 Eric Stark Maskin | 1950~ | 미국
로저 마이어슨 Roger Bruce Myerson | 1951~ | 미국

메커니즘 디자인 이론의 기초를 구축 | 후르비치는 스스로 이익을 찾는 개인 행동의 집적이 사회의 후생을 향상시키는 구조를 고찰했다. 규칙을 따르지 않는 참가자의 존재를 고려해서 게임 이론을 이용하는 수학적 메커니즘 디자인을 구축했다. 매스킨은 내쉬균형이 성립하는 게임의 조건을 검토했고 마이어슨은 불완전정보 게임의 내쉬균형에 대한 연구와 메커니즘 디자인 이론을 발전시켰다. 메커니즘 디자인 이론은 무역 메커니즘, 규제, 투표 제도 등 경제학과 정치학에 도움을 주고 있다.

2008년

폴 크루그먼 Paul Robin Krugman | 1953~ | 미국

무역 패턴과 경제활동의 입지에 관한 분석 | 현재의 국제무역은 수확체증을 찾아서 동종의 국가들이 동종상품을 교환하는 형태라고 주장했다. 경제지리학에 수학체증의 개념을 도입하여 경제활동의 입지적 특성을 분석했다.

2009년

엘리노어 오스트롬 Elinor Ostrom | 1933~2012 | 미국

경제적 관리와 공유물에 관한 분석 | 사용자가 제휴해서 공동 재산을 관리하는 기법을 연구했다. 공유재산의 이용자는 이해의 충돌을 피하기 위해서 해양자원과 목축지, 지하수 등의 관리에 대해 조사하고 의사결정과 규칙의 실행 기법을 발달시켜 적절하게 관리할 필요가 있다고 주장했다. 공유재산을 과잉으로 이용하는 '공유지의 비극'을 피하기 위해서는 정부 규제 또는 사유화가 필요하다는 기존의 이론에 대해 부정했다. 경제학상 최초의 여성 수상자이다.

올리버 윌리엄슨 Oliver Eaton Williamson | 1932~ | 미국

경제적 관리, 특히 기업의 경계에 관한 분석 | 로널드 코스의 기업 이론을 거래 비용 면에서 발전시켰다. 경쟁시장은 합의에 이르지 않으면 거래 상대를 바꿔서 문제를 해결하려는 경향이 있다. 이 때문에 남용되기 쉬운 권위로 문제해결을 꾀하는 기업은 굉장히 비효율적이라고 설명했다. 그러나 시장기능이 제한되는 경우 기업과 같은 계층적인 조직은 문제해결의 거래 비용이 적어지기 때문에 효율적일 수 있다고 주장했다.

2010년

피터 다이아몬드 Peter Arthur Diamond | 1940~ | 미국
데일 모텐슨 Dale Thomas Mortensen | 1939~ | 미국
크리스토퍼 피서라이즈 Christopher Antoniou Pissarides | 1948~ | 영국

탐색마찰search frictions**을 통한 시장 분석** | 이들은 구직과 매칭에 따른 '마찰'이란 요소 등을 반영한 노동시장 이론을 정립했다. 규제와 경제정책이 실업과 일자리 결원, 임금 등에 미치는 영향을 연구했다. 최근 거시경제학과 노동경제학에서 폭넓게 이용되는 세 사람의 모형은 그들의 이니셜을 따라 DMP Diamond-Mortensen-Pissarides 모형이라고 부르기도 한다.

2011년

토머스 사전트 Thomas John Sargent | 1943~ | 미국
크리스토퍼 심스 Christopher Albert Sims | 1942~ | 미국

거시경제의 인과관계에 관한 실증적 분석 | 금리 인상이나 일시적 세금 감면이 GDP나 인플레이션에 어떤 영향을 미치는지, 중앙은행이 인플레 목표치를 변경하거나 정부가 재정균형 목표를 조정하면 어떤 일이 발생하는지와 같은 문제의 답을 찾을 수 있는 방법론을 개발하고 유용한 거시경제 모델을 만들었다.

2012년

앨빈 로스 Alvin Eliot Roth | 1951~ | 미국
로이드 섀플리 Lloyd Stowell Shapley | 1923~ | 미국

안정적 배분 stable allocations 및 시장 설계에 관한 분석 | 개인, 회사 등 각각의 주체가 주어진 상황에서 어떻게 하면 서로 효과적으로 연결해 최적의 선택을 할 수 있는지에 관한 안정적 배분 이론을 연구했다. 섀플리는 서로 다른 매칭 방법을 비교·연구하기 위해 협조적 게임 이론을 이용했으며, 로스는 섀플리의 이론적 결과가 실제 시장의 주요 기능임을 명확히 했다.

PEOPLE'S INDEX

인명 찾아보기

―

ㄱ

갤브레이스, 제임스 34
갤브레이스, 존 케네스 34, 49
겔만, 머리 7
고든, 커밋 60, 61
골드버거, 아서 275
골드워터, 배리 47
괴델, 쿠르트 123, 124, 126
그레인저, 클라이브 289
그린스펀, 앨런 5, 84, 85, 91
기번, 에드워드 247

ㄴ

내쉬, 존 8, 118~125, 127, 130, 133, 134,
  137~146, 201, 218, 222
네이사, 실비아 120, 124
노드하우스, 윌리엄 49, 62, 188, 189
노벨, 알프레드 6, 7
노스, 더글러스 282
노이만, 존 폰 84, 114, 121, 123, 125~133, 216,
  217

뉴엘, 앨런 274
닉슨, 리처드 19, 61

ㄷ

다이아몬드, 피터 293
대처, 마거릿 15, 110
도마, 에브세이 73
도미이치, 무라야마 64
도스탈레, 질 30
돈부시, 루디거 248, 250
듀젠베리, 제임스 40
드브뢰, 제라르 277
디니, 람베르토 64
디렉터, 로즈 23
딕시트, 애비너시 264
딕하트, 존 210

ㄹ

라이프니츠, 코트프리트 105
라지, 알리샤 121, 140, 141
레온티예프, 바실리 53, 77, 79, 84, 272

로스, 앨빈 294
로스차일드, 마이클 287
로스차일드, 엠마 162
루스벨트, 프랭클린 34, 52, 53
루이스, 아서 275
루카스, 로버트 283
리카도, 데이비드 21, 72, 253, 254, 256, 259
링고, 엘리자베스 55

ㅁ
마르크스, 칼 5, 21, 72, 253
마셜, 앨프리드 72
마셜, 존 222
마이어슨, 로저 291
마이컬슨, 앨버트 113
마코위츠, 해리 280
매스킨, 에릭 291
맥거번, 조지 47, 61
맥케이브, 케빈 210
맥패든, 대니얼 286
맬서스, 토머스 21, 62, 253
머턴, 로버트 7, 150, 284
먼델, 로버트 285
멀리스, 제임스 284
메이저, 존 64
멩거, 칼 32, 116
모딜리아니, 프랑코 278
모르겐슈테른, 오스카어 114, 121, 129, 130, 133
모텐슨, 데일 293
몰리, 에드워드 113
뮈르달, 군나르 272
미드, 제임스 274
밀, 존 스튜어트 72
밀러, 데이턴 113
밀러, 머턴 278, 280

ㅂ
바베르크, 뵘 116
바티스트 세이, 장 21
발라, 레옹 32, 53, 84, 90, 103~105, 116, 279
베긴, 메나헴 15
베커, 게리 281
벤담, 제러미 21
보, 미셸 30
뷰캐넌, 제임스 278
브레스나한, 티모시 16
브리지먼, 퍼시 126
블랙, 피셔 284
비저, 프리드리히 116
비크리, 윌리엄 284

ㅅ
사이먼, 허버트 274
사전트, 토머스 294
새뮤얼슨, 폴 20, 22, 49, 55, 70, 76, 78, 79, 84, 96, 99, 151, 185, 188, 270, 279
샤프, 윌리엄 280
섀플리, 로이드 294
센, 아마르티아 5, 8, 148~151, 153, 154, 156, 158~168, 246, 269, 285
셸링, 토머스 137, 214~216, 218~221, 223~232, 238, 290
솔로, 로버트 8, 9, 68~74, 76~91, 151, 250, 279
숄즈, 마이런 7, 150, 284
쉬들란, 핀 290
슈빅, 마틴 232
슈워츠, 안나 26, 27
슐츠, 시어도어 275
슘페터, 조지프 53, 54, 72, 82, 83, 104
스미스, 버논 8, 9, 170, 183~193, 198, 200~211, 246, 288
스미스, 애덤 21, 32, 45, 62, 71, 72, 81, 168, 171, 185, 245, 253, 277
스완, 트레버 71, 81

스타노비치, 키스 182
스톤, 리처드 277
스티글러, 조지 276
스티글리츠, 조셉 287
스펜스, 마이클 287
시라크, 자크 63, 64
실러, 로버트 205
심스, 크리스토퍼 294

ㅇ
아가시, 장 루이 200
아난드, 수디르 163
아서, 브라이언 261
아시모프, 아이작 247, 248
아옌데, 살바도르 18
아우만, 로버트 137, 195, 214~218, 220~222, 232~236, 238, 239, 246, 290
아인슈타인, 앨버트 115, 116, 119, 123, 124, 126
알레, 모리스 94~116, 246, 279
애로, 케네스 49, 151, 158~160, 163, 164, 271, 277
애커로프, 조지 287
엘링슨, 토르 218
엥글, 로버트 289
에르스타드, 스티븐 205
오스트롬, 엘리노어 292
오펜하이머, 로버트 123, 124, 126, 185
올린, 베르틸 274
윌리엄슨, 올리버 293

ㅈ
제번스, 윌리엄 116

ㅋ
카너먼, 대니얼 8, 9, 114, 170, 171, 173, 175~183, 192~199, 288
카플란, 프레드 230, 231

칸, 허먼 216
칸토로비치, 레오니드 273
캘러헌, 제임스 29
케인스, 존 메이너드 6, 14~17, 22, 27, 30, 32, 33, 37, 38, 40, 52~55, 58, 73, 75, 78, 80, 90, 189, 271
코스, 로널드 281, 293
코프만스, 찰링 273
콘웨이, 존 139, 140
콜, 헬무트 64, 110
쿠즈네츠, 사이먼 17, 23~25, 37, 271
퀴비에, 조르주 200
큐브릭, 스탠리 216
크레티엥, 장 63, 64
클라인, 로렌스 275
클린턴, 빌 64, 74, 245, 265
클린턴, 힐러리 245, 266
키신저, 헨리 19

ㅌ
타고르, 라빈드라나드 156, 157
터커, 알 130, 133
텔러, 에드워드 216
토빈, 제임스 44~47, 49~53, 55~65, 77, 276
트버스키, 아모스 173, 177~179, 181, 182, 192, 196, 197, 288
틴베르헨, 얀 270

ㅍ
파레토, 빌프레도 104, 105
파트나이크, 프라바트 151, 153
페르, 에른스트 172, 195
펠프스, 에드먼드 291
포겔, 로버트 282
프레넬, 오귀스탱 장 112
프레스콧, 에드워드 290
프리드먼, 로즈 17, 26, 28
프리드먼, 밀턴 8, 14~20, 22~30, 32~40, 45, 60,

61, 242, 246, 273
프리슈, 랑나르 270
피노체트, 아우구스토 18~19
피서라이즈, 크리스토퍼 293
피셔, 어빙 104
필빈, 해롤드 75

ㅎ
하사니, 존 137, 218, 282
하이에크, 프리드리히 205, 272
하트, 셸듀 233, 239
해로드, 로이 6, 73~76, 80
헤크먼, 제임스 286
헤크셔, 엘리 274
헬러, 월터 60, 61, 77
헬프먼, 엘하난 245, 254, 258
호벨모, 트리그베 280
호텔링, 해롤드 17
화이트, 해리 54
후르비치, 레오니트 291
힉스, 존 84, 96, 271

GENERAL INDEX

용어 찾아보기

ㄱ

간섭실험 113
개기일식 115
개인간의 비교대점 163
갠지스강 154, 155
거시경제학 8, 17, 45, 47, 48, 55, 70, 73, 78, 83, 90, 185, 187, 270, 271, 290, 293
걸프전쟁 112
게임 이론 8, 69, 114, 118~121, 123, 125~134, 137~139, 144, 145, 172, 174, 201, 207, 213~220, 222~226, 229, 231~234, 237~239, 282, 283, 290, 291, 294
경제 인간 172
경제자문위원회 47, 60, 61, 245, 264
경제지리학 243, 258, 259, 292
경제학의 심리학적 전환 172
경제협력개발기구 OECD 109
고전파 경제학 16, 21, 32, 34, 168, 171, 253
공리주의 21
공적분 289
과학적 미스터리 187, 189, 207
교섭전략 219, 223

교환 방정식 104
국민총생산 GDP 23
국민총소득 107
국제결제은행 59
국제경제학 122, 123, 248, 251
국제연합 UN 162
규모의 경제 255, 260~263
기계제도 121
기회 비용 182

ㄴ

나이프에지 75
내쉬균형 118, 121, 134, 135, 137, 229, 282, 283, 291
냉전시대 215, 230, 290
노동가치설 21
노동조합주의 154
노멘클라투라 251
뉴딜정책 17, 34, 52

ㄷ

다마스쿠스의 길 250, 251

다원주의 157
대기근 165
대수다양체 121, 138
도그마 93~95, 101, 116
도박사의 오류 178
독점적 경쟁 251, 252
동종무역 254, 256

ㄹ

랜드연구소 121, 132, 133, 138, 145, 216, 219, 227
레버리지 208
레세페르 62
로렌스리버모아국립연구소 216
로스앨러모스국립연구소 126, 216
로잔학파 103, 104, 116
루카스의 비판 283
리만다양체 139

ㅁ

마르크스주의 82, 154
마셜계획 219, 222
마스트리히트 조약 111
마태효과 261
매개변수 87
매니폴드 139
매질 113
맥시멈 막시모룸 106, 107
맬서스주의 62
먼델-플레밍의 법칙 285
메니페스토 60
모딜리아니-밀러 정리 278
모럴해저드 284
무한반복 게임 220, 290
미국경제연구소 NBER 17, 23~26, 53, 245
미국경제학회 AEA 24, 47, 59, 71, 151, 185, 219
미국과학아카데미 59, 185, 219
미국제도학파 34

미국항공우주국 NASA 115
미니맥스 정리 132
민족주의 157

ㅂ

바르샤바조약기구 225
베어링은행 63
베트남전쟁 16, 230~232, 247
벨연구소 222
벵골 151, 154~156, 165
보이지 않는 손 21, 32, 60, 62, 63, 80, 171, 277
복잡계 이론 208, 209
복잡계의 경제학 261
북대서양조약기구 NATO 219, 225
불가능성 정리 158~160, 163, 164, 271
불가지론 129
불안정성 정리 126
불완전정보 게임 132, 283, 291
브라마푸트라강 154
블랙먼데이 108
비교우위 251, 253~256, 259, 263
비등방성 112, 113, 279
비선형 이론 108
비자발적 실업 53~55, 60
비전 249, 250

ㅅ

사회연금기금 16
산스크리트 157
산타페연구소 261
상대소득가설 40, 41
선호성 158
세계무역기구 WTO 65
세계은행 IBRD 54, 65, 109, 166, 266
소수의 법칙 177, 178
소유 효과 180
손실회피 180, 182
솔로-스완 모델 71, 81, 83, 279

수리경제학 8, 46, 84~86, 71, 88, 89, 103
수확체감 261
수확체증 249, 254, 255, 259~262, 292
숨마쿰라우데 52
스웨덴 왕립과학아카데미 6, 36, 38, 69, 96, 144, 149, 216, 228, 258
스털링 교수 59
스트레인지러브 215, 216, 225
시스템1 182, 183
시스템2 182, 183
시카고 보이즈 18
시카고학파 18, 32, 45, 61, 273
식민지시대 154, 156, 254
신경경제학 210
신고전파 5, 32, 49, 63, 65, 80, 83, 90, 104, 270, 279
신고전파종합 22, 49, 55, 270
실리콘밸리 258, 259
실험경제학 8, 69, 98, 170, 183, 185, 186, 188~190, 192, 193, 198, 200~202, 205, 206, 210, 288
실험장 18, 202
심리역사학자 246, 247

ㅇ
아마르티아 156
안정적 배분 294
알레 효과 95, 97, 113, 115, 279
알레의 패러독스 94, 114, 279
에테르 112, 113
엔론 267
LTCM 150~152, 284
오대호 259, 260
오스트리아학파(한계효용학파) 116
오토마톤 128
완전정보 게임 131, 283
윌슨산천문대 113
유럽연합EU 64, 111

유클리드기하학 89
이리운하 259, 260
이시점간 106
이종무역 253, 254, 256
이튼학교 33
인간개발보고서 162
인구론 21, 62, 253
인슐린 쇼크요법 142
일시소득 25
잉여금 105, 107

ㅈ
자발적 실업 54
자유무역 64, 109, 111, 253, 254
자유방임주의 14, 21, 45, 62, 150
자유시장학설 18
자장 113
작전 행동 224
잠재력 167
장등적 139
적정 122
전망 이론 114, 173, 179, 181, 192
절대소득가설 37, 40
정상시장 202
제네바 군축회의 238
제네바조약 227
제로섬 게임 131~133, 224
존 베이츠 클라크상 17, 47, 59, 71, 245, 264
좌파 자유주의 49
주인-대리인 문제 198, 199
중금주의 71
중농주의 71, 72
중상주의 21, 71, 72
직시 250
진자 113
집적 258, 259, 291

ㅊ

창조적 파괴 53, 54, 82
천변지이설 200
초점 71, 88, 90, 149, 151, 219, 224, 228, 229
초현실수 139, 140
최대 효율의 상태 105
축적의 황금률 107
칠레의 기적 18

ㅋ

카네이션 혁명 249
카스트 제도 157
카지노화 95, 97, 116
캐번디시연구소 126
케인스 경제학 43~45, 47, 48, 52, 55, 57, 60, 63, 65, 270
케인스 실업 54
케인스적 균형 48, 55
케인스주의 14, 16, 22, 27, 28, 30, 34, 81
케인스학파 22, 73
케임브리지학파 116
코스의 정리 281
콘드라티예프 파동 70
쿼크 이론 7
크릭스슈필 125

ㅌ

탐색마찰 293
토빈세 44, 47, 49, 50, 58, 59, 62, 63
토빈의 q이론 44, 47, 50, 51, 58
토빗 모델 51, 56, 58
통계경제학 23
통화주의 5, 14, 18, 22, 24, 26, 27, 29, 30, 32, 45, 47, 60, 273
투입산출법 272
투표의 역설 158
튜링상 274

트레이드오프 291

ㅍ

파라메타 87
파레토 최적 104
파생금융시장 204
편향성 177, 288
평면기하학 89
포크 정리 217, 236, 237
포트폴리오 이론 50, 51, 56, 276, 280
프레이밍 효과 180
프린스턴고등연구소 121, 125~127
피드백 루프 209
필즈상 138, 140, 141

ㅎ

한계혁명 32, 103, 116
항상소득 25, 38
항상소득가설 36, 38~40
해로드-도마 성장모형(이론) 6, 70, 72, 73, 75, 78, 80~82
행동경제학 8, 41, 69, 170, 173, 179, 181, 192, 195, 196, 198
허드슨연구소 216
헤크셔-올린 정리 274
헥스 124, 127
협력 게임 134
호모에코노미쿠스 171, 172, 174
호혜적 이타주의 206
화폐 수량설 104
후생경제학 49, 104, 147~149, 151, 158, 160, 162, 163, 285
흑색종 177

ALL NOBEL
LAUREATES IN ECONOMIC SCIENCE